# A TRAVERS

# L'ESPAGNE

## ET

# LE PORTUGAL

Notes et impressions

PAR

L'ABBÉ Lucien VIGN...N

Du clergé de Paris

MEMBRE DE LA SOCIÉTÉ DE G...

LIBRAIRIE BRIDAY

DELHOMME ET BRIGUET, SUCCESSEURS

PARIS                          LYON
13, rue de l'Abbaye.           8, avenue de l'Archevêché.

1883

# A TRAVERS

## L'ESPAGNE ET LE PORTUGAL

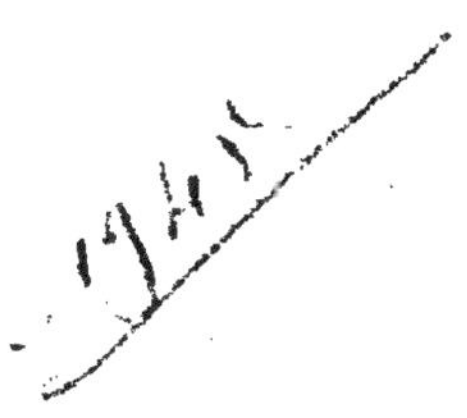

# A TRAVERS

# L'ESPAGNE

## ET

# LE PORTUGAL

### (NOTES ET IMPRESSIONS)

PAR

## L'ABBÉ LUCIEN VIGNERON

DU CLERGÉ DE PARIS

Membre de la Société de géographie

————— ◆◆◆ —————

PARIS

LIBRAIRIE SAINT-GERMAIN DES PRÉS

ANCIENNE MAISON PUTOIS-CRETTÉ

DELHOMME ET BRIGUET, LIBRAIRES-ÉDITEURS

Successeurs de Henri Allard

13, RUE DE L'ABBAYE, 13.

A

# MADAME EUGÈNE GELLINARD

HOMMAGE

RESPECTUEUX ET RECONNAISSANT

L. V.

*20 octobre 1882*

# A TRAVERS

## L'ESPAGNE ET LE PORTUGAL

## I



Nous avons quitté Paris le dimanche soir, 4 juillet. Qu'il fait bon quitter Paris, surtout quand c'est pour aller en Espagne ! L'Espagne ! à ce seul nom qui ne voit s'ouvrir de radieuses perspectives, qui ne sent surgir en son esprit des curiosités avides ! Aller en Espagne ! mais ce voyage c'est le rêve accompli ! songez donc ! le pays des grandes cathédrales gothiques, des alcazars, des alhambras, des ruelles à balcons, des palais armoriés, des musées pleins de chefs-d'œuvre, des *corridas de toros*, des *guitares* et que sais-je ?... Et puis le ciel bleu, les noires *sierras*, les vallées verdoyantes, les orangers et les grenadiers qui poussent en pleine terre, la végétation afri-

1

caïne, les cactus et les aloès ; oui, s'en aller là-bas, n'est pas le premier venu des voyages, il n'est pas donné à tout le monde d'aller en Espagne.

Telles étaient, ami lecteur, les pensées qui agitaient mon esprit et celui d'un aimable compagnon de voyage pendant que nous roulions à toute vitesse sur le chemin de fer de Paris à Bordeaux.

Je ne dirai rien de la route française ; nous vîmes Bordeaux dans la matinée du lendemain et nous couchions le soir du même jour à Bayonne ; le mardi 6 nous étions de bonne heure à la frontière ; voici la chaîne des Pyrénées qui vient mourir dans la mer d'azur ; la contrée est jolie, les cultures soignées, les coteaux verdoyants : regardons bien les arbres ; c'est pour la dernière fois avant longtemps, nous dit-on ; nous dépassons Biarritz, Saint-Jean de Luz, nous cotoyons la Bidassoa et la baie d'Hendaye ; c'est la dernière station du chemin de fer français. Après un court arrêt nous continuons jusqu'à Irun, où nous devons changer de train et subir la visite de la douane.

Nous y sommes : on connaît l'impression subie presque toujours quand on descend à une frontière. La patrie disparaît à l'instant, on a devant soi l'étranger, on entend une langue inconnue ou peu connue, les gendarmes vous font peur, les douaniers vous agacent au plus haut degré ; les indiscrets ne vont-ils pas pénétrer brusquement nos secrets les plus intimes et les profaner ? Après tout, une valise, c'est comme un petit appartement que j'emporte avec moi, qui me suit partout ! c'est mon chez moi, mon *home* ! On leur en veut, aux douaniers ; c'est l'ennemi ! Pourtant, on leur a dit : « *Aseguro a V. que todos estos objetos son de mi uso.* » C'est la première phrase espagnole que vous prononcez et vous le faites d'un air timide, pour deux raisons : premièrement parce que vous êtes devant votre juge qui examine d'un œil sévère s'il a affaire à un contrebandier, et ensuite parce qu'il *juge* aussi votre talent de philologue et de linguiste ; mais allons ! tout est pour le mieux ; aux accents de la langue nationale, le vieux cerbère a souri paternellement, il dit : *Bueno !* marque votre valise d'un signe spécial et cabalistique, et ma foi ! vous le trouvez bon enfant, et quand vous regardez les gendarmes en repassant à côté d'eux, vous n'avez plus peur, et, le dirai-je, vous les trouvez beaux ! oui, très beaux les gardes civils espagnols tout habillés de noir, au chapeau tricorné recouvert d'une enveloppe de toile à cause du soleil et tenant invariablement leur fusil très bas ; le canon appuyé sur le haut du bras.

Irun est donc le point extrême des voies de France et de l'Europe même. Une légère différence d'écartement entre les rails empêche que d'autres wagons que ceux de l'Espagne puissent circuler au delà de ce point. « *Son cosas de España ;* ce sont des *choses* espagnoles », comme on dit là-bas ; ils ont leurs raisons espagnoles pour cela, paraît-il. Seules en Europe, la Russie et l'Espagne ont jugé que cette précaution importait à leur sécurité.

Allons ! il faut aller maintenant prendre son billet pour Saint-Sébastien, Burgos et Madrid. Ici, on subit derechef quelques petits désagréments ; la tristesse et le désappointement envahissent de nouveau l'âme du voyageur. Voici pourquoi : on vous a bien muni d'un laissez-passer à Paris, mais vous n'avez pas pensé à la distinction qui existe entre les Compagnies de chemins de fer et l'État ; sur votre billet, le Trésor réclame son droit de 15 0/0, que vous payez d'un air maussade en tirant de votre escarcelle votre premier doublon d'or, sur lequel on vous rend un tas de monnaie très embarrassant. Miséricorde ! vous écriez-vous ; mais, qu'est-ce que tout cela ? je n'y connais plus rien, c'est très laid, très encombrant et j'ai de la méfiance ! Ah ! voilà ! Eh bien, *señor viajero*, « il faut être pris pour être appris », comme dit le proverbe, et vous tous, futurs touristes, qui vous promettez de faire un jour le beau voyage dont il est question, avant de passer la frontière, je dois vous dire que si la connaissance de la langue est nécessaire, celle de la monnaie ne l'est pas moins.

Nous montons dans un compartiment de première à dix places ; nous nous y installons. Un ecclésiastique passe devant la portière entr'ouverte et vient me saluer *en espagnol*, car c'est un Espagnol ; bonne figure basanée aux traits calmes et énergiques, tête surmontée d'une calotte de velours à grosse houppe que l'on aperçoit, quand l'abbé ôte son grand *sombrero* noir à bords immenses devant et derrière, soutane sans taille, manteau romain à col droit, point de rabat évidemment ; il est remplacé par un collet blanc et bleu.

Ce vénérable abbé est un prêtre du Guipuzcoa ; il me questionne sur la France et sur Paris ; la récente exécution des décrets du 29 mars, grossie encore par l'éloignement, lui fait croire à une révolution complète, et je lui explique dans un jargon incroyable que la guillotine n'est pas encore en permanence sur nos places publiques, quoiqu'on ne puisse répondre de rien pour plus tard.

*Senores al tren !* En voiture, messieurs, en voiture ! le train s'ébranle ; nous longeons à droite la baie de *Pasages*, les lames blanches aux crêtes écumeuses viennent expirer à nos pieds ; puis *Pasages*, qui possède un beau port très sûr où les navires ont accès par un étroit goulet ; la vue sur la mer est admirable ; le train s'arrête à Saint-Sébastien, et, laissant notre modeste bagage à la station, nous partons pour voir la ville.

Je ne m'arrêterai point à faire une description minutieuse de Saint-Sébastien, pas plus que des autres villes espagnoles que je vais voir ; la chose a été si bien faite plusieurs fois qu'il serait superflu de recommencer, pour réussir beaucoup moins bien : je dirai seulement ce que j'ai vu et ce que j'ai fait, pour encourager le lecteur et l'exciter à suivre mon exemple, s'il y a lieu. Or Saint-Sébastien est connu de la plupart des Français qui vont dans les Pyrénées, comme aussi la pittoresque petite ville de Fontarabie que j'eusse tant voulu voir, si j'en avais eu le temps. La ville s'étend au pied du mont Orgullo, sur lequel on aperçoit des constructions militaires ; il y a une ville ancienne et une ville nouvelle ; celle-ci ressemble à tout ce qu'on peut voir dans notre pays : hautes maisons, jolis hôtels, rues bien alignées ; le caractère espagnol ne se retrouve guère que dans la vieille ville, qui a beaucoup de cachet. Aux maisons, un grand nombre de balcons, sur lesquels flottent d'immenses rideaux en grosse toile, rayée de rouge ou de bleu. Dans les rues ça sent la vieille boîte de sardines, comme disait un de mes amis, ou l'huile rance dont les Espagnols font un grand usage dans leurs préparations culinaires. Il y a aussi pas mal de poussière, et les puces y sont enragées; l'animation n'est pas grande; quelques paysans coiffés d'un béret conduisent des files de mules, des soldats passent se rendant d'un poste à un autre, des servantes vont aux provisions. Pourtant, Saint-Sébastien s'appelle la « *perla del Oceano* » (Santander aussi et d'autres villes encore); on y trouve une magnifique plage de sable fin, et c'est une station balnéaire renommée.

J'avais des lettres de recommandation ; malgré la chaleur qui probablement était la vraie raison pour laquelle on voyait si peu de monde dehors, je me mis en campagne pour trouver les deux personnes que je devais voir, et pour ce je m'adressai à un maître figaro de l'endroit : ah ! parlez-moi des perruquiers espagnols ! Celui avec qui j'avais affaire, charmant jeune homme du reste, faisait la barbe à ses clients d'une façon antique et solennelle : il promenait dextrement le pain de savon sur le visage, puis, plongeant son pinceau dans l'eau tiède, il faisait mousser; la barbe faite, il apportait une cuvette pleine d'eau, une cuvette en cuivre avec une échancrure pour le cou ; en voyant tous ces détails, je pensai immédiatement à l'armet de Mambrin, et je me dis : Décidément, je suis bien dans le pays de don Quichotte et de Cervantès !

Tout d'abord je me dirigeai avec mon compagnon vers l'hospice de la *Misericordia*, et je demandai à voir l'aumônier, « *el senor capellan* »; on nous fit monter à un premier étage, et l'on nous introduisit dans un petit salon; cet intérieur ecclésiastique était très modeste : du papier bleu à ramages blancs et verts sur les murs, un canapé et des fauteuils en paille, une fenêtre fermée par un store en treillis qui laisse la pièce dans une demi-obscurité, un bureau très simple orné d'un crucifix et chargé de liasses de papiers. On nous annonce le maître du logis, qui est un jeune prêtre très gracieux; aussitôt qu'il a lu ma lettre d'introduction, il se met à notre entière disposition et nous propose de nous faire visiter la maison; il ôte sa grande barrette à trois cornes, prend le *sombrero* et le manteau, et nous sortons.

L'hospice de la Miséricorde est un établissement municipal dont l'administration est confiée à un comité ou *junta*; il contient un hôpital, un orphelinat, des écoles et un hospice proprement dit pour les vieillards infirmes; il est tenu par les sœurs de Saint-Vincent de Paul, à qui on voulut bien nous présenter; les religieuses nous accueillirent très cordialement; nous nous escrimâmes les uns et les autres en français et en espagnol : je remarquai qu'à part deux ou trois, elles ne portaient pas la coiffe réglementaire à grandes ailes, mais bien un bonnet de forme plus petite. Nous visitâmes en détail les salles de malades, où l'on nous présenta un pauvre petit mousse breton qui avait en le bras pris dans l'engrenage de la machine du bâtiment à bord duquel il servait ; nous vîmes le réfectoire à tables de marbre, la cuisine avec ses gros fourneaux et le cuisinier, vieux Basque à mine rébarbative, fumant une courte pipe de cuivre incrustée entre ses dents ; les dortoirs et la lingerie, où l'on voit une poupée habillée en religieuse, et qui vous tend délicieusement une bourse de velours ; les écoles : là une mignonne créature, une *nina* de quatre ans à peine, sur notre demande, récita le *Padre Nuestro* en tremblant de tous ses membres, de peur de se tromper en face des seigneurs étrangers. Une grande cour plantée d'arbres occupe le milieu de la maison ; les salles du premier étage s'ouvrent sur une terrasse qui fait le toit du cloître, lequel circule autour de la cour. La Miséricorde, située en dehors de la ville, près de la gare du chemin de fer, possède une façade champêtre qui doit réjouir le cœur des pauvres et des infirmes qu'on amène là, et leur annoncer un lieu de repos et de paix. Au-dessus de la porte d'une des salles on nous fit remarquer le portrait du fondateur : c'est le *coronel Zabaleta*.

Après avoir visité ce bel établissement, nous allâmes faire une seconde visite en suivant une belle allée de grands arbres : pour rester dans la vérité absolue, je dois dire que ce n'étaient pas des orangers, et même je n'en ai vu ni à Saint-Sébastien, ni aux environs, ce qui n'empêchera pas de répéter la fameuse phrase: « Aller se reposer sous les orangers de Saint-Sébastien »; dans tous les cas, on ne peut pas se reposer sous les orangers que j'ai vus; et maintenant je supplie de ne pas croire que j'ai voulu faire ici une profession de foi politique.

Tout en cheminant, l'abbé nous explique que la ville où nous sommes fut prise par le maréchal de Berwick, ainsi que Fontarabie, pendant la grande guerre faite à l'Espagne par le régent de France Philippe d'Orléans, à la suite des intrigues de la cour d'Espagne et de la découverte du complot de Cellamare, son ambassadeur. Elle fut prise aussi par les Français en 1808, assiégée par Wellington en 1813, à la suite de la malheureuse bataille de Vittoria; elle ne se rendit qu'après une très belle défense de la garnison française. Elle fut brûlée par les Anglais, que la jalousie fit s'acharner à la destruction de tous ses établissements industriels. Ces souvenirs historiques nous intéressent au plus haut point, et je me promets bien de les rechercher toutes les fois qu'il s'agira du rôle que la France a joué dans ce pays.

Arrivés devant un hôtel de fort bon aspect, nous pénétrâmes dans une salle grandiose, moitié salon, moitié salle à manger, à en juger par l'ameublement différent des deux parties de la pièce; mais qu'il fait bon connaître bien la langue d'un pays! faute de cette connaissance approfondie, nous ne pûmes échanger que quelques paroles avec des gens qui mouraient d'envie de nous entretenir plus longuement; enfin! Il y avait là un grand ecclésiastique, professeur dans un collège de Madrid, qui pour le moment remplissait les fonctions d'aumônier dans la maison: quand nous lui eûmes dit que nous avions l'intention de faire le tour de la péninsule, il jeta les bras en l'air, laissa tomber sa cigarette, resta immobile sur sa chaise à bascule, et la surprise et l'étonnement lui fermèrent la bouche pour un instant. En le voyant dans cette position, avec cette mine piteuse, je ne sais comment je fus amené à penser une seconde fois au chevalier de la Triste Figure ; — « *El mes de julio es muy caliente en España* », nous dit enfin ce bienveillant abbé. — Nous le savons et nous le sentons, répondîmes-nous, mais il est presque aussi chaud partout ailleurs. — Mais vous allez vous faire rôtir, si vous descendez en Andalousie. — Oh ! nous comptons bien y trouver les brises de mer. — Vous ne trouverez rien du tout, si ce n'est un vent brûlant qui vient du Sahara africain, en droite ligne. — Eh bien, tant pis ! ripostâmes-nous avec une belle ardeur ; qui ne risque rien, n'a rien. » — Et nous pensions tout bas qu'on exagérait un peu, que les Espagnols aiment trop leurs aises, et qu'en définitive nous irions jusqu'au bout.

Au retour, notre aimable guide nous offrit un verre de vrai xérès, et nous prîmes congé de lui, en le remerciant fort. Il s'agissait de déjeuner, et ce n'était pas une mince affaire. A Bayonne, on nous avait dit : « La cuisine espagnole est détestable pour un palais habitué à la cuisine française ; si vous voulez manger quelque chose de passable et qui vous rappelle un peu votre pays, allez à l'*hôtel de Londres*. » Cet hôtel ne se trouve pas du premier coup, et nous n'y parvînmes que grâce à l'obligeance d'un *miquelet*.

Un miquelet est un soldat, ou plutôt une sorte de gendarme ou gardien de la paix particulier aux pays basques. On se rappellera sans doute avoir entendu souvent parler des miquelets pendant la guerre carliste dernière ; ils sont habillés de rouge et portent un béret et une espèce de camail de la même couleur, ce qui leur donne un faux air de sacristain ; on en voit toujours quelques-uns dans les gares et par les rues des villes basques pour veiller à l'ordre public ; celui qui nous conduisait était très courtois, d'une courtoisie telle qu'elle me parut un moment intéressée, et j'avais presque envie de lui donner une *demi-peseta* ; après maints détours, il nous amena devant la porte de l'hôtel tant désiré.

A table, tout le monde parlait français ; c'était déjà très bon signe, car on sait que nos compatriotes se réunissent assez volontiers là où il y a un bon plat. La conversation roula presque uniquement sur un seul thème : une histoire de voleurs ! Gardes civils, miquelets et histoires de voleurs, on conviendra que tout cela n'était pas fait pour nous rassurer à notre entrée en pays nouveau. Un monsieur commerçant, négociant à ce qu'il semblait, racontait à un vis-à-vis, à un autre monsieur (à figure diplomatique), qu'il avait été dévalisé complètement pendant la nuit, dans sa maison un peu isolée et située sur la frontière du côté d'Irun ; son chien de garde était resté muet ; on l'avait empoisonné ou endormi sans doute ; le propriétaire averti à temps, en courant sus aux brigands à l'aide des gardes civils et des *serenos* (gardes de nuit), avait pu saisir au moins un de ceux-là.

Il y allait avec un tel entrain qu'en l'entendant narrer son affaire, on aurait pu jurer qu'il était content d'avoir été volé. Le monsieur à figure diplomatique posait des questions comme un juge d'instruction, et se faisant aussi avocat, il accusait le négociant de sévérité, car ce dernier en vint à dire qu'il ferait pendre les marauds, si jamais il les retrouvait en faute. Pour l'adoucir, son vis-à-vis lui dévoila les mœurs de ces bons et honnêtes brigands espagnols et les secrets de la police indigène : « A Madrid, disait-il, s'il vous arrive de perdre jamais vos effets, vos marchandises, votre portefeuille, allez trouver la police, donnez-lui seulement 100 francs, et vous retrouverez tout ce que vous avez *perdu ;* vous pourrez même employer avec les agents le mot *coler,* mais ceux-ci, qui iront s'aboucher avec les détenteurs de votre bien, ne se serviront jamais de ce vilain langage. » Le procédé ne laissa pas que de m'étonner beaucoup.

Après avoir jeté un coup d'œil sur le port et sur la vieille ville, où l'on remarque quelques maisons en bois vieux et vermoulu, à teinte chocolat ou gorge de pigeon, deux ou trois palais décorés avec un luxe lourd et massif, et une église de style tout à fait espagnol, chargée d'ornements avec de grands cintres surbaissés et des rétables dorés derrière les autels, nous partîmes d'un pied léger.

De Saint-Sébastien à *Vittoria,* c'est la montagne ; la voie monte sans cesse, et si l'on met la tête à la portière, c'est pour voir de grandes tranchées pratiquées dans la roche, des remblais considérables, des ponts et des viaducs jetés sur de noires vallées, ou pour avoir la vue coupée par de nombreux tunnels ; ce ne sont qu'ouvrages d'art et tours de force accomplis par les ingénieurs de la Compagnie *del Norte*. Près d'un de ces viaducs, nous saluons la pittoresque ville d'*Ormaisteguy*, patrie du fameux général carliste Zumalacarreguy, et *Cégama* où se trouve son tombeau ; *Alsasua*, ancien sanctuaire vénéré de Santo-Christo.

Vittoria est la capitale de la province d'Alava et le siège d'un évêché qui comprend les trois provinces basques (300,000 habitants).

Nous atteignons *Pancorbo*, il fait nuit, et, avant d'entrer dans la gorge, nous entrevoyons le couvent des prémontrés de *Bugedo* : sa façade et ses tours crénelées lui donnent un aspect de forteresse, et toute la masse, se détachant au clair de lune sur le fond sévère de la sierra, présente un spectacle imposant. Nous pénétrons dans les célèbres défilés de Pancorbo, la gorge de l'Èbre ; ses rochers forment les derniers bancs des Pyrénées, et, après les avoir franchis, on débouche dans la Castille.

Un peu plus loin que Pancorbo, ses gros blocs de rochers et ses aiguilles de pierres gigantesques, *Brioiesca :* Joseph y recueillit en 1808 les marques de la haine des Espagnols, surexcités par la nouvelle de la résistance de Saragosse.

Notre train arrive à Burgos à dix heures et demie ; un brave omnibus très hospitalier à cette heure conduit les gens éreintés et presque endormis à la *Fonda del Norte*.

Nous allons voir enfin une vraie ville espagnole et une vraie auberge du pays : cette idée me réveille, et, au risque de me casser le cou, je passe la tête par les minuscules portières du véhicule poudreux et cahotant ; j'ai le temps de voir au vol un vieux pont pittoresque jeté sur un semblant de rivière, et nous nous précipitons sous une très belle porte, un peu massive, mais décorée de créneaux, de tourelles, de colonnettes et de statues qui l'enjolivent et atténuent un peu la sévérité de son aspect ; c'est la porte Sainte-Marie. L'image de la Vierge en surmonte le faîte.

Une rue tortueuse conduit à la *fonda del Norte*. En arrivant, il faut débattre son prix : dans les hôtels espagnols vous vous arrangez à tant par jour, pour la chambre et les repas ; cela s'appelle *hospedage*, les habitudes du pays ne permettent pas de faire autrement. Je possédais des renseignements très précis sur la matière. « Le vin et l'huile, m'avait-on dit, sont détestables ; le goût de l'huile surtout qui parfume absolument tout, jusqu'aux œufs à la coque, vous coupera certainement l'appétit les premiers jours et vous vous en souviendrez longtemps ; tâchez de ne pas trop essayer des hôtels d'indigènes, pour éviter les prix en général élevés des hôtels d'étrangers, vous en souffririez trop, et l'économie qui en résulterait serait tellement insignifiante qu'il ne faut pas y penser ; de plus, les moustiques vous déroberont certainement dans les chambres à coucher plus de substance que vous n'en aurez absorbé à la salle à manger. Enfin, faites votre prix d'avance. »

Tous ces conseils étaient bons, et nous en profitâmes. Je me hâte de dire que cette première *fonda* où nous étions venus échouer n'a pas été pour nous une caverne de voleurs et qu'on y peut passer nne bonne nuit et manger passablement pour ses quarante réaux. Les chambres sont grandes, élevées de plafond ; on y trouve des lits de fer, de vrais monuments. La tète et le pied du lit sont agrémentés d'ornements de serrurerie, de baguettes en fer se recourbant en spirales gracieuses ; une figure de la Vierge ou de saint Joseph est presque toujours peinte sur un cadre oval incrusté au milieu de la baguette ; on sent la catholique Espagne. Quelque chose de caractéristique aussi, ce sont les balcons suspendus aux fenétres des maisons : chaque fenétre a le sien, et quelquefois le balcon prend les proportions d'un *mirador* ; c'est comme un petit cabinet, une petite chambre extérieure suspendue aux flancs de la maison ; le mirador est vitré en haut, en bas, en face, de côté ; pendant l'hiver, quand il fait froid, ce qui dure assez longtemps à Burgos, paralt-il, on peut se tenir là, et c'est un plaisir dont les señoras ne veulent pas se priver ; bon gré, mal gré, il faut être au balcon, il faut voir dans la rue ; le mirador, c'est le *moucharabieh* turc ou arabe ; l'un est vitré, l'autre est grillé, mais tous deux servent au même usage : travailler un peu et surtout flâner, voir et se faire voir ; ce n'est pas le seul point de contact que l'Espagne a avec l'Orient.

On comprendra sans peine qu'une de mes premières occupations en arrivant dans la chambre d'hôtel fut de m'installer au balcon pour faire un peu de couleur locale et voir l'effet que cela produisait. Depuis quelques minutes j'étais à humer le frais, quand, au milieu du silence de la nuit, j'entendis un murmure

confus de voix lointaines, dont une se rapprochait
sensiblement, et bientôt au milieu des ombres (car les
cités castillanes ne jouissent point du splendide éclairage électrique de l'avenue de l'Opéra), je vis poindre
une lumière. Un homme s'avançait à pas lents, portant un falot d'une main et une pique de l'autre ;
de temps en temps il jetait un cri sonore ; il disait
l'heure et l'état de la température, et les bons bourgeois de la bonne ville de Burgos en l'entendant
pouvaient retourner leur tête sur l'oreiller, en pensant
que tout était pour le mieux dans le meilleur des
mondes et qu'ils se trouvaient à l'abri du côté des
voleurs. O moyen âge ! ô vieille cité ! ô mœurs
antiques ! et combien me voici loin des bords de la
Seine et du boulevard ! Le *sereno* ou crieur de nuit,
car c'était lui, passa sous mon balcon et en voyant le
bout de mon nez : « *Buena noche !* » dit-il familièrement.
« *Buena noche !* » répondis-je. L'avouerai-je ! un
instant je crus, pour continuer la couleur locale, qu'il
allait me donner une *sérénade !*

Le lendemain matin en se levant on prend le
chocolat ; c'est un liquide très épais, presque solide,
qu'on vous apporte dans une grande tasse flanquée
d'un grand verre d'eau fraîche, où vous mettez fondre
des bâtons de sucre soufflés et spongieux appelés *azu-
carillos.*

Et puis vite à la cathédrale ! Qu'on n'attende pas
de moi une description de la cathédrale de Burgos :
je l'ai dit, la chose a été faite plusieurs fois et bien
faite ; puis, je l'avoue, en face de semblables merveilles et de merveilles aussi compliquées, je me

reconnais incapable absolument : style gothique du temps de la Renaissance, portail en dentelle, deux flèches taillées en scie qui s'élèvent dans les airs à 84 mètres de haut, un peuple de statues à l'extérieur ; à l'intérieur, tableaux, statues encore, tombeaux, sculptures, pendentifs, bas-reliefs, encadrements, tout cela ne se compte pas ; il y a une porte en bois sculpté admirable, il y a un dôme où le ciseau a dû travailler cent années de suite, il y a un splendide escalier, il y a la chapelle du Connétable, la chapelle de sainte Thècle, « du mauvais goût le plus riche, le plus adorable et le plus charmant », comme dit Théophile Gautier ; il y a le rétable de la généalogie de Jésus-Christ, un arbre à personnages très curieux, et (qu'on me pardonne cette boutade) il y a aussi un sacristain spécial pour faire voir chacune de ces choses spéciales et à qui il faut donner un spécial pourboire.

On nous montra le fameux christ ; il n'est pas beau ; au moins il ne m'a pas paru tel, à la faible clarté des deux cierges qu'on allume toujours, selon l'usage, pour le faire voir aux étrangers ; son visage est tout sanglant, son corps tout déchiqueté, c'est dans le goût espagnol ; il paraît même que la peau est une véritable peau humaine, la barbe une vraie barbe. Les Espagnols aiment le réalisme dans l'art, et nous en avons eu des preuves souvent, entre autres dans le tableau qui représente le martyre de sainte Casilda : c'est une autre édition du supplice de sainte Agathe, et franchement on a trop bien imité la nature !

J'aime mieux un beau tableau de Ribeira qui représente aussi le Christ en croix et qu'on voit dans la salle capitulaire. Ah ! celui-là, oui ! il me dit quelque chose, et en ce moment où j'écris ces lignes, je vois encore ses yeux, ses pauvres yeux qui vont s'éteindre et qui jettent un dernier regard vers le ciel ; dans ces yeux-là, je l'affirme, il y a Jésus-Christ tout entier ; ils expriment l'amour du Fils pour son Père, des souffrances intolérables endurées pour l'amour de nous et la résignation la plus complète, l'abandon à la volonté divine ; ils disent aussi : « C'est fini ! O Père, je remets mon âme entre vos mains ! »

Pour aller voir ce tableau et cette salle du chapitre, nous passâmes par un cloître magnifique ; le terrain qui s'étend au milieu du cloître est tout en broussailles ; parmi cette nature inculte et les branches entrelacées des arbustes s'élève une haute croix de fer ; c'est simple et grand : au bout, tout au bout du cloître, du côté opposé à l'église, on a une vue magnifique sur le vieux monument, la tour du dôme et les deux flèches ; la nuit au clair de la lune, cette vue-là entre les arceaux et les trèfles gothiques doit être saisissante.

Nous vîmes aussi le coffre du Cid tout couvert de ferrures et de clous rouillés, et la sacristie avec ses miroirs de Venise, ses arbres de corail, ses fauteuils épiscopaux et les portraits des évêques de Burgos. Dans le vestibule de la grande sacristie on trouve posé sur un trépied un *brasero*, sorte de grande bassine pleine de charbons allumés, recouverts de cendre : les charbons servent à entretenir le feu des encensoirs et aussi celui des cigarettes. Autres pays,

autres mœurs ; tout le monde fume en Espagne, et
personne ne se scandalisera jamais de voir dans le
cloître, qui est un lieu de récréation et de repos, de
graves personnages se promener lentement en savou-
rant leur *cigarillo suace*.

Cette cathédrale de Burgos est un monde de merveilles ; malheureusement on ne peut pas juger l'ensemble comme on voudrait ; j'ai eu une déception en
entrant dans le monument, par suite d'une particularité à laquelle je ne m'attendais pas : le *chœur*, c'est-
à-dire l'endroit où se trouve le chapitre et le clergé
pour chanter l'office, se trouve juste au beau milieu
de l'église, et comme il a des proportions colossales, il
tient toute la place et brise complètement la perspective. Les deux rangées de stalles s'appellent *silleria* ;
elles sont bien belles : on y remarque une foule de
fantaisies d'art et de détails humoristiques, tels que
bonshommes qui se tirent par la barbe mutuellement
ou font danser des chiens ; au-dessus de chaque
rangée de stalles s'élève un orgue majestueux avec
des tuyaux placés horizontalement comme une formidable batterie de canons.

Le lutrin est énorme et supporte des antiphonaires
d'un mètre et demi de long, aux feuilles de parchemin enluminées ; les notes de chant, larges comme la
main, peuvent être aperçues très distinctement par
les chanoines qui occupent les places les plus éloignées au fond du chœur. Le chœur est fermé devant
par une haute grille et relié à la *capilla mayor* ou
sanctuaire par un passage qui court entre deux ba-
lustrades, à travers l'endroit réservé au public. Le

grand autel, très élevé, avec les marches nombreuses qui y donnent accès, son *retablo* de pierre et de métal sculpté, et ses grands chandeliers d'argent étagés sur les marches de chaque côté, fait un grand effet. Dans cette demi-obscurité de la grande cathédrale, devant ces chefs-d'œuvre, en entendant chanter d'une voix sonore l'hymne de Prime, comme nous l'entendions ce matin-là :

> Jam lucis orto sidere,
> Deum precemur supplices,
> Ut in diurnis actibus
> Nos servet a nocentibus.

quel est l'artiste, quel est le chrétien qui ne serait pas profondément ému ? On est heureux de voir que Dieu a trouvé un temple digne de lui ; et comme ces hommes debout et appuyés contre les colonnes, ou ces femmes agenouillées, la tête cachée sous leur noire mantille ; avec ces croyants qui vous entourent, vous priez, vous pleurez, vous dites aussi : *Credo !*

Ne quittons pas ces lieux sans avoir jeté un coup d'œil sur les costumes de chœur : les vénérables chanoines portent un surplis de forme triangulaire : triangle de batiste sur la poitrine et sur le dos, deux ailes flottantes sur les bras ; les bedeaux sont vêtus d'une longue robe rouge surmontée d'un large col blanc. Ces excellentes gens font mon bonheur ; ils ont vraiment un air *moyen âge* qui vous subjugue, et je reste là longtemps à les regarder aller et venir sous les voûtes et le long des murs de ce vieux monument, qui est la plus haute expression de la foi et de l'art chrétien.

A Burgos, après la cathédrale, on va voir la *place Major* ou place de la Constitution, entourée de portiques et de magasins, ou plutôt d'échoppes assez pittoresques. Les *ciceroni* officieux et les petits marchands d'allumettes se mettent à courir après vous et vous offrent leurs services et leurs marchandises. Pour mon sou on me donna là de ix boites d'allumettes de cire (*cerillas*); il se fait en Espagne une incroyable consommation de ces cerillas, qui sont les seules et uniques allumettes que l'on trouve dans le royaume. Le touriste doit aussi voir la *maison du Cordon*, qui est couverte de sculptures et en particulier ornée au-dessus de sa porte d'un grand cordon de l'ordre Teutonique; puis la Capitainerie générale, qui a un aspect de forteresse; puis l'emplacement de la maison du Cid Campéador, et les glorieux restes du grand capitaine et de doña Chimène sa femme: ils sont à l'Hôtel de ville, et j'avouerai que je n'allai point les voir. Hélas! en faisant cet aveu, je risque fort de froisser le sentiment national de bien des Espagnols! Ah! c'est qu'ils aiment leurs grands hommes! et ils ont raison. Leurs grands hommes! il faudrait plutôt dire leurs grands parents, leurs ancêtres. Je me rappelle qu'avant de quitter Paris, un jour, je causais avec une dame d'origine andalouse de l'Espagne et des choses de l'Espagne; comme toujours, je louais ou je blâmais, et je blâmais surtout l'usage immodéré du couteau, de la *navaja*, de la dague, de l'épée et de tous les autres engins meurtriers qu'on dit voir briller aux mains des vaillants péninsulaires à la moindre altercation. Je disais donc à cette dame, très douce et très pieuse : « Vous approuvez le duel, sans nul doute ? — Monsieur, il me semble que, si j'étais un homme, je voudrais en effet laver une insulte dans le sang ! — Mais permettez ; ces sentiments ne s'accordent guère avec les sentiments de dévotion que je vous connais. — Monsieur ! mais vous ne savez donc pas que j'ai dans les veines le sang du Cid Campéador ! » Il n'y avait plus rien à répliquer ; tout l'Espagnol est là !

Eh bien, non ! je n'allai pas à l'Hôtel de ville : la cathédrale est si merveilleuse qu'elle suffisait amplement à occuper mon temps et mon admiration. J'allai jeter un coup d'œil sur la promenade de l'*Espolon* (l'Éperon), en dehors de la porte Sainte-Marie. Les guides disent : « Cette promenade forme l'entrée de la ville du côté de la route de Madrid. Elle présente trois belles allées d'arbres, dallées et sablées ; des jardins, des fontaines, des statues de rois et de personnages illustres . » Lecteur, croyez-moi, contentez-vous de la cathédrale. Cependant, si vous voulez, comme depuis ce matin un petit drôle s'acharne après mon compagnon et moi pour nous montrer quelque chose bon gré, mal gré, profitons de sa bonne volonté et de ses offres obstinées, et allons au monastère royal de *las Huelgas*.

Qu'est-ce que cette foule de peuple qui vient au-devant de nous, au sortir de l'Espolon ? C'est une procession : on porte le Saint-Sacrement à un malade ; le prêtre marche sous le dais, tenant le ciboire entre les mains ; une centaine d'hommes du peuple l'accompagnent avec des cierges allumés ; tout le monde s'agenouille et se découvre respectueusement. Heureux pays qui conserve encore la foi et ses pieuses pratiques, et qui peut librement les accomplir!

Notre petit guide qui nous avait donné le choix entre la chartreuse de Miraflores, plus connue, et le couvent où nous allons, nous mène par des chemins ombreux, le long d'une petite rivière, durant l'espace d'un kilomètre et demi. Il a la langue bien pendue, et il veut causer; il nous apprend qu'il est fils d'un gardien de la paix publique et qu'il est *acolytho* à la cathédrale, c'est-à-dire enfant de chœur et servant de messe; à l'appui et comme preuve de son assertion, le voilà qui se met à nous débiter les uns après les autres tous les versets et tous les répons du psaume *Introibo;* il entonne le *Kyrie eleison,* la Préface, et le *Sanctus.*

Nous arrivons au monastère construit au XIIe siècle par le roi Alphonse VIII, sur l'emplacement d'un palais appelé *las Huelgas del Rey* (les plaisirs du roi). C'est une propriété du souverain (*réal patrimonio);* elle est richement dotée et peut abriter un grand nombre de religieuses; ces religieuses doivent être de race noble; elles appartiennent à l'ordre de Cîteaux ou de Saint-Bernard et sont cloîtrées.

Nous avons la bonne fortune de tomber sur un sacristain intelligent, même savant; il a appris le latin pendant deux ans, nous dit-il, et il le parle avec une remarquable élégance; il possède aussi des notions historiques et archéologiques, et nous fait admirer l'église de style byzantin mélangé de style mauresque. Au milieu s'élève le tombeau du roi Alphonse; on y remarque encore beaucoup d'autres tombes plus ou moins illustres. Le chœur des religieuses, très vaste, est séparé de l'église, selon l'usage, par une grande grille, à travers les barreaux de laquelle nous apercevons quelques robes blanches prosternées sur le pavé ou penchées sur la double rangée de stalles.

En visitant les sacristies, nous feuilletons des missels enluminés, à la couverture revêtue de l'écusson royal ; enfin, comme on nous promet une belle vue, nous montons sur le sommet du clocher, et nos yeux plongent un peu dans l'intérieur de la clôture, sur les cloîtres, la chapelle où les chevaliers, dit-on, allaient passer la veillée des armes, et les jardins. Dans les jardins rien ne nous rappelle ce que nous aimons, nous Français : quelques plates-bandes ; quelques maigres fleurs autour du potager, pas de massifs, pas d'arbres élevés et touffus. Un gros nid de cigognes était posé sur le toit de l'église ; la mère, montée sur ses hautes pattes, se tenait immobile au bord de cette demeure aérienne, et cette scène silencieuse, au milieu de ce paysage solitaire, ajoutait encore à la mélancolie du spectacle.

Nous vîmes en descendant des confessionnaux très rustiques : ce sont des espèces de chambres adossées à un des côtés du chœur des religieuses, où les aumôniers se tiennent pour l'administration des sacrements.

Le portique a cinq arcades richement ornées ; un escalier conduit à la clôture, et l'on remarque à côté une porte murée ne s'ouvrant que pour la visite du roi ou d'une personne royale. Un écusson de chevalier et la devise : *Al patriotismo de un padre español*, surmontent cette porte, ainsi que la pompeuse inscription suivante, qui me donne le nom, les titres et les qualités de l'abbesse qui commande ici :

VIVA LA ILLUSTRISSIMA SENORA DONA MARIA DEL PILAR DE UGARTE, CORTÈS, EPALZA, LANDA, IRUEGAS, ORTIZ, SALAZAR, ORGASITAS, ELECTA ABADESA DE ESTE REAL MONASTERIO EL DIA 11 NOVIEMBRE 1879.

En revenant, nous traversâmes le gros village qui s'est formé autour du monastère, autrefois fortifié et défendu par des fossés et un pont-levis. Plusieurs ecclésiastiques passèrent à côté de nous en saluant; on nous dit que c'étaient des jeunes prêtres qui venaient là pour dire leur première messe.

Cette vieille ville de Burgos a le don de m'intéresser vivement sous toutes ses faces et par tous les détails; nous passâmes encore une fois près des portes de la cathédrale, et je lus sur une affiche collée au mur :

AVIS. « Les prêtres qui voudront célébrer le saint sacrifice pour la señora doña X. à l'église Saint-Laurent auront une aumône de huit réaux. »

Je ne peux pas oublier qu'un glorieux combat fut livré ici aux Espagnols par le maréchal Soult, le 10 novembre 1808. Les Espagnols y subirent une affreuse déroute, laissant entre nos mains, avec Burgos et son château, 11 drapeaux conquis sur les gardes espagnoles et wallonnes. 30 bouches à feu et 900 prisonniers. Napoléon entra le lendemain dans la ville.

En 1812, les Français y furent assiégés sans succès

par les Anglais, qui tentèrent cinq fois l'assaut. Ces
derniers n'y entrèrent que l'année suivante, après que
la ville eut été évacuée et son château incendié par
l'armée française en retraite sur Vittoria (1).

Ces souvenirs sont tout modernes, mais ce ne sont
pas les choses modernes qui frappent le plus à Burgos,
la mère des rois et la restauratrice des royaumes,
*madre de reges y restauradura de regnos;* ce sont les
choses du moyen âge. Aussi je puis dire avec Ozanam : « La scène principale du moyen âge espagnol
est à Burgos, où se passent la plupart des actions
héroïques célébrées dans les ballades populaires. Il
faut avoir vu ces lieux pour se représenter la cour de
Castille au XV⁰ siècle; quand le souffle de l'Italie avait
passé sur elle sans l'enivrer encore, quand les poètes et
les artistes se pressaient au palais de Burgos, quand
le roi Jean II faisait des vers et que les chefs de l'aristocratie castillane, les marquis de Santillane et de
Villena, s'honoraient de traduire Dante et de ranimer
le gai savoir des troubadours. C'est la terre des chevaliers, c'est la terre des saints. Ailleurs je pourrais
voir des épisodes, mais c'est à Burgos qu'il fallait
chercher le poème, je l'ai trouvé tout entier. »

(1) Les détails historiques relatifs à l'invasion française en Espagne ont été fournies avec la plus grande obligeance par M. Busson
Leblanc, membre de la Société de géographie de Paris.

## II

### ANCIENNE CAPITALE. — LE SAINT-DENIS ESPAGNOL.

Nous voyageons avec un *alferes* de hussards. — Depuis le balcon de la fonda. Les carillons de Valladolid. — Joyeux cercueils et triste église. — Un artiste obligeant. — Le Musée de Valladolid et ses prétendus horreurs. — Une ville finie. — La promenade du soir. — Paysage et explications au lecteur. — Arrivée à *el Escorial*. — Des voyageurs qui n'ont pas de chance. — Encore des exagérations. — L'église du palais-couvent. — Nous tombons aux mains des *ciceroni*. — Manuscrits précieux. — Les appartements royaux. — La cellule de Philippe II. — Un grand roi. — Le Panthéon.

Le train-poste (*correo*) part de Burgos à 5 heures 25 du soir, pour arriver à Valladolid à 9 heures 15. Sur la route rien de bien curieux ; on passe à *Torquemada*, où les Espagnols furent battus le 6 juin 1808 par le général Lasalle, en marche sur Valladolid. On passe à *Venta de Baños :* c'est l'embranchement de la ligne du Nord avec la ligne de Santander ; nous voudrions bien suivre la locomotive qui traverse les précipices de *Barcena* et de *Pesquera*, avant d'arriver à la *Perla de l'Oceano* et de voir le *Sardinero*, mais nous ne pouvons tout voir ; « qui trop embrasse mal étreint ». C'est ce que nous explique le compagnon de voyage que nous avons pris à Burgos. C'est un *alferes* ou sous-lieutenant de hussards ; il ne sait pas un mot de français, mais nous parvenons à comprendre qu'il appartient à un régiment de Valladolid et qu'il est envoyé à Burgos pour la remonte de la cavalerie.

Il est probable que ses fonctions l'obligent à patauger dans les écuries et la litière, et qu'il est d'usage en pareil cas de négliger un peu sa toilette. Est-ce cette raison-là, ou pauvreté, ou amour du pittoresque ? Toujours est-il que notre *alferes* a un dolman bleu, d'un bleu très douteux, qui s'en va en loques ; cela ne l'empêche pas d'être fier comme Artaban et d'étaler ses haillons au grand soleil entrant par les portières. Nous parlons de la monnaie du pays et nous avouons notre embarras quand il s'agit de compter, surtout dans certains cas particuliers ; le sous-lieutenant de cavalerie tire de sa poche graisseuse une poignée de gros liards, et pendant qu'il se met à nous expliquer la différence qui existe entre telle ou telle pièce de cette monnaie originale, quatre ou cinq liards folichons s'en vont rouler sous les banquettes. Croyez-vous qu'il se baisse pour les ramasser ? Point du tout ; nous nous étions précipités nous-mêmes : il nous retient d'un geste plein de noblesse. Je le soupçonne fort de n'avoir pu se plier en deux, sous peine de voir le malheureux dolman se fendre du haut en bas.

Allons ! je m'amuse un peu avec notre *alferes* ; c'était un excellent garçon pourtant ; nous avons échangé des cigares ; à Venta de Baños, il a acheté avec ce qui lui restait de liards un poulet qu'il a voulu partager avec nous, et, arrivés à Valladolid, nous nous étions bien promis de lui offrir un vin d'honneur ; s'il a disparu au moment de l'arrivée, ce n'est pas notre faute.

L'ayant cherché partout et ne l'ayant pas trouvé, nous avons mis notre valise sur le dos d'un *mozo* (garçon), et nous sommes partis pour la *Fonda del Siglo*. Quand vous voulez parler de Valladolid, prononcez *Bayaoli*, sous peine de ne pas être compris : ce nom-là d'ailleurs et la prononciation que je donne sont parfaitement arabes, et cela sent déjà le More, puisque Valladolid en arabe se dit *Belad-Oualid*.

Quoi qu'il en soit, l'entrée dans la ville, le soir, est
vraiment charmante ; on est obligé, pour se rendre à
la Fonda, de traverser une jolie promenade, et cette
promenade, à la clarté du gaz, aux sons d'une musique joyeuse, égayée par une grande foule, surprend
agréablement le pauvre voyageur, qui sort couvert
de poussière de l'affreuse et brûlante boîte dans laquelle il a passé une demi-journée.

Comme la *fonda del Norte*, l'hôtel du Siècle est
une assez bonne maison ; la cuisine y est très passable,
et cela nous rassure un peu ; on nous avait tant dit
qu'en Espagne la salle à manger était un supplice !
Non ! c'est un peu exagéré ! Quand on remonte à sa
chambre après le repas, la cigarette aux lèvres, pour
prendre le frais à son balcon, on ne trouve pas son sort
encore trop malheureux. Le balcon de ma chambre
donnait sur une petite ruelle conduisant à la cour et
aux écuries de la fonda ; mais comme je me trouvais
à un étage très élevé, j'avais une vue assez étendue :
devant moi, tout en face, une église au dôme
fantastique ressemblant à s'y méprendre au toit d'une
pagode indienne ; derrière, la tour d'une autre église
voisine ; à gauche, des jardins et des promenades publiques, sur les bords de la rivière Pisuerga ; à droite,
une place publique entourée de hautes maisons, dont
une affectée au bureau des télégraphes. Nous sommes
là, mon compagnon et moi, accoudés sur la balustrade de fer du balcon et devisant tous deux des
hommes et des choses du pays ; un petit vent soulève
de temps à autre le rideau de grosse toile qui pend
flasque à côté de nous ; par les fenêtres éclairées d'une

maison voisine, nous entendons s'envoler des sons de piano, on joue la *Marche turque de Mozart* ; une vieille diligence entre dans la cour de l'hôtel au triple galop ; nos têtes se penchent pour voir, et nous voyons d'autres têtes se pencher à tous les balcons de toutes les fenêtres ; en haut, en bas, à droite, à gauche, il y en a partout. Mais il est tard, et nous pensons que, puisque nous avons là un bon lit, il est juste d'en profiter.

Il faut revenir au balcon le matin pour voir la ville se réveiller au soleil levant ; ce n'est pas qu'il y ait une bien grande agitation à Valladolid ; mais, si l'on se remue un peu c'est le matin et le soir, quand il ne fait pas trop chaud ; et puis ce qui surprend l'étranger arrivé tout nouvellement en Espagne, c'est l'étrange musique qui se fait entendre de tous les coins de la cité : les églises sont nombreuses, et de chaque clocher partent les sons discordants des cloches les plus cassées, les plus fêlées et les plus chevrotantes qu'on puisse imaginer :

> Sonnez, sonnez, sonnez cloches,
> Sonnez partout et pour tous,
> Sonnez cloches sans reproches,
> Sur terre on n'entend que vous.

Elles sonnent sans cesse, elles sonnent de tous côtés ; au moment où l'on s'y attend le moins, un carillon dévergondé part au-dessus de votre tête ; vous l'écoutez encore qu'une autre petite clochette se met à danser d'une façon folle, comme agitée par la main invisible d'un lutin ou d'un farfadet ; c'est un concert, une harmonie étrange, qui étonne d'abord et qui finit par exercer sur vous un grand charme; les cloches, avec leurs voix d'airain, leurs sons graves ou argentins, sont une compagnie qu'on aime.

Je ne sais pourquoi les voyageurs qui ont écrit sur Valladolid n'ont presque rien trouvé à dire; pour moi, je n'avais pas fait dix pas dans les rues de la ville que je m'arrêtais étonné devant une nouvelle surprise; c'était un magasin de cercueils. En France, on cache ces objets-là, ici on les étale au grand jour, comme dans certaines boutiques du Céleste Empire; sur les rayons immenses on en voit des collections très variées; non point de ces cercueils vulgaires en bois de sapin ou même en chêne plus ou moins raboté, mais des bières en beau bois brun verni, ciselé, sculpté, ornementé, à coins de cuivre jaune ou rouge, de forme élégante, arrondie, recourbée, comme de vrais objets d'art, comme les tombeaux de marbre que l'on voit dans les cathédrales ou les chapelles mortuaires des grands et des rois. Il y en a de tout petits, de couleur bleu tendre; c'est pour les enfants, et ils ressemblent à des berceaux. A la bonne heure! au moins, cela ne fait pas peur! il semble au contraire qu'on soit bien là-dedans! et j'admirais le bon sens et la gracieuseté de ce peuple espagnol, qui, en véritable enfant du Midi, sait faire luire un rayon de soleil jusque dans la tombe, qui interprète si heureusement l'esprit de l'Église catholique et change le deuil en joie, le jour de la mort en jour de naissance! *Natalitia sanctorum!*

La *Plaza Mayor* ou grande place est entourée d'un

portique très grand, très haut et d'un bel effet. Nous le quittons pour aller à la cathédrale ; là aussi il y a quelque chose de grand, d'élevé, de royal ; elle est inachevée, les murs sont construits avec une pierre grise et sombre, les murs sont nus ; ce n'est plus Burgos, ce n'est plus le gothique fleuri, ardent, élancé ; c'est le style grec, le dorique, c'est la grande œuvre du fameux architecte Herrera qui fit l'Escurial.

Nous entrons ; toujours le chœur au milieu de l'édifice, et ici le chœur a des proportions colossales ; une grille immense en forme l'entrée, elle a trois étages de barreaux de fer superposés ; il y a aussi un passage grillé du chœur au sanctuaire, où l'on remarque un retable et de curieuses fleurs entre les six chandeliers de l'autel, le tout d'argent pur.

Les seigneurs chanoines sont de noir habillés. Qu'on se figure des dominicains noirs, avec un scapulaire noir, une large barrette noire à trois cornes, voilà ce que j'ai vu en fait de costume dans cette vaste et triste cathédrale ; les señoras en mantille sont agenouillées, çà et là sur des nattes de sparterie : ici, elles semblent pleurer en priant ; l'une d'elles, prosternée devant un confessionnal, a les bras en croix, une vraie pose de Madeleine repentante. Enfin, ce lieu est bien le cadre de la pénitence et de la supplication.

En sortant nous allons nous asseoir sur le seuil de la porte d'une maison en face ; mon compagnon tire son carnet et prend le croquis de la façade : façade désolée, tours construites à moitié, escaliers croulants, herbe qui pousse au milieu des pierres disjointes, tout cela est fixé sur le papier; mais un gamin arrive, puis une petite curieuse, puis un autre gamin et une autre curieuse, et non seulement les *niños* et les *niñas*, mais les grandes personnes. Il n'y a pas rien qu'à Paris qu'on veut voir : la boule de neige grossit, grossit; nous avons une multitude autour de nous pour voir le fameux croquis, très bien réussi du reste. — *La iglesia de Vs. es la muy hermosa de todas de la España* (Votre église est la plus belle de toutes les églises d'Espagne). — *Si, señor* (Oui certes, monsieur.) Ils sont ravis du compliment, mais ils deviennent un peu fatigants. Nous sommes tirés d'embarras tout à coup par le maître même du logis où nous nous sommes arrêtés. Ce n'est point parce que Valladolid est la patrie du grand poète; mais si jamais vous avez vu l'honorable et très courtois M. David Sampis, mettez-lui un pourpoint sur le dos, une épée au côté et une fraise autour du cou, vous aurez vu la tête, la noble tête de Cervantès. Il nous invite à monter chez lui, et pour nous y obliger, pour nous attirer, il a apporté jusqu'au seuil un appât, un grand tableau qui représente la cathédrale. M. Sampis est un véritable artiste et amoureux fou de sa bonne ville natale; il nous montre les plans de Herrera et des vues de la cathédrale : il nous la montre telle qu'elle est, telle qu'elle devrait être; il paraît que dans l'idée de l'architecte il ne devait point y avoir de chœur au milieu. Enfin notre hôte nous fait voir un plan de Valladolid, *de mi capricho*, dit-il; c'est une fantaisie à lui; et il rêve de rendre à l'antique capitale de la monarchie espagnole toute sa splendeur passée : son plan nous montre la ville rayonnant autour d'un point central qui est toujours la grande cathédrale, percée de rues et d'artères bien droites et bien régulières, embellie par des parcs et des squares intérieurs ; en regardant ce *capricho* j'avais un souvenir vague d'avoir déjà vu ailleurs quelque chose de semblable ; je finis par trouver : c'était le plan de l'Exposition de Paris en 1867 au Champ de Mars.

Du musée de M. David Sampis, nous passons au musée de la ville, qui possède une façade originale. Notre hôte de tout à l'heure nous a donné sa carte que nous présentons au portier du musée et nous pouvons entrer immédiatement.

Le musée de Valladolid a été établi dans les bâtiments d'un ancien collège ; aussi on y remarque de belles salles ; il y a de la place et l'on a apporté dans les salles et les galeries une foule de tableaux, de statues et d'objets d'art enlevés la plupart aux nombreux couvents des environs. Sans doute toutes les choses que l'on voit ici ne sont point des chefs-d'œuvre, mais pourtant il me semble qu'on a traité un peu trop légèrement ce pauvre musée.

On arrive en Espagne par la frontière basque ; o a vu Burgos, on a hâte de voir l'Escurial, Madrid et Tolède, etc., on sacrifie Valladolid ou l'on n'y fait qu'une halte de nuit pour se reposer ; ou bien on entre en Espagne par la frontière catalane ; on va voir l'Andalouzie et ses monuments moresques ; on a visité les musées de Séville et de Madrid, et quand il faut revenir en France, on sacrifie volontiers tout le reste. On a tort : il faut voir les peintures du musée où nous sommes en ce moment. Pauvres peintures, ont-elles été dépréciées ! et quel malheureux sort est le leur ! On ne daigne pas les voir ou quand on les voit, c'est pour se cacher le visage tout après et jeter des cris d'horreur ! Il paraît que l'impression produite est celle que fait éprouver « la première vue d'un combat de taureaux : membres mutilés, têtes séparées du tronc, corps exténués, flagellés, tenaillés, brûlés, déchirés ; tortures de l'Inquisition, visage, convulsés de morts, de moribonds, de possédés, de bourreaux ; du sang, du sang, du sang ; on croit le voir jaillir des murs, on *croit s'y baigner ;* c'est une accumulation de douleurs et d'horreurs à remplir les hôpitaux de tout un pays. »

Tout beau ! tout beau ! Eh ! mon Dieu ! je n'osais presque pas y entrer dans cet enfer ! après avoir lu tout ce qu'on en disait ; enfin je me risquai et je ne m'en suis pas repenti. J'y ai vu des peintures réalistes, c'est vrai, mais pas tant que cela ; je n'ai pas été éclaboussé par le sang, pas même devant la *Circoncision* ; mais non ! et à côté j'ai admiré de bonnes, douces, paisibles figures, les Rubens surtout : *l'Assomption,* tableau admirable qu'on ne peut regarder un peu longtemps sans se sentir pousser des ailes qui vous emportent sur les nuées, avec la Vierge et les chérubins qui l'entourent ; *l'Adoration des bergers :* quels beaux visages de vieillards ! c'est dommage qu'ils soient toujours les mêmes.

Une des curiosités de ce musée, ce sont les peintures nacrées provenant de la *Cartuja* (Chartreuse). Je ne sais de quel pays elles viennent absolument : d'une chartreuse de la ville ou d'un couvent du Mexique. Ce sont des peintures sur bois ; les vêtements des personnages sont en nacre, ainsi que les cadres, ce qui donne lieu à de curieux effets ; les scènes sont toutes tirées du Nouveau Testament. Très originales, les noires figures des nègres de *l'Adoration des mages* avec leurs blancs vêtements aux reflets irisés. Là aussi, le visage du Christ dans les trente tableaux de la collection est exactement le même.

Au rez-de-chaussée sont les statues en bois peint de Hernandez ; de ces statues-là on a dit aussi pis que pendre : ce sont, paraît-il, des figures *patibulaires*, et l'on croit en les voyant être tombé dans un *bagne* de géants. Il s'agit ici des scènes de la Passion ; elles ont une vigueur et une expression rares, voilà tout, mais on ne se compromet pas en les fréquentant !

On a tout enlevé aux couvents de la ville, même le mobilier des églises, et l'on montre de superbes stalles dans une grande salle qui ressemble à une chapelle. Quel malheur de voir ces collections empilées les unes à côté des autres ! Ah ! remettez donc ces belles *sillerias* dans les chœurs déserts et dans ces chœurs ramenez les moines qui chantent jour et nuit les louanges du Seigneur ! Croyez-moi ! l'art et la poésie y gagneront tout autant que la religion. Ville infortunée ! elle a des traces de splendeur, mais c'est d'un morne, d'un triste à mourir ! Nous allâmes voir en effet la place *San Pablo,* l'herbe y pousse drue et serrée ; il y a là un palais royal devant lequel se promène mélancoliquement une sentinelle qui s'ennuie et ne pense pas un seul instant aux chevaliers et aux nobles dames qui passaient en foule autrefois, sur ce même pavé maintenant silencieux ; il y a là aussi une façade de l'église des Dominicains qui est une merveille. Nous vîmes la *Plaza Campo-Grande* entourée de quinze couvents vides, désolés ; c'est à ne pas y croire ; on a le cœur serré. M. David Sampis, vous avez beau faire, Valladolid est une ville finie ! Qu'on ne dise pas que ce sont les moines qui m'amènent à faire cette réflexion ; je l'aurais faite de toute façon, car vraiment c'est une ville finie !

Et le soir, je le voyais bien encore en me promenant sur les bords de la rivière, dans le jardin orné d'œillets et de giroflées ; — ce qui sent bon, mais n'est pas très relevé, — et sur les boulevards mal tenus. En regardant à travers les arbres ; on voit se profiler sur le ciel déjà gris la silhouette d'un vieux monastère : la chapelle tombe en ruines, et les arcades du cloître prennent aux ombres du crépuscule un caractère plus majestueux et plus solennel. Des ruines, des ruines, et toujours des ruines dans cette cité abandonnée ! Ici et là, dans les allées avoisinantes, circulent quelques ecclésiastiques mêlés familièrement à la population. Ce monde est silencieux, et un peu plus loin rien ne viendrait trahir sa présence, si la blancheur des bancs de marbre et le bout ardent des cigarettes ne perçaient l'obscurité comme des indices révélateurs.

Il y a grande affluence de fidèles à l'église San Lorenzo : on y donne le salut, et nous y passons avant de nous rendre à la grande promenade de Valladolid. Pourquoi donc dans les églises espagnoles trouvet-on tant de chaires à prêcher ? A San Lorenzo, on en voit deux, à la cathédrale, quatre, en regard l'une de l'autre entre le chœur et le sanctuaire ! Je comprends qu'il y en ait une pour le chant de l'épître, l'autre pour chanter l'évangile, la troisième pour faire les sermons, mais la quatrième ! à moins qu'elle ne soit pour la symétrie ? C'est ce que semblait me dire un bedeau, qui était tout étonné de mes questions à ce sujet.

La grande promenade de Valladolid, c'est la *Plaza Campo Grande*, derrière la gare du chemin de fer. Elle est divisée en deux grandes avenues, et le soir, de huit à onze heures, à regarder la foule qui s'y presse, on ne dirait jamais que la ville est aussi triste et aussi déserte que je l'ai dit en commençant. Des bancs de pierre armoriés, portant l'écusson municipal, entourent la promenade plantée d'arbres : ce sont des acacias de deux mètres de haut ; chaque arbre a trois branches, chaque branche a dix feuilles sèches ; on ne se promène point ici confondus indistinctement : les bourgeois ont leur allée, le peuple a aussi la sienne ; mais c'est un va-et-vient très agréable à voir, très égayé par la musique militaire, les rondes joyeuses des enfants, les costumes des cadets de l'école de cavalerie et les cris des étudiants ; avec un peu de bonne volonté, on pourrait se croire aux Champs-Élysées ou au quartier Latin.

Il faut quitter Valladolid. J'aurai tout de même conservé un bon souvenir de cet endroit-ci : d'abord, je n'y ai pas eu trop chaud ; ensuite, je m'y suis reposé bien convenablement, puis j'y ai fait d'intéressantes remarques, enfin c'est un lieu célèbre pour nous, Français ! le 12 juin 1818, les généraux Lasalle et Merle, partis de Burgos, défirent complétement, au pont de Cabezon, sur la Pisuerja, à deux lieues en avant de Valladolid, cinq ou six mille bourgeois et paysans encadrés dans quelques déserteurs de l'armée régulière et appuyés de quelques centaines de cavaliers. Cette foule était conduite à regret par le capitaine général don Gregorio de la Cuesta, qui n'avait pas osé résister aux cris d'une populace extravagante. C'était au lendemain du meurtre commis par elle sur don Miguel de Cevallos, follement accusé d'avoir causé, par lâcheté ou trahison, la défaite des insurgés de Ségovie, et dont le cadavre fut promené en lambeaux dans Valladolid par des femmes furieuses.

Nous nous rendons maintenant à l'Escurial. D'ici à destination, quel affreux pays, grand Dieu ! On dit pourtant que c'est une campagne riche ; aux environs de la ville s'étend une plaine de 200 à 250 kilomètres en tous sens cultivée en blé ; mais quelle poussière à avaler ! quelle chaleur à supporter ! Valladolid est à 600 mètres au-dessus du niveau de la mer, Madrid à 675 mètres : entre les deux villes, le *Ferro-carril* traverse la montagne, la sierra Guadarrama, sur laquelle chaîne le faîte du chemin de fer (à l'entrée du tunnel de Ceñade) se trouve à 1.360 mètres de haut. Le froid est très vif, pendant la nuit surtout, on le comprend, et l'on doit prendre de grandes précautions et se bien couvrir. De l'extrême froid on passera à l'extrême chaleur, le lendemain, en descendant dans la plaine; le malheureux voyageur n'y comprend plus rien, avec toutes ces trempes à froid et à chaud.

Comme nature, un pays de l'espèce la plus terrible et de la plus sauvage grandeur : des blocs de pierre amoncelés ou dispersés au loin, des *menhirs* et des *dolmens* naturels ; le champ de combat de Titans, qui ont laissé sur le terrain les armes dont ils se sont servis, des cailloux gigantesques.

Et maintenant, ô lecteur indiscret, pourquoi n'ai-je pas été à Salamanque, la ville des étudiants et des richesses monumentales ? C'est que je vais voir une université plus curieuse encore, celle de Coïmbre, les palais des Mores et les grandes cathédrales, et c'est aussi parce que je pars de Valladolid par le *correo* de 9 heures 15, qui arrive à Medina del Campo, l'embranchement, à minuit ; or il n'y a qu'un train par jour pour Salamanque, et il part à 4 heures 10. Que faire pendant quatre heures de nuit à la station de Medina ! Que feriez-vous, lecteur, vous, dans une gare espagnole ? Ce n'est plus votre pays, croyez-le bien !

Et pourquoi, ô mes lectrices, ne me suis-je point arrêté à Avila ? C'est que j'y arrive à quatre heures du matin ; la ville est loin, et il n'y a pas de moyen de locomotion pour la gagner ; de plus, je devrais attendre un train du lendemain pour aller à l'Escurial, ce que j'appelle perdre du temps, ou je devrais partir pour l'Escurial à une heure de l'après-midi, et c'est trop tôt : enfin, dans ce cas, j'arriverais à l'Escurial à cinq heures du soir : qu'y ferai-je donc, ô mes lectrices, à cette heure tardive ! — Sainte Thérèse, pardonnez-moi !

Nousarrivons à *Robledo* vers 4 heures 53 du matin ;
c'est un peu avant l'Escurial, et déjà l'on aperçoit à
gauche de la voie ferrée le grand,  l'immense palais,
sur une hauteur, adossé à la sierra Guadarrama,  au
milieu d'un bois d'oliviers ; il est 5 heures 10 : nous
sommes à la gare de *El Escorial,* et nous descendons
de wagon. Mes lecteurs connaissent ces sortes de
débarquement : on a passé la nuit en chemin de fer,
on n'a pas dormi, on a eu chaud, on a eu froid, très
froid vers 1 heure du matin ; on est tout couvert de poussière, et à la gare de l'Escurial, pour combler la mesure, on apprend qu'il n'y a pas d'*almacen*, où l'on
puisse déposer sa valise. « Evidemment, quand on
vient ici, ce n'est point pour y coucher ; on y vient
faire une promenade depuis Madrid, on repart le soir,
il n'y a pas d'hôtel  très probablement où l'on puisse
s'installer ; comme  cela va être amusant de trainer
notre bagage avec nous toute la journée ! » Voilà les
agréables réflexions auxquelles se livraient les deux
voyageurs parisiens, le matin du  vendredi 9 juillet.
Si encore le chef de gare, voyant notre embarras,
nous proposait de garder  nos sacs jusqu'à ce soir ;
mais non ! rien ! rien ! il nous demande nos billets et
nous invite poliment à détaler.

Le salut nous apparaît sous les traits d'un jeune
vaurien, grêle, étique, n'ayant plus qu'un souffle de
vie et qui veut encore gagner une *peseta* (1 franc)
avant de mourir : malgré nous, il prend les deux
valises, le malheureux ! nous nous promettons bien du
reste de le soulager quand il le faudra ; bref, pour
remercier le Seigneur d'être venu à notre secours,

nous allons faire une bonne œuvre. Un vieux mendiant enveloppé pittoresquement d'un manteau long à collet et le chef couvert d'un chapeau tyrolien, s'avance vers nous. « *Caballeros, la limosna por el amor de Dios!* L'aumône pour l'amour de Dieu! — Eh bien, dis un *Pater noster* pour nous et tu seras exaucé! — *Diga V. un Padre nuestro para nosotros.* »—Le bonhomme ôte son chapeau graisseux, et le voilà qui récite l'O-raison dominicale en face de nous debout devant lui; charmante prière du matin en vérité! le soleil se lève, les oiseaux gazouillent, le cadre est délicieux: nous doñnons notre aumône, et le vieux aide le *mozo* à charger son fardeau sur les épaules.

Nous montons vers le palais: il y a deux villages qui portent le nom d'Escurial. Le village de l'*Escorial de Abajo* (d'en bas) est situé à droite du chemin de fer; le palais et le village l'*Escorail de Arriba* (d'en haut) sont à un kilomètre à gauche, sur le flanc de la montagne. Un kilomètre, c'est encore un bon bout de chemin, surtout quand on est bien chargé; après avoir marché pendant cinq minutes, le jeune garnement dont j'ai parlé déc'ara qu'il voulait deux *pesetas* pour aller jusqu'au village: nous lui jetâmes le prix convenu et, l'envoyant se faire pendre ailleurs, chacun de nous, pour en finir, saisit son sac: mais on ne m'y reprendra plus! Quand j'arrivai devant la porte de la fonda, j'étais plus mort que vif: une demi-heure après nous débouchions sur la grande esplanade qui s'étend devant la façade du palais.

Pour dire mon sentiment sur l'Escurial, je n'em-ploierai point les dénominations grandioses ni les

épithètes hyperboliques dont on s'est servi en pareille
occasion : je dirai tout simplement que ce palais-couvent ou ce couvent-palais, comme on voudra, est
véritablement d'une grandeur très respectable, je
dirai aussi que ce n'est pas très beau d'aspect. Quoique fort régulier, l'édifice est nu, sans ornements ;
c'est la ligne droite, le style dorique ; j'aime mieux un
autre genre d'architecture ; mais enfin j'explique et je
comprends ce palais de l'Escurial, quand je sais qu'il a
été bâti par le roi Philippe II, à l'humeur sombre, aux
idées sévères.

Le roi Philippe II était un bon chrétien, un
monarque pieux et mortifié, mais il est tombé dans
les défauts de ses qualités, voilà tout ; il est certain
que le roi Louis IX de France était aussi saint, et
même plus, et que son caractère était plus aimable ;
lui, n'eût pas bâti ce palais, qui est l'expression du
caractère du maître ; c'est religieux, c'est austère,
c'est royal. Quant à dire que l'Escurial est un lieu
désolé, « *ubi sempiternus horror inhabitat* », un enfer
sibérien où « l'ennui vous tombe sur les épaules
comme une chape de plomb, où votre cœur se resserre
et où il vous semble que tout est fini et que toute joie
est morte pour vous » ; quant à dire que dans l'intérieur du couvent royal « l'étranger s'avance, va
encore, va toujours, va sans repos, qu'il ne sait s'il
rêve ou est éveillé, s'il est ivre ou fou, et que la ter-
reur commence à pénétrer dans son cœur et les plus
étranges fantômes à se presser dans son esprit égaré...
qu'au fond du long corridor, où vous avez jeté un
regard, vous avez vu un homme immobile comme

un spectre et qui vous regardait, ou une file de moines décharnés, etc., etc., « c'est un peu trop dire, et pourtant on a été plus loin. « Cours qui ressemblent à des cours de sorcières, lumière d'un autre monde descendant d'un soleil inconnu, pâle, blafarde, fausse, sinistre, fantastique ; odeur glaciale et fade d'eau bénite, de caveau sépulcral, que vous apporte un courant d'air chargé de pleurésies et de catarrhes, impression sinistre et désespérée », voilà ce qu'on trouve dans ce lieu terrible, et on est « entouré, enveloppé, écrasé, enlacé, étouffé par le monstrueux édifice, pris comme dans les tentacules d'un gigantesque polype de granit ; on tremble, on prend la fuite, si, c'est possible ; mais peu de personnes reviennent de l'Escuria   on y meurt de consomption en deux ou trois jours, ou l'on s'y brûle la cervelle, pour peu qu'on soit Anglais ».

L'amusante pochade qui termine cette citation m'avait heureusement déridé, après avoir lu toutes les choses horripilantes qui la précèdent; sans cela j'aurais cru voir en effet un enfer, sur la porte duquel on pouvait lire la fameuse inscription :

*Lasciate ogni speranza.*

Ils sont deux qui ont médit de l'Escurial : l'un le plus charmant conteur qu'on ait jamais entendu sur terre, après s'être bien livré à la médisance, est parti d'un éclat de rire joyeux, on le voit ; l'autre, jeune homme de grand talent, artiste et poète, s'est fait lui aussi beaucoup de bile à ce sujet. J'ai voulu rechercher pourquoi il en voulait tant à ce pauvre Escurial, je crois avoir trouvé : il y est venu, l'infortuné ! il le dit lui-même, un jour où il tombait une petite pluie fine et froide qui donnait le frisson. Pour moi, ce jour-là, le vendredi 9 juillet, j'admirais vers 8 heures du matin la grande façade du palais dorée par les rayons d'un beau soleil méridional et je ne me sentais nullement enclin à la mélancolie.

Il y a cinq choses à voir à l'Escurial, et l'on délivre au visiteur, à l'administration du « *Real Sitio de San Lorenzo* » une permission pour « *la entrada á seis personas en el palacio, el monasterio, el Panteon y la Casita del Principe* ». La chapelle ou plutôt l'église du monastère est ouverte à tout le monde sans permission spéciale, au moins jusque vers midi ; nous avons donc à voir l'église, les appartements royaux, ceux du roi actuel et ceux du fondateur, le couvent proprement dit, le caveau où sont les sépultures des monarques espagnols et le pavillon de Charles IV.

Comme à Valladolid on entend à chaque instant des sons de cloches mises en branle ; ça ne discontinue pas : les voix graves des gros bourdons de l'église Saint-Laurent alternant avec les voix argentines des clochettes et même avec l'aigre bruit des grelots des mules ; à part cela, silence complet, solitude absolue.

La grande esplanade, entièrement couverte de grosses dalles de granit, est déserte ; le soleil commence à devenir chaud, mais pas assez cependant pour qu'on ne puisse jouir encore d'une certaine fraîcheur matinale, et quel bon air pur on respire ! l'air subtil de la sierra, la saine odeur de la montagne ; il faut pourtant s'arracher au plaisir de faire jouer ses poumons, et nous allons voir l'église en passant par le *Patio de los Reyes*, la cour des rois, ainsi appelée je suppose à cause des six statues colossales qui ornent la façade du temple et qui représentent Josaphat, Ezéchias, David, Salomon, Josias et Manassès.

L'église est une des plus vastes de l'Espagne : c'est toujours le même style grandiose, mais nu et froid ; le retable de l'autel est sculpté, doré et couvert de peintures estimées ; un immense escalier y donne accès, et je remarquai que le tabernacle est à jour, c'est-à-dire fermé par devant et par derrière au moyen d'une porte en cristal précieux. En ce moment le soleil venant à se jouer sur le ciboire et les ornements d'or, il partait de là comme d'un autre Thabor des rayons d'un éclat insoutenable. Je ne sais qui a eu la fantaisie d'exécuter cette nouveauté, mais à coup sûr elle est très réussie. De chaque côté de l'autel on voit deux groupes de statues de bronze agenouillées : à droite l'empereur Charles-Quint, l'impératrice Isabelle, mère de Philippe II, et les infantes doña Maria, Eléonore et Marie ; à gauche le roi Philippe II, la reine Anne, la reine Isabelle et la reine Marie, toutes trois ses femmes.

Nous passons près de curieux confessionnaux ornés de caissons de bois sculpté et de deux jolies chaires en cuivre brillant placées aux deux côtés du sanctuaire, et nous allons jeter un coup d'œil sur la vaste sacristie. Buffet, vitrines et reliquaires, tout est bien en harmonie avec le monument. Par les fenêtres on a une vue admirable sur les jardins et sur la campagne de Madrid et les montagnes que nous venons de

traverser pour arriver ici ; les jardiniers se sont mis
en frais pour embellir les quelques mètres de terrain
à eux confiés : ils ont taillé les buissons de buis en
formes de fleurs de lis et d'écussons royaux.

Quand nous rentrons dans l'église, les clercs du
chapitre royal sont occupés à chanter l'office à la façon italienne, sur un rythme vif, joyeux et cadencé,
qui contraste avec les lignes sévères de la vaste église,
et qui précisément encore éloigne toute pensée triste
et sombre ; décidément, nous ne nous brûlerons pas
encore la cervelle ici !

Ces chants nous donnèrent l'idée d'aller visiter le
chœur construit au-dessus de la porte d'entrée de l'é-
glise, au fond de la grande nef, en face de l'autel.
Pour ce faire, nous fûmes obligés de passer par un
cloître formé de quatre galeries voûtées et remarquable toujours par ses énormes proportions : au milien
d'une de ces galeries, on découvre un escalier superbe, sur lequel plane une voûte entièrement peinte
à fresque par Luca Giordano.

A partir de ce moment, nous tombons entre les mains
des guides et des *ciceroni*, officieux autant en Espagne que partout ailleurs, et nous n'avons plus qu'à
nous laisser conduire ; on nous expliquera parfaitement tout ce que nous verrons et tout ce que nous
voudrons... moyennant finances. Cent vingt-quatre
stalles, et en particulier celle du fondateur, un lutrin
immense en cuivre, très pesant, mais que la plus légère pression de la main fait pivoter en tous sens,
deux cent dix-huit graduels et antiphonaires, dont
les feuilles sont en vrai parchemin enluminé et attei-

gnent une hauteur d'un mètre environ, deux belles orgues, voilà les beautés qu'on fait passer successivement sous nos yeux. Je m'imaginais après cela que le guide allait nous conduire ailleurs ; point du tout : il nous demanda sa bonne main et nous remit entre les mains d'un collègue tout prêt à recommencer pour son compte cet ingénieux système de complaisance et d'explication. Celui-ci, c'était le gardien de la bibliothèque ; son geste était engageant et un joli sourire illuminait son visage ; il avait, comme on dit, « la bouche en cœur ». En contemplant cet épanouissement méridional, moi, homme du Nord, je me sentis pris d'une froide colère et je déclarai net que je voulais un seul guide pour tout le palais ; je perdais bien mon temps : on m'expliqua d'un ton insinuant qu'il n'en pouvait être ainsi, que les usages et la tradition depuis Philippe II s'y opposaient. Mon compagnon s'unit au doucereux indigène pour m'apaiser, et, après avoir lancé deux ou trois anathèmes contre la corporation des gardiens et des *ciceroni*, je finis par me persuader qu'il fallait ou bien voyager en se résignant à dépenser beaucoup d'argent, ou bien rester chez soi et ne rien voir du tout.

Je me résignai et j'en fus récompensé par le plaisir qui m'attendait à la bibliothèque, belle salle qui contient cinquante mille volumes rangés, le dos contre le mur, et dont le titre est écrit sur la tranche, contrairement à tous les usages reçus.

On nous fit voir des manuscrits extrêmement intéressants, dont voici les principaux :

Un traité de l'essence de Dieu et du ciel, vieux livre plein d'enluminures écrit en vers en l'an 1283.

Un recueil des lois ecclésiastiques et des conciles (976).

Une Bible du XIIᵉ siècle.

Une histoire naturelle du XVᵉ siècle d'après Pline le Jeune.

Un hymne en l'honneur de la mère du Sauveur datant du XVᵉ siècle (enluminures magnifiques).

Une Bible en hébreu du VIIIᵉ ou du IXᵉ siècle.

Un volume de poésies persanes, signées par Mohammed Schamsel din Hapheth en l'an 797 de l'hégire, 1400 de notre ère.

Un superbe exemplaire du livre de l'Apocalypse, avec de riches images du XVᵉ siècle.

Les quatre Évangiles écrits en lettres d'or et pour ce appelés *Codice de oro*; ce livre fut fait sur l'ordre et par les soins du roi Henri, fils de l'empereur Conrad (1050): ces deux manuscrits sont peut-être les plus beaux de tous ceux que j'ai jamais pu voir.

Un Virgile du XVᵉ siècle.

Le livre d'heures d'Isabelle la Catholique.

Celui du roi Philippe II.

Celui de l'empereur Charles-Quint, quand il se fut retiré au monastère de Saint-Just.

Maintenant, nous allons voir les appartements du roi actuel, avec l'aide d'un troisième officieux; ils occupent environ le quart de l'édifice. Voici la chambre du baisement de mains: il y a là d'admirables tapisseries qui valent celles des Gobelins; elles sont flamandes ou espagnoles, et les sujets, courses de taureaux ou jeux d'enfants, sont tirés des tableaux connus de Goya. On nous conduit au cabinet et avail du souverain : il y a là un fauteuil de bureau, où tout bon touriste vraiment digne de ce nom aura soin de s'asseoir, afin de pouvoir dire en toute simplicité à ses parents et amis qu'il s'est assis à la place d'Alphonse XII, comme dans la stalle de Philippe II ou sur le siège pontifical du cardinal de Burgos. Souvenirs charmants et très enfantins, qui font le charme de la vie ! Que le lecteur rie tant qu'il voudra, et s'il est sans péché, qu'il nous jette la première pierre !

Ce cabinet de travail est une des pièces *des bois fins,* de *maderas finas,* recommandées par les *guides* et dont les parquets, les lambris, les portes, les volets et les fenêtres sont des chefs-d'œuvre d'ébénisterie, de marqueterie et d'incrustation : pour les incrustations des portes, on a marié heureusement l'or a l'acier ; vous avez ainsi des reflets de diamants éblouissants. On trouve aussi dans l'oratoire des tentures de soie bordées de broderies faites à la main et d'une élégance peu monacale ; les divans, les fauteuils, les rideaux, comme tous les meubles du reste, sont découverts ; il paraît que cela vaut mieux pour leur conservation. Tous les jours on fait l'appartement, comme si le maître allait arriver d'un moment à l'autre ; alors, tout serait prêt. On m'a dit pourtant que le maître ne vient pas ou vient peu ; c'est la *Granja* qui est le séjour favori, et je comprends cela : l'Escurial n'est pas assez agréable à habiter, ou plutôt on peut trouver mieux au point de vue de l'agrément. D'un autre côté, il y a une certaine coquetterie à entretenir de riches et fastueux palais dans ces déserts ; cela me rappelle la basilique de Saint-Paul hors les murs, à Rome ; on se demande ce qu'elle fait là, majestueuse et solitaire, au beau milieu de la Campagne romaine. On se plaint de la solitude de Saint-Paul : « Mais voyez donc, répond un écrivain catholique, voyez donc si la basilique n'est pas remplie par les deux cent soixante pontifes rangés dans le cercle d'or de leurs médaillons, comme pour prononcer avec l'Église ces paroles enthousiastes qui décorent le baldaquin triomphal : *Sancte Paule, apostole, predicator veritatis in universo mundo !* O saint Paul, apôtre et prédicateur de la vérité par le monde entier et jusqu'au fond des déserts (1) ! » Je dirai, moi aussi, en approuvant l'idée du fondateur de l'Escurial : Voyez si ce palais n'est pas rempli par le souvenir de ces rois catholiques autrefois les maîtres du monde, que dis-je ! non pas seulement par leur souvenir, mais aussi par leurs dépouilles elles-mêmes ; nous le verrons tout à l'heure. Le palais serait deux fois plus grand, le serait-il trop pour abriter la tombe d'un Charles-Quint ? et ici, il n'y a pas lieu à exagérer, puisque ceux qui dorment maintenant sous les froides dalles de cet édifice ont tenu en leurs mains et sous leur sceptre un royaume où le soleil ne se couchait pas !

La grande galerie ou salle des Batailles est couverte de fresques représentant la bataille de Santa Fé et celle de Saint-Quentin, qui fut l'origine du monastère bâti pour accomplir un vœu fait par le roi Phi-

_______

(1) Edmond Lafond. *Lettres d'un pèlerin*, Rome.

lippe à saint Laurent devant les murs de Saint-Quentin ; d'où la forme d'un gril donnée à tout l'ensemble du monument.

De la salle des Batailles on descend au rez-de-chaussée, dans les propres appartements de Philippe et de sa famille. On voit sa cellule, une véritable cellule aux murs blanchis à la chaux, au pavé en carrelage ; c'est une toute petite chambre de moine ; le roi néanmoins y recevait les ambassadeurs de toutes les parties de l'univers. On y voit la chaise sur laquelle il s'asseyait, celle qui servait à supporter sa jambe dans ses accès de goutte ; deux portes ouvrent sur deux pièces sombres : l'une est l'alcôve où était dressé le lit royal, l'autre est un cabinet de travail où l'on ne voyait pas clair en plein midi. Cette pièce est voisine de l'église et même du sanctuaire ; on aperçoit l'autel par une sorte de fenêtre pratiquée dans la muraille et qu'on nous ouvrit : un courant d'air glacial vint nous frapper au visage. Je frissonnai malgré moi, je l'avoue sincèrement, et cet endroit est le seul où je me sois trouvé mal à l'aise. Quand on est là cinq minutes, on en a assez, et l'on comprend difficilement qu'un roi se soit résolu à y passer sa vie et à y mourir, car il y est mort.

Pourtant l'histoire nous dit qu'il n'y avait pas en Europe de souverain capable de le disputer en puissance à Philippe II. La Castille, l'Aragon, la Navarre, Naples, la Sicile, la Sardaigne, le Milanais, le Roussillon, les Pays-Bas et la Franche-Comté lui obéissaient. Il possédait en Afrique la province de Tunis et d'Oran, les Canaries, les îles de Fernando-Po et de

Sainte-Hélène, le Mexique, le Pérou. Toutes les plus belles contrées de l'Amérique l'enrichissaient de leurs trésors et ses sujets aimaient à répéter avec orgueil : « Au moindre mouvement de l'Espagne la terre tremble », eh bien, il est mort là, dans cet angle obscur, la tête de son lit tournée vers l'autel !...

Cette fin ascétique, cette mort chrétienne doit l'excuser des excès de zèle dont il se rendit coupable souvent ; après tout, s'il encourageait les rigueurs de l'Inquisition, s'il assistait aux autodafés s'il disait publiquement qu'il livrerait son fils aux flammes, si jamais il le voyait dans l'hérésie, s'il ordonnait aux Maures de Grenade d'embrasser la religion catholique en les y forçant par des moyens violents, peut-on accuser aussi vivement qu'on la fait le généreux protecteur du catholicisme, le chef de l'*invincible armada* et le défenseur des faibles et des opprimés ? Philippe II n'est pas encore la plus vilaine figure de l'histoire d'Espagne, au contraire ; j'aime ces rois, moi, qui, effrayés par leur situation et leur grandeur, ont peur en mourant de tomber bien bas et qui s'humilient pour trouver grâce devant celui *par qui les rois commandent*. Il y en a deux en Espagne qui ont donné ce bel exemple à leurs peuples et qui sont morts dans un monastère comme de pauvres moines ; oserait-on nier que c'est peut-être grâce à eux que leur pays a conservé sa foi et sa religion ?

Il nous reste à visiter le Panthéon, le caveau destiné aux sépultures des rois, le Saint-Denis de l'Espagne : on y descend par un bel escalier de marbre ;

on arrive à la porte et on lit au-dessus cette noble inscription :

« Lieu consacré par la piété de la dynastie autrichienne aux dépouilles mortelles des rois catholiques, qui attendent le jour de la résurrection, sous l'autel consacré au Rédempteur du monde. Charles-Quint, le plus illustre des césars, voulut ce lieu de repos pour ui et pour ses descendants. Philippe II, le plus prudent des rois, l'ordonna. Philippe III, monarque très pieux, en fit commencer les travaux. Philippe IV, grand par sa clémence, sa constance et sa dévotion, l'augmenta, l'embellit et le termina, l'an du Seigneur 1654. »

Le Panthéon est une salle de forme octogone, dont les parois sont revêtues de marbre rare et contiennent, dans des niches, des tombes ou des cippes en marbre de couleur noire avec des ornements de bronze doré et des cartouches pour les noms ; il n'y a pas d'autres inscriptions ; le nom seul est écrit : Charles-Quint, Philippe II, Philippe III, Philippe IV, Philippe V, Louis Ier, les trois Carlos, Ferdinand VII et les reines ; la dernière ensevelie ici est la reine Christine, mère d'Isabelle. Le gardien nous dit que l'empereur Charles-Quint est parfaitement conservé, avec sa barbe taillée en pointe. On a découvert le corps il n'y a pas bien longtemps pour le faire voir à Alphonse XII et au prince de Galles. En remontant on nous montre à l'église une madone vénérée des rois et dans une chapelle retirée le tombeau de la jeune reine Mercédès ; *Pobrecita !* Les reines qui meurent avant d'avoir donné un héritier au trône n'ont point droit, paraît-il, aux honneurs du Panthéon.

Restait encore la *Casa del Principe* ou Pavillon de Charles IV, qui est situé tout près du jardin du palais et qui consiste en un petit musée de peintures et de mosaïques : nous avions déjà tant vu que nous ne nous décidâmes point à voir les choses secondaires. Le nom de Charles IV rappelle les troubles dont l'Escurial fut le théâtre au commencement du siècle : Ferdinand, prince des Asturies, y fut arrêté le 27 octobre 1807, par ordre de Charles IV son père qui annonça cette nouvelle à Napoléon, en l'informant que le prince avait formé un complot contre la vie de sa mère et contre la couronne.

Le train de Madrid passe à 5 heures 10 du soir pour arriver à 7 heures 25. Nous ne nous mîmes pas en retard, et bientôt, installés dans un wagon de première, tout couvert de la poussière des deux Castilles qu'il venait de traverser, nous récapitulions ensemble les belles choses que nous venions de voir. Un de nos compagnons de route nous demanda quelle était notre impression, et comme nous étions franchement contents d'avoir vu la *huitième merveille* du monde et que nous le lui disions, il renchérit encore sur notre admiration et nous raconta qu'il avait fallu quarante paires de bœufs pour amener jusqu'au chantier certains blocs de granit employés dans la construction, qui compte quinze portes et onze cent dix fenêtres. « La boule creuse qui surmonte la petite pyramide élevée au centre de la grande coupole pèse quinze cents kilos, nous dit-il, et les clefs de toutes les portes assemblées dans le plateau d'une balance font équilibre à un poids de deux mille kilogrammes. »

## III

### MADRID : LA CORRIDA D'APRÈS LES ESPAGNOLS.

Assiégés par les cochers. — *La Puerta del Sol.* — Ce que c'est que le *Salon* dans les promenades espagnoles. — Courses échevelées et tramways de Madrid. — Un gentil compagnon. — Un voyageur de commerce convenable. — L'affiche et le règlement de la *corrida de toros.* — Le compte rendu du Señor Paco Media-Luna. — Appréciation du même. — Une légende expliquée. — Beautés et attraits de la *corrida.* — La biographie du célèbre Lagartijo.

Le train entre en gare à l'heure précise, et nous nous empressons de sortir pour chercher une voiture; on n'a que l'embarras du choix, seulement il y a de quoi faire perdre la tête aux étrangers qui arrivent à Madrid, quand ils mettent le pied hors de la station: ils sont là en présence d'un tohu-bohu indescriptible.

C'est là qu'un beau désordre est un effet de l'art.

Mille cris nous assourdissent, cent mains s'abattent sur nos épaules et sur notre pauvre sac de voyage, cent voitures s'élancent à la fois vers nous, au risque de nous réduire en bouillie: c'est vraiment pire qu'en Italie. Je me rappelle que l'an passé à pareille époque à Lorette, je fus témoin d'une scène désopilante: au moment où j'arrivais dans la cour de la gare, je vis devant moi les cochers et leurs voitures rangées en cercle; ils ressemblaient à une bande de derviches hurleurs, à une meute affamée; ils clamaient chacun le nom de leur hôtel, et l'un d'eux, épuisé, n'en pouvant plus, élevait au-dessus de sa tête une énorme pancarte où l'on pouvait lire ces mots écrits en caractères gigantesques: *Albergo della Pace,* Hôtel de la Paix.

Quelle paix, grand Dieu! A Naples, même histoire;
la tribu des *lazarroni* déploie son front de bataille.
J'avais avec moi un bon compagnon dont le flegme
bien connu était ce jour-là *terrifiant*, et nous sortîmes
majestueusement, mais au premier pas nous risquâ-
mes pourtant d'être dévorés, et ce fut entre deux haies
de farouches portefaix qu'il fallut monter en voiture;
il est vrai que nous les déridâmes par un de ces bons
mots qu'ils aiment, et alors, grâce à l'épanouissement
de la galerie, nous pûmes partir; sans cela nous y
serions encore. Eh bien, à Madrid troisième édition
et reproduction exacte des deux scènes réunies. Les
voitures non retenues portent à l'un des angles de
l'impériale un petit pavillon, avec l'inscription *Se
alquila*, qui indique qu'elles sont libres; les cochers
nous montrent à l'envi leur pancarte, et comme nous
sommes menacés par les poings levés des garçons
d'hôtel, nous nous jetons désespérément dans le plus
vilain fiacre du monde, en criant: Hôtel de Paris à la
*Puerta del Sol!* Il n'y a pas à hésiter; c'est là qu'il
faut aller ou au Grand Hôtel de la Paix, sous peine de
mort.

L'entrée à Madrid est bien triste : on ne dirait point
vraiment qu'on se trouve dans une capitale. La gare,
au lieu d'être située en plein centre, comme celles de
l'Est, du Nord et de l'Ouest à Paris, est à l'une des
extrémités de la ville et naturellement en plein faubourg, au milieu de masures et de bicoques; on est
pourtant saisi, quand après quelques instants on aperçoit à droite le palais royal avec ses contreforts,
ses jardins et ses terrasses; là encore, comme à l'Es-

curial, il y a comme une révélation de la grande et noble Espagne.

Par une enfilade de rues assez propres et suffisamment larges et longues, où nous remarquons des maisons bien tenues et peintes en rose, en vert ou en bleu, surchargées de balcons et de *miradores* comme toujours, nous arrivons à la Puerta del Sol : « Le coup d'œil est surprenant, dit Edmondo de Amicis. C'est une vaste place demi-circulaire, entourée de hauts édifices et à laquelle aboutissent, comme autant de torrents, dix grandes rues, de chaque rue arrive continuellement un flot tumultueux de piétons et de voitures, et tout ce qu'on voit est proportionné à la grandeur du lieu. Les trottoirs sont longs comme des rues, les cafés grands comme des places, et de tous les côtés une foule épaisse et mouvante, un bruit étourdissant, un je ne sais quoi de joyeux dans les visages, dans les gestes, dans les couleurs, qui empêche les gens et leur ville de vous paraître étrangers et qui vous donne envie de vous mêler à ce tumulte, de saluer tout le monde. Ce n'est pas une place comme les autres; c'est à la fois un salon, une promenade, un théâtre, une académie, un jardin, une place d'armes et un marché. »

Nous voilà installés à l'hôtel de Paris, donnant d'un côté sur la Puerta del Sol, de l'autre sur la rue d'Alcala, la rue principale de la ville ; un portier très moustachu et très suffisant, qui affirme parler toutes les langues connues et inconnues, nous déclare d'un ton péremptoire que la chambre et les repas nous coûteront 50 réaux : « c'est le prix le plus bas, mais

moyennant cela nous serons traités *à la française* »,
ajoute-t-il. Comme il faut subir toutes les exigences
de messieurs les hôteliers, et que d'ailleurs celle-là
n'est pas trop forte, nous nous empressons d'escalader
trois étages, après avoir donné un coup d'œil au *comedor* qui se trouve à l'entresol sur la rue d'Alcala,
et aussitôt introduits dans nos chambres respectives,
donnant sur la cour, nous procédons à une lessive
complète qui a pour effet immédiat de nous amener à
cette conviction désolante que nous marchons à grands
pas vers la calvitie ; ce qui nous reste de cheveux a
été couvert depuis trois jours par la poussière la plus
infecte, et je conseille aux voyageurs de se défier de
cette pommade d'un nouveau genre, qui, du reste
n'est pas annoncée à la quatrième page des journaux.

Quand j'arrive dans une ville pour la première fois,
je n'ai ni cesse ni repos avant d'en avoir pris au moins
une connaissance sommaire ; aussi je me trouvai
bientôt avec mon compagnon dans la rue d'Alcala.
Elle n'est pas absolument régulière ni bien bâtie, mais
elle a du cachet et est digne d'une capitale. Je savais
devoir trouver les principales promenades de Madrid au bout de la rue. En effet, nous tombâmes à
droite sur le *Prado* et sur le *Salon du Prado* ; à notre
gauche nous avions le *Paseo de Recoletos*, qui s'é-
tend fort loin et est suivi de la promenade de *Fuente
Castellana*.

Pourquoi dit-on le Salon du Prado ? Probablement
parce que c'est un véritable salon en plein air, décoré
d'admirables fontaines, et autour duquel les élégants
et les mondains des deux sexes et de toute la ville

se réunissent pour causer, en regardant défiler une foule d'autres élégants et d'autres mondains à pied ou en voiture. Dans toutes les villes espagnoles il y a ainsi, au milieu d'une promenade, un grand espace découvert, de forme carrée ou rectangulaire, où la population entière afflue, le soir, vers 8 heures, afin de respirer à l'aise, après une journée torride. C'est le meilleur moment de la journée, et l'on comprend qu'il n'est besoin ni d'arbres ni de jardins, c'est sous la voûte étoilée qu'on vient humer la fraîcheur ; on comprend aussi que le Salon de la *Corte*, de la capitale, doit surpasser les autres en grandeur et en magnificence ; c'est pour cela que celui de Madrid est si renommé !

Je ne sais comment je m'étais imaginé sottement que la *calle d'Alcalà*, la *calle d'Atocha* et le *paseo del Prado* formaient un triangle parfait, dont le sommet était la Puerta del Sol. Malgré notre excursion de l'Escurial qui pouvait déjà compter comme passablement fatigante, je voulus suivre l'itinéraire que fournissent les rues susnommées, sachant d'ailleurs que Madrid est là tout entier avec ses places, ses monuments et ses curiosités, à part le palais royal et la place d'Orient, voisins de la gare du Nord. Hélas ! quelle course au clocher ! le Paseo del Prado, qui fait suite au Salon, est d'une désespérante longueur ; quant à la rue d'Atocha, on n'en voit pas la fin, et elle n'aboutit pas à la Puerta del Sol, mais à la Plaza Mayor ou Grande Place, qui est plutôt le véritable point central de la *Corte*. Encore si nous avions mieux étudié les lignes de tramways ou *tramvias*,

comme on dit ici, nous étions sauvés ; j'ai su plus
tard que deux grandes lignes desservent la ville du
nord au sud et de l'est à l'ouest.

L'une vient de la promenade de Recoletos, suit la
rue d'Alcala, la Puerta del Sol, la Grande Rue, et va
au palais royal ; l'autre vient de la gare du Midi au
bout de la rue d'Atocha, elle suit cette rue, passe par
la rue de Carretas, par conséquent devant la grande
poste (*Correos*), et, traversant la Puerta del Sol, s'en
va vers la gare du Nord. Enfants de Paris, accou-
tumés aux véhicules de la Compagnie générale que
l'on prend quatre ou cinq fois par jour, c'était notre
affaire, les *tramcias !* Avis encore aux futurs voyageurs, et qu'ils étudient leurs plans et leurs cartes !
Notre promenade forcée nous servit cependant à mieux
voir Madrid, et nous pûmes constater que la rue
d'Atocha possède peut-être quelques hôtels et maisons
de bonne apparence, mais qu'elle ne peut lutter avec
la rue d'Alcala : l'une est la rue du peuple et de la
bourgeoisie, l'autre la rue aristocratique, le *chemin
du Bois*, l'endroit où afflue le *tout Madrid*.

Une autre promenade plus courte et très intéressante, c'eût été de revenir par la *Carreta* de San Geronimo, qui forme aussi avec la C. d'Alcala un triangle
dont la base est le Salon. La rue de San Geronimo
aboutit à la Puerta, et c'est une des belles artères de
la ville ; on y trouve la place et la statue de Cervantès
et le palais des Cortès.

Croira-t-on maintenant qu'après cette excursion
qui peut compter, nous allons pouvoir nous bien reposer ? J'ai dit que nos chambres donnaient sur une

cour ; cette cour est l'*Impérial*, le plus grand café de Madrid, et quand nous rentrons, nous entendons des clameurs bruyantes et les sons d'un orchestre bien nourri ; nous nous apercevons avec stupeur qu'il nous sera impossible de fermer l'œil ; l'hôtel est bondé de voyageurs ; si nous allons nous plaindre au portier moustachu, il nous enverra promener dans toutes les langues du monde, car il réserve ses prévenances et ses gracieusetés pour les *mylords* et les princesses ; allons ! il faut en prendre notre parti : fermons les contrevents, tirons les rideaux ;... ce fut une musique enragée pendant toute la nuit.

On accordera bien un pauvre homme qui n'a pas dormi jusqu'à trois ou quatre heures de faire la grasse matinée ; c'est ce que je fis, et le lendemain je voulus aussi m'occuper de quelques affaires et aller voir plusieurs personnages pour qui j'avais des lettres. Mes courses me conduisirent au Musée royal, où je dus rester peu de temps et où je courus immédiatement contempler les fameuses toiles qu'on ne voit que là, me promettant bien de revenir, trois fois plutôt qu'une. Accompagné par le fils du premier portier, *el primero portero* (ce qui est un titre dans le fameux musée, paralt-il), je courus toute la ville jusqu'à l'heure du dîner. Mon jeune compagnon était bien le plus charmant *cicerone* qu'on pût trouver en voyage ; il me dit qu'il s'appelait Raphaël et qu'il étudiait le dessin, ce qui me sembla assez naturel. Comment, en effet, être né et avoir vécu quinze ans au musée de Madrid et ne point s'appeler Raphaël et n'avoir pas une âme d'artiste ? Cet après-midi-là, il faisait une chaleur abominable ; et je me rappellerai longtemps ma visite à la *estacion de las Delicias*, la gare des Délices, située sur le boulevard des Délices ; quelles délices, Señor mio ! de courir entre deux rangées d'arbres maigres, au milieu d'une campagne brûlée et sous un soleil sénégalien ! J'appris, chemin faisant, qu'il y avait des courses de taureaux le lendemain. En rentrant à l'hôtel, comme nous passions devant le bureau où l'on achète les billets pour la course (*despacho de billetes*), j'en pris deux, un pour mon compagnon de voyage et un pour moi, au prix de trente-deux réaux chacun : une bonne place à l'ombre, où l'on pourra s'appuyer par devant et par derrière. Voici ce qu'on lit sur ces billets.

Plaza de Toros
14a corrida de Abono
9a grada. — Delantero nº 50
Sombra. — Treinta y dos reales.
Conservese este billete.

J'allais donc voir enfin les courses de taureaux, et à Madrid !

A l'hôtel et surtout à la salle à manger, je m'aperçus bien vite que la course du lendemain était le sujet de la plupart des conversations ; le soir, pour nous reposer, nous allâmes au jardin de *Buen Retiro*, dont l'entrée est tout auprès du Prado ; c'est une oasis magnifique, embellie par les eaux d'un grand étang entouré d'allées ombreuses ; il y a un théâtre et l'on y joue des comédies et des vaudevilles, quand on n'y donne pas des concerts. Nous y vîmes deux petites pièces assez bouffonnes où revenaient sans cesse les noms des *toreros* qui devaient paraître dans le cirque le lendemain ; l'un d'eux, frère de Lagartijo et premier *espada* comme lui, n'avait pas encore montré ses talents sur la place de Madrid, et on le chansonnait impitoyablement ; un acteur chantait des couplets joyeux et satiriques, qui finissaient tous par le nom de Manuel Molina, et toute la scène de reprendre en chœur : « Manuel Molina, Manuel Molina » ! Pauvres idoles du public, aujourd'hui on rit d'eux, et ils en rient eux-mêmes ; demain peut-être on les emportera sanglants hors de l'arène. Le cas est rare, mais ça s'est vu.

Le dimanche fut un jour de repos, comme il est juste ; dans les églises la foule était considérable et les hommes assistaient à la messe en grand nombre, debout, sans chaises, sans livres, mais priant et faisant surtout de nombreux signes de croix sur le front, les lèvres et la poitrine. J'ai été fort édifié de la piété et de la dévotion des Madrilènes ; ce pays-là est encore profondément catholique, et il y a une énorme différence entre eux et nous à ce point de vue, différence toute à leur avantage.

A table, la veille au soir, je me trouvais à côté d'un robuste gaillard d'une quarantaine d'années, orné d'une barbe de sapeur à reflets bleuâtres, mangeant solidement et regardant les gens bien en face. Je le pris d'abord pour un Américain, un Yankee tout frais débarqué à Cadix ou à Malaga ; je me trompais ; il venait, les jours derniers, de débarquer à Lisbonne ; mais c'était un Français pur sang et, qui plus est, un enfant de la Gascogne, négociant à Bordeaux. Il sai-

sit le moment favorable pour m'expliquer tout cela
et autre chose encore, et comme il arrivait du Portugal où j'avais bien l'intention d'aller moi aussi, je le
fis causer : l'excellent homme avait le genre des
commis-voyageurs ; il voyageait du reste pour
placer ses articles de mode et ses chapeaux de dames ;
il en avait placé même jusque chez les graves docteurs
de l'Université de Coïmbre ; voyez un peu où va se
nicher la vanité ! Qui donc n'a pas rencontré dans ses
voyages un type assommant de commis-voyageur ?
Mon voyageur à moi était loquace, un peu hâbleur,
mais on ne peut pas être Français sans ces défauts ;
à part cela, c'était un bon garçon, son éducation
avait même été chrétienne, et il parlait à tout
propos de son vieux père, un homme fort honorable ;
je n'hésitai donc point à faire avec lui deux ou trois
promenades et en particulier à l'adjoindre à nous,
quand nous partîmes pour la *corrida de toros*, à
3 heures de l'après-midi.

La course de taureaux ! voyons, la raconterai-je
une fois de plus après tant d'autres ? Je ne m'en sens
pas le courage, je l'avoue, et pour deux motifs :
1° parce qu'elle a été décrite merveilleusement par les
uns, et 2° parce que les autres n'y ont rien vu qu'une
affreuse boucherie, et que ceux-ci ne voudront jamais
entendre raison, si vous leur démontrez qu'il y a un véritable intérêt dans ce spectacle. J'aime mieux faire par
ler les Espagnols ; lisons d'abord l'affiche tout au long :

### CIRQUE DE TAUREAUX DE MADRID

14ᵉ course de la saison
qui aura lieu (si le temps n'y met pas d'obstacle)

le dimanche, 11 de juillet 1880
La course sera présidée par l'autorité compétente.
On fera combattre dans l'arène six taureaux
venant du parc de don Antonio Hernandez,
près de Madrid ;
ils auront des faveurs blanches et violettes.

## COMBATTANTS

### PICADORES D'OFFICE

José Pacheco (Veneno)
Juan Moreno (Juanerito) natif de Cordoue, qui
paraîtra pour la 1re fois dans l'arène.

### PICADORES DE RÉSERVE

Rafael Caballero (Matacan), natif de Cordoue,  qui paraîtra
pour la 1re fois dans la place de Madrid.
Manuel Gutierez (Melones)
Manuel Calderon
José Calderon.

### ESPADAS

Rafael Molina (Lagartijo)
Francisco Arjona Reyes (Currito)
Manuel Molina qui paraît pour la 1re fois dans la
place.

### BANDERILLEROS

Mariano Anton. José Gomez (Gallito). Juan Molina. Julian
Sanchez. Hipolito Sanchez. Francisco Sanchez. Rafael Beja-
rano (la Pasera). Eusebio Martinez.

### AIDE-ESPADA (OU REMPLAÇANT)

Hipolito Sanchez, lequel n'en devra pas moins faire l'office
de banderillero qui lui revient.

La course commencera à 5 heures précises.

On pourra voir les taureaux à leur arrivée, le jour de la
course, à une heure du matin. — Les billets seront vendus
au prix de 4 réaux, une demi-heure auparavant, à l'administration du cirque, dont les bureaux sont dans la cour des
Écuries.

La brillante musique du 1er régiment du génie, dirigée

par son excellent chef, M. Maimo, jouera une heure avan
le commencement de la course et donnera dans les inter-
mèdes les meilleurs morceaux de son répertoire.

Règlement. — « Par l'ordre de l'excellentissime
gouverneur civil de la province, on observera avec
une grande rigueur les précautions suivantes:

«1° Le service de santé sera fait par deux délégués
de l'école des vétérinaires avec un délégué spécial du
gouvernement et le représentant de l'entreprise ou du
parc aux taureaux, qui visiteront les taureaux pour
savoir s'ils sont en mesure de combattre. — Seront
aussi visités par deux vétérinaires dépendant de la
municipalité, et l'avant-veille de la course, les chevaux
destinés au service des picadores ; ces chevaux devront être capables d'offrir la résis tance nécessaire
qu'exige l'autorité.

« 2° Pour éviter l'encombrem ent, on ouvrira la
porte principale du cirque et la première et la seconde
de chaque côté, deux heures avant le commencement
de la course, et elles seront ainsi maintenues ouvertes
jusqu'à une demi-heure après ladite course.

« 3° Il n'y aura pas un plus grand nombre do taureaux que celui qui a été annoncé, et le taureau qui
n'aura pas fait son service (qui aura été inutilisé) ne
sera pas remplacé par un autre.

« 4° Les épées et les lances seront parfaitement
ajustées, conformément au modèle donné par l'autorité de la province.

5° La direction du combat appartiendra au *matador* le plus ancien, qui aura soin du bon ordre du

spectacle en général et préviendra les malheurs qui pourraient venir de la part des taureaux.

« 6° Après avoir placé les banderilles, celles qui n'auraient pas servi seront mises hors barrière et les *chulos* auront soin de ramasser celles que le taureau jette par terre, sans que personne puisse s'en emparer ; il en sera de même pour les devises et pour les autres objets.

« 7° Il est défendu au toreros de la *quadrilla* et à tous ceux qui se tiennent entre les barrières de frapper le taureau irrégulièrement, par exemple sous les côtes, avec des pointes, pour accélérer sa mort.

« 8° On continuera de supprimer pour le moment les chiens de prise, et l'on posera les banderilles de feu aux taureaux qui n'auront reçu que trois estocades.

« 9° Il est défendu de jeter dans l'arène aucun objet qui puisse gêner les combattants et interrompre le combat, et l'on ne pourra descendre des degrés qu'au moment où les mules auront emporté le dernier taureau.

« 10° Personne ne pourra rester entre les barrières, si ce n'est les agents de l'autorité ; les ouvriers et les hommes qui ont un emploi dans le cirque pourront aussi se tenir dans ledit endroit, s'ils y ont affaire pour les devoirs de leur charge, mais ils devront porter sur leur bras un signe avec le numéro correspondant en gros caractères.

« 11° Les contrevenants seront mis à la disposition du président, et si celui-ci ne peut être informé pendant la course de toutes les contraventions, celles-ci néanmoins seront punies postérieusement par l'autorité supérieure de la province, pour éviter que la soumission au présent règlement ne devienne illusoire.

« Les personnes qui voudraient prendre des billets à l'avance pour cette course, peuvent en demander au bureau de la rue de l'Alcala, n° 20, le samedi, depuis 10 heures du matin jusqu'au soir ; à partir de ce moment, le billet coûtera un réal de plus.

« On pourra acheter les billets qui resteront au bureau susdit, le dimanche, jour de la course, depuis 9 heures 1/2 du matin jusqu'à une demi-heure avant la *fonction*, et à 3 heures on ouvrira les bureaux du cirque, s'il reste encore des billets.

« On avertit le public que les billets une fois pris, de quelque classe qu'il soient, ne pourront pas être rendus au bureau, à moins que la *fonction* n'ait pas lieu, par suite d'une décision de l'entreprise ; on ne donnera pas non plus de contremarques pour sortir, et les enfants doivent être munis d'un billet. »

Suivent des renseignements qui indiquent les places qui sont à l'ombre et celles qui se trouvent au soleil, depuis tel numéro à tel numéro.

Suivent aussi les prix des places, *precios de las localidades;* on en aura un aperçu quand on saura qu'une place de barrière (*barrera*) vaut au soleil 9 réaux ; au soleil et à l'ombre alternativement (*sol y sombra*) 19 réaux ; à l'ombre tout à fait *(a la sombra)* 25 réaux ; les dernières places: *andanadas, tabloncillos, centros, primera, segunda, tercera y cuarta fila,* coûtent 6 réaux au soleil ; — il n'y a que les malheureux qui vont la se faire rôtir, — pour 9 réaux ils auront les mêmes places à l'ombre ; on payera une loge 320 réaux, mais on aura droit à dix entrées. Les places les meilleures sont peut-être encore celles que nous prîmes: les *delanteras de gradas* (gradins de devant), où l'on peut s'appuyer par devant et par derrière; mais on a pour 12 ou 14 reaux une place de *tabloncillo* ou un siège de file de *tendido* ou de *gradas*, ce qui n'est pas cher et on est très bien.

L'affiche porte aussi que, pour observer les ordres du gouvernement relatifs à l'impôt de guerre sur les billets des spectacles publics, l'entreprise se voit dans la nécessité d'exiger dix centimes de peseta pour chaque billet, dont le prix atteint ou excède 8 réaux.

Donnons maintenant la parole au seigneur Paco Media-Luna (monsieur Demi-Lune) qui est un *aficionado* consommé, un juge expert dans les choses de tauromachie, et qui parle comme un Andalou, en style andalou et ironique, avec un aplomb imperturbable, lançant de ci de là quelques bonnes petites gasconnades; il écrit dans le « *Toréo* » tous les lundis et il a assisté à la *corrida* du 11 juillet:

« Ce que je dis de cette course-là, c'est que l'entreprise est en train de s'illustrer. Toutes les courses se valent et les taureaux qui combattent ont l'air d'être tous jumeaux. Celui qui choisit les taureaux qui nous arrivent dans le cirque de Madrid à une véritable chance pour trouver des bœufs, et à toutes les courses nous sommes sûrs d'en avoir. »

M. Caracoles — et moi — nous prenons le chemin du cirque à quatre heures 1/2, et nous arrivons quelques instants avant le commencement de la bataille. Le seigneur Lopez Quiroga est dans la loge présidentielle;

les quadrillas apparaissent, c'est-à-dire la tribu de Molina et la tribu de Sanchez; quatre des premiers et trois des derniers forment le cortège. Entre Raphaël et Currito on voit le nouvel espada Manuel Molina, et parmi les picadores on en voit aussi deux qui ne sont jamais venus dans le cirque de Madrid : Juanerito et Matacan.

Le signal donné, on voit sortir le premier taureau qui, comme les cinq autres, appartient au parc de don Antonio Hernandez, près de Madrid. L'animal s'appelle *Triguero* ; il sort en trottant; son pelage est noir, ses cornes se projettent en avant ; pour commencer, il s'élance vers Juanerito, le jette par terre en lui tuant la Rossinante qu'il montait ; nous regardons, mais autour du picador nous ne pouvons voir aucune *cappa* s'agiter, même en nous servant du télescope : où sont donc les *capeadores* ? ont-ils peur ? Enfin arrive Juan Molina, qui vient l'exciter ; le taureau se précipite ; Raphaël vient au secours de son frère, mais il perd son manteau. — Camara ! la partie commence bien, señor Media Luna ! — Vraiment en effet ça s'annonce mal. — Taisez-vous, ça ressemble au commencement d'un procès, c'est un embrouillamini où personne ne peut rien démêler, on ne sait où l'on va. — Juanerito change son cheval mort pour un vivant et donne au taureau une estocade qui le renverse et vaut une blessure mortelle au nouveau quadrupède : cela veut dire que, pour donner un coup de lance au premier taureau, notre picador reçoit deux coups de corne et perd deux chevaux. Voilà une piqûre qui revient cher, señor Juanerito ! — Veneno *(le Poison)* vient à son tour et fait trois blessures *empoisonnées*, puis il tombe par terre sans autre mal que la disparition totale de toute la quadrilla. Pourquoi sont-ils si prompts à détaler ?

A la quatrième estocade, Triguero reçoit quatre coups ; alors les banderilleros de Rafaël, suivant en cela les usages établis, donnent les baguettes (banderilles) aux banderilleros de la quadrilla de Manuël ; ce sont Martinez et la Pasera. Ce dernier cloue ses quatre banderilles dans le cou du taureau, d'une façon très inégale, et Eusebio en plante une moitié à l'avant, en laissant l'autre tomber. Rafaël, à ce moment, prend la *muleta* et l'épée, la présente à son frère et lui dit :

> Sé à mis tradiciones fiel
> Mata pronto y sin jindama,
> Y à ver de alcanzas la fama
> De tu hermano Rafaël.

« Sois fidèle à mes traditions, tue vite et sans faire de bruit, et nous verrons si tu arrives à la renommée de ton frère Rafaël. »

Le jeune frère répond :

> Permita el Senor del cielo
> Que con la espà que me dàs
> Dé yo tales estocas
> Que pinche en el aire un pelo.

« Fasse le Ciel qu'avec cette épée que tu me donnes, j'arrive à pouvoir piquer un cheveu qui flotte en l'air ! »

Le jeune matador se dirige alors vers la bête féroce sous la protection de Rafaël ; il fait quatre passes à droite et six en haut, une autre passe en haut et la fameuse estocade *a cuela pies.* Le taureau tombe à genoux devant l'espada ; celui-ci est froissé deux fois par la bête, mais sans aucun accident. Aussitôt qu'il la tuée, on entend des applaudissements mélangés de sifflets.

. . . . . . . . . . . . . . . . . . . . . .

Le second taureau *Calandrio* est si bon qu'il amène cette réflexion de l'aficionado : « En voilà une affaire ! si l'on m'avait donné les deux bêtes encornées que les petites mules viennent d'emporter hors du cirque, j'en aurais fait une paire de bœufs comme on n'en a jamais pu voir ! »

On appelle *Perlito*, le troisième taureau : celui-ci sort de sa cage en sautant, et, avec beaucoup de courtoisie, nous le voyons souhaiter le bonsoir à Bunólero, et nous ne savons pas si celui-ci répond ; mais il est plus probable que non.

Ce Perlito est noir et porte de hautes cornes : mais il est si mou, comme tous ses confrères, qu'il souffre qu'on lui donne jusqu'à neuf estocades, choses qui n'est encore arrivée à aucun. Juanerito, avec un grand courage, lui en donne six pour sa part, et il tombe de cheval sans qu'on ait aucun accident à déplorer ; Veneno, lui, veut aussi donner son coup, et il tombe, mais en perdant la jolie monture dont lui a fait cadeau Colita. Matacaz porte deux coups de lance sans qu'il se passe rien d'extraordinaire. On donne le signal des banderillas, et les hommes de Manuel tendent les baguettes à Mariano et à Gallo ; ici seulement commencent les beaux coups de la soirée ; nous arrivons à la plus belle partie de la course ! Mariano plante ses deux paires de baguettes de chaque côté du cou de l'animal et provoque des applaudissements unanimes. Gallo ne veut pas rester en arrière: il cloue aussi une paire de baguettes avec tant d'habileté, qu'il recueille les approbations très méritées du cirque tout entier.

Le public n'a pas fini d'applaudir, et il prodigue encore des félicitations aux banderilleros, quand Lagartijo paraît en scène, et tous battent des mains. Rafaël porte un costume grenat et or; il s'approche de Perlito, et avec cette élégance qu'on lui connait, il fait six passes avec la muleta, six passes naturelles; le taureau tombe, et les applaudissements éclatent en même temps que les cris d'enthousiasme; on lui jette des cigares, il en aura pour fumer toute l'année; on lui jette des palmes, il en a plus que n'en possède le bois de palmiers d'Elche; on lui jette des chapeaux, des vestes, des pantalons et d'autres objets en mauvais état; du tendido n° 3 on lui jette même un baril de vin, puis un autre encore, puis une sorte d'outre remplie de vin : il y a au moins une demi-arrobe de liquide dans le dernier récipient. « On voit, dit Caracoles, qu'il y a des gens qui savent se soigner, ils ont apporté cette peau de bouc pour ne pas mourir de soif. C'est bien, cela! »

> Y en el palco ciento doce
> Aplaudía una señora
> Que el arte taurino adora
> Y que las suertes conoce.

« Et dans la loge 112 on voit applaudir une dame qui adore les courses et la tauromachie et sait parfaitement juger les coups. »

C'est le tour de *Ramilleto*, le quatrième taureau, qui jette Juanerito par terre et le contraint à s'enfermer à l'infirmerie pour une foulure au poignet. Rafaël prend les armes et fait des merveilles. Le public enthousiasmé applaudit avec fureur. Comme la première fois, on jette à l'espada des cannes, et il reçoit au moins trois douzaines de chapeaux et un très joli porte-cigare.

> Si en la proxima funcion
> Tantos cigarros, cogieras
> Cuando à Cordoba fueras
> Llevarias un wagon.
>
> Fuma, fuma Rafael
> Que lo has ganado, chiquillo,
> Pero no dés un pitillo,
> Ay! à tu hermano Manuel.

« Si à la prochaine course, on te donne autant de ci gares, quand tu iras chez toi, à Cordoue, il te faudra un wagon entier pour les emporter : fume donc, fume les cigares que tu as si bien gagnés, Raphaël, mon petit, mais par exemple n'en donne pas même un bout à ton frère Manuel ! »

*Fundador* et *Torero* viennent en dernier lieu.

*Appréciation*. — La course d'aujourd'hui a été mauvaise comme la dernière, comme l'avant-dernière et presque toutes celles de la saison ; elle a été mauvaise parce que les six taureaux ont été mous ; il y en a même un qui a été assez couard pour mériter les banderilles de feu ; six taureaux de cette espèce ne peuvent fournir une bonne course ; c'est tout au plus s'il y en avait un qui montrait un peu de courage : le quatrième, qui a reçu neuf estocades ; les autres n'ont pas dépassé six et deux en ont reçu quatre, c'est-à-dire ce qui est indispensable pour éviter les *banderillas de fuego*, d'après le nouveau règlement. On peut concéder à une entreprise deux courses médiocres dans toute la durée d'une saison, mais non pas cinq ou six de suite et avec des taureaux qui n'ont plus de feu Nous avons déjà dit que si l'on n'avait pas appliqué au second taureau les *banderillas de fuego*, c'est par suite d'une complaisance que nous ne nous expliquons pas et parce que le public a dégénéré, il n'est plus aussi exigeant et n'a plus l'énergie qu'il montrait autrefois.

Passons maintenant aux combattants : Manuel Molina a montré beaucoup de courage avec le premier taureau, il a évité un bon coup de corne, mais cela n'est pas suffisant pour tuer des taureaux. Outre le courage, il faut l'adresse. Avec son second taureau il a été meilleur, mais, au moment de frapper, il s'est approché du taureau de façon à épouvanter tout le monde, et, dédaignant la muleta, il s'e-t élancé sur la bête comme si son épée était une banderille et qu'il vou'ût la clouer dans le cou de l'ennemi; maintenant qu'il commence à entrer en lice, il do.t corriger ses défauts, ses mauva'ses hab'tudes, prendre bien g rde, ne point se précipiter et observer les meilleurs matadors, afin de les copier, sans vouloir les devancer tous en un seul jour. Les moyens ne lui manquent pas, il en a même beaucoup, mais l'adresse, l'art, voilà ce qu'il doit acquérir.

Lagartijo a bien travaillé toute la soirée, il a été constamment à son poste, et à lui seul il a fait ce que faisaient tous les autres ensemble; il a parfaitement, splendidement dirigé ses estocades, et dans la fuite même il conservait son calme et sa présence d'esprit et se défendait habilement.

Le public de Madrid, qui a beaucoup de sympathie pour lui, a saisi l'occasion de le lui prouver: c'est en frappant de près et en s'élançant tout droit sur la bete que l'on mérite les applaudissements

Currito, encore convalescent, n'est pas complètement remis des coups qu'il a reçus. Son premier taureau était un vrai bœuf, qui, entre autres mauvaises habitudes, avait celle de s'humilier beaucoup trop, et c'était fort difficile de l'approcher; le second taureau se repliait sur lui-même et s'inclinait un peu de côté; aussi nous ne sommes pas étonnés que l'estocade n'ait pas été portée parfaitement. Nous comprenons d'ailleurs que Currito aujourd'hui ne désirait qu'une chose, en finir au plus vite, et comme nous l'avons vu forcé de s'appuyer deux ou trois fois contre la barrière parce qu'il était indisposé, nous n'insisterons pas dans la critique que l'on pourrait faire de lui.

Les picadores ont été médiocres; les banderilleros bons généralement, surtout ceux de Rafaël; le service de la place et des chevaux s'est fait régulièrement; le président est l'ami du propriétaire du parc, on le voit bien. —

Voilà les courses de taureaux jugées par les Espagnols; on voit que la tauromachie est un art véritable; il en a toujours été ainsi en Espagne: les Maures aimaient ces jeux sanglants; au moyen âge, au xvie et au xviie siècle il n'y avait pas de fêtes publiques sans

combat de taureaux. On combattait à cheval et l'histoire nous a conservé les noms des matadors les plus
renommés: le Cid, l'empereur Charles-Quint, Philippe IV dit le Grand. En 1830, Ferdinand VII fonda à
Séville une académie, qui ne subsista pas longtemps,
à la vérité, mais où il y avait une chaire de tauromachie,
occupée par le petit-fils du fameux Francisco Romero,
l'organisateur des *cuadrillas* et des combats de
taureaux à pied, comme c'est l'usage de nos jours.

Il ne faut donc pas vouloir juger en France les
courses de taureaux; je crois que, pour s'en mêler, il
faut être Espagnol ou tout au moins enfant du Midi;
il y a un abime entre ces gens-là et nous; il ne faut pas
vouloir raconter *la fin d'une légende* (1) ; la légende
c'est pour nous, pour eux c'est la réalité vraie et non
pas une mystification. Chose curieuse! ce sont des
romanciers comme Alexandre Dumas et comme Théophile Gautier qui ont le mieux compris les courses;
avec leur merveilleuse souplesse d'esprit, ils se sont
fait indigènes pour un temps, ont voulu tout voir et
tout examiner. non seulement la mise en scène générale, mais les coulisses et les dessous; alors quand ils
ont su, ils ont jugé et non pas d'une manière antipa-
thique: ils savaient bien qu'on ne peut exiger en
Espagne, un pays d'Orient, la propreté hollandaise.
En Hollande il n'y a que de l'eau, en Espagne on ne
trouve que de la poussière; l'une nettoie, mais l'autre
salit; on ne peut exiger aussi à la Plaza un fauteuil d'orchestre bien rembourré comme ceux qu'on peut trouver

(1) C'est le titre d'un article du *Figaro* qui a paru l'an passé.

au Théâtre-Français ou à l'Opéra ; mais dans l'amphithéâtre, en revanche, vous serez assis sur un degré de
pierre, tout comme à Rome au temps de Néron ou à
Pompéi au temps de Pline le Jeune.

Ne vous moquez pas de l'alguazil : ce n'est pas un
combattant, et il doit quitter l'arène, mais comme la
porte du toril est ouverte quand il est encore là, sa
fuite est naturelle ; le peuple s'amuse à le siffler
pour *s'amuser*, mais il ne lui en veut nullement, et les
sifflets sont une pure habitude ; ils peuvent signifier
pourtant qu'on est pressé et qu'on veut voir le taureau. L'entrée de la cuadrilla et du taureau, c'est
tout simplement très beau et *les bagatelles de la porte*,
comme on les a appelées, servent au moins à atté-
nuer les scènes de meurtre que l'on condamne. Sup-
primez les mises en scène, l'adresse des combattants,
alors oui, ce sera une simple boucherie, mais il n'en
est pas ainsi. Et qu'on ne se figure pas que le picador
est là simplement pour le plaisir des yeux et qu'il n'a
aucun rôle, si ce n'est de faire tuer son cheval pour
fatiguer le taureau ; non pas s'il fatiguera la bête fu-
rieuse en la frappant de sa lance selon les règles, —
il y en a de fort sévères — et il défendra son cheval s'il
le peut. Comment donc ! mais n'a-t-on pas vu des
picadores tenir le taureau en respect avec leur bras
de fer qui ne pliait pas ? l'un d'eux n'entrait même
jamais en lice que monté sur un superbe cheval de
prix, à lui appartenant et qui ne fut jamais effleuré
par la corne d'aucun taureau. On nous dira encore
que les banderilleros ne courent pas grand danger
non plus que l'espada (ou le *matador*, le *tueur*, comme

on appelle ces hommes reçus dans le meilleur monde
et même chez le roi;) eh bien, seigneur, prenez la
muleta et allez-y voir si le taureau n'est pas dange-
reux et si le métier est facile !

Mais pourquoi nous arrêter à discuter sur des
choses qu'il faut avoir vues pour les comprendre bien?
Ce qu'il faut voir, en effet, c'est le départ pour la
Plaza à 4 heures du soir dans la rue d'Alcala et sur
le Prado, ces voitures impossibles, ces mules endia-
blées, ces ferrailles, ces grelots, ces pompons, ces
plumets, ces houppes et ces franges multicolores et
brillantes sous le chaud soleil; ce qu'il faut voir, c'est
ce coup d'œil que présentent le cirque et ses douze
mille spectateurs avec leurs costumes, leurs mantilles,
leurs ombrelles, leurs éventails, leurs fleurs, leurs
attitudes; ce qu'il faut entendre, c'est ce bruit, ces
chants, ces cris, ces sifflements et cette musique enragée de la foule qui accompagne les fanfares militaires. Il faut voir, précisément, l'entrée des alguazils
montés sur des chevaux noirs couverts de housses de
velours cramoisi et portant le costume noir du
XVI<sup>e</sup> siècle : chapeau à bords relevés avec large co-
carde, surmonté d'une touffe de plumes, fraise blanche empesée, justaucorps de velours serré par une
ceinture de cuir, petit manteau flottant en drap, culotte courte en tricot de soie, bas de soie, les souliers
à boucles ou les bottes à éperons d'acier. Il faut voir
l'entrée de la *cuadrilla* des *capeadores*, avec leur costume très adhérent où toute partie volante est retran-
chée à part dans la *cappa* : montera de velours noir
ornée de chaque côté d'un pompon de soie : petite

tresse de cheveux entourée d'une résille de soie noir;
chemise brodée à jabot avec une cravate légère; veste
courte et gilet couverts de broderies, de franges, de
galons d'or, de rubans; culotte courte et collante de
couleur voyante; bas très clairs, souliers légers à
rosette; enfin la ceinture de soie et le manteau
long; l'entrée des picadores, eux, coiffés d'un chapeau de feutre à larges bords surmonté sur le côté
d'un gros pompon, et dont les jambes disparaissent
dans un pantalon de cuir jaune recouvrant des lames
de tôle, pour parer les coups de corne. Oui, comme on
l'a dit, « on ne peut rien imaginer de plus pittoresque
que ce spectacle, on y trouve toutes les couleurs d'un
jardin, toute la splendeur d'un cortège royal, toute
la gaieté d'une bande de masques, toute la majesté
d'une troupe de guerriers; ce sont des figures de gla-
diateurs antiques, vêtus avec le luxe de princes asia-
tiques ». Ce qu'il faut voir enfin, ce sont les coups
d'adresse des toreros, leurs bravades quand ils se
drapent dans leur cape d'une manière irréprochable,
devant le muffle du taureau, ou quand parfois ils enroulent une ceinture autour de leurs jambes pour s'ô-
ter la possibilité de reculer, et surtout le moment solennel où l'espada se met en garde, lève son épée, la
pointe à la hauteur des cornes et frappe d'une main
sûre l'animal féroce. Il faut voir tout cela, et l'enthousiasme de la foule, et le triomphe de l'espada, et
même la procession funèbre des toreros qui suivent
le taureau dans le coin où celui-ci se retire pour
mourir. Chaque partie, chaque moment du spectacle
est plein d'intérêt et donne lieu à une remarque nou-

velle ; et si l'on me demande, en définitive, si je suis partisan des courses ou non, je dirai probablement que oui, j'aime les courses de taureaux ; sans doute, il y a des défauts et des vices dans leur organisation, il y a un côté cruel et barbare, mais pourquoi donc tout le monde en Espagne y court-il, et pourquoi les étrangers, qui les blâment, ne manquent-ils jamais une de ces représentations, quand l'occasion se présente à leur passage dans une ville de l'autre côté des Pyrénées ? Mystère !

En revenant de la corrida, je voyais entre les mains de tout le monde de petits éventails de forme carrée que l'on vend pour deux ou trois cuartos ; j'en pris un : il était orné d'un côté du portrait du grand Lagartijo, et de l'autre il donnait sa biographie, comme on donne celle d'un homme célèbre ; je traduis :

### Rafaël Molina (Lagartijo ou le petit lézard)

« Raphaël Molina naquit à Cordoue en l'année 1841 ; son père Manuel Molina, la petite créature de Dieu (*niño de Dios*), appartenait en qualité de banderillero et de matador à une de ces *cuadrillas* de second ou de troisième ordre qui s'occupent des courses de *novillos* (jeunes taureaux).

« C'est dans l'arène de Cordoue que Lagartijo commença tout enfant à s'essayer aux travaux de la corrida sous la direction du Camara, et à neuf ans il figure déjà comme banderillero dans une *cuadrilla* composée d'enfants que celui-ci avait organisée.

« Tout jeune il se distingua par son audace et son

courage, et depuis qu'il fut remarqué et réputé bon banderillero, il travailla dans quelques vraies cuadrillas et particulièrement dans celle que dirigeait le fameux Pepète.

« A dix-neuf ans il se réunit aux Carmonas, il lutta en compagnie du Gordito et devint très habile dans tous les coups d'adresse connus des banderilleros : plus d'une fois, en travaillant ensemble, Antoine Carmona accomplit des tours de force, grâce à Rafaël Molina, qui les lui préparait habilement et à point nommé. Carmona commença alors à lui faire tuer les taureaux à son tour, en 1865, et, à partir de ce moment, il remplit le rôle d'espada concurremment avec le Gordito et avec le Tato, dans la place de Madrid où il s'acquit les sympathies de tous.

« Rafaël Molina a toujours réussi à se tirer avec grâce de toutes les luttes qu'il a eu à soutenir dans sa carrière déjà si brillante en travaillant avec d'autres maîtres d'une haute réputation ; par sa constance et son travail, il a conquis une des premières places dans la tauromachie ; il est affable et modeste dans ses manières, et tous ceux qui se vouent à son art trouvent facilement en lui un généreux protecteur.

## IV

### MADRID AU PHYSIQUE ET AU MORAL

Les palais, les places et les églises. — Les cafés et les journaux. — Le costume des citadins et des provinciaux. — Intérieur des maisons. — L'auteur est en visites. — Il lui est donné de constater les nombreuses qualités des Espagnols. — Le fameux musée de Madrid et les Murillo. — Un mot sur Goya. — *A l'Armeria*. — Etat de la littérature contemporaine en Espagne. — Eloquence et poésie : don Antonio de Arnao, ie docteur Hijar y Haro et Castelar. — Souvenirs de l'invasion française : ie *Dos de Mayo*.

Les courses de taureaux sont, à vrai dire, une grande distraction à Madrid, car sans cela bon nombre de gens y mèneraient triste vie : pour l'étranger, on le comprend, il y a encore d'autres sujets d'étude fort intéressants ; je vais essayer d'en donner une idée en examinant la capitale de l'Espagne au double point de vue physique et moral.

Cette capitale est une ville assise au beau milieu du désert ; en y arrivant on ne voit qu'une plaine grise, onduleuse, sans arbres, sans eau à travers ses champs de blé aux épis espacés et au chaume épais et long ; ni jardins, ni châteaux, ni maisons de plaisance ; c'est laid et triste, l'on ne peut le nier et l'on se demande en arrivant : Que vais-je donc trouver ici ? L'aspect de la ville est néanmoins assez séduisant ; non pas que Madrid soit riche en monuments et en curiosités architecturales, mais c'est régulier et assez bien bâti. En fait de monuments, nous avons le palais royal, remarquable par sa masse et ses proportions énormes ; c'est une ville de marbre ; on y voit au premier étage trente salles en enfilade, et, pour donner une idée de sa splendeur, on raconte que dans ses galeries somp-

tueuses un Anglais a eu la patience de compter
jusqu'à trois cent soixante-cinq pendules, toutes plus
magnifiques les unes que les autres ; il est situé à
l'extrémité de la ville, comme je l'ai dit, et l'on doit y
jouir d'une vue très étendue, mais peu agréable sur
les environs. Après le palais royal, je ne vois réellement plus rien : les ministères sont des hôtels fort
simples ; le palais du *Congreso* (Chambre des députés)
n'a rien d'extraordinaire, et celui du Sénat, encore
moins ; pas de belles places non plus ; il y a la *Plaza
Mayor*, la place d'Orient, cela se voit partout ; la
puerta del Sol est originale, mais sans régularité ni
ornementation ; c'est la foule qu'on y vient voir, mais
non la place.

A Bruxelles, à Londres, à Vienne, nous trouvons
des points de comparaison avec notre Paris ; à Madrid
il n'y en a aucun ; si encore il se trouvait là une petite
rivière quelconque encadrée gracieusement entre
deux quais de granit ! mais non, le fameux Manzanarès — dont tout le monde sait le nom, probablement
depuis que Victor Hugo a félicité Madrid de le posséder — le Manzanarès n'est qu'un minuscule ruisseau
à sec pendant l'été ; il n'a pas de quais, on dit qu'il a un
superbe pont aux arches gigantesques ; je ne l'ai pas vu,
et je crois que personne ne va le voir, vu son éloignement des beaux quartiers. La capitale espagnole ne
manque pas d'eau, comme on pourrait se le figurer
d'après ce qui précède : bien au contraire, et c'est
même à la salubrité de son climat et à celle de
ses eaux que l'ancien petit village des archevêques
de Tolède doit d'avoir été choisi par Philippe II comme

résidence royale et ensuite comme capitale. Ces eaux sont abondantes et excellentes, par suite de la grande quantité de détours qu'elles parcourent, pour arriver dans les nombreuses fontaines répandues dans chaque quartier.

Après les palais et les places, restent les églises; on serait bien embarrassé pour en citer une qui sorte de l'ordinaire; lourdes colonnes, lourdes coupoles, larges croisées romanes, autels chargés de dorures, chapelles ornées avec un mauvais goût général, voilà les églises de Madrid; *Nuestra Señora de Atocha,* qu'il faut aller chercher au bout du Prado, sort peut-être un peu du commun; c'est l'église des Invalides de Madrid, et l'hôtel des Invalides s'élève tout à côté; Nuestra Señora de Atocha est encore l'église royale où se célèbrent les baptêmes et les mariages de la cour; on sait qu'il n'y a pas de cathédrale dans la capitale de l'Espagne, qui fait partie du diocèse de Tolède où réside l'archevêque.

Les statues maintenant : il y a la statue de Murillo au Prado, près du musée; la statue de Cervantès devant le palais du Congrès; ces deux-là sont bien. Je n'en dirai pas autant de celle de Philippe III sur la Grande-Place et de celles surtout qu'on voit autour de la place d'Orient; elles sont fort vilaines, et il y en a quarante-quatre. Espagnols, mes bons amis, ne m'en voulez pas de dire tout cela! vous possédez Burgos, Tolède, Séville et Grenade, et avec ces merveilles vous pouvez encore défier toute concurrence; vous n'avez pas de monuments à Madrid: vous en avez dans toutes les autres parties de l'Espagne, qui sont précieux et qui jettent de l'éclat comme l'or et le diamant.. !

L'aristocratie de Madrid possède de jolies habitations qui ont formé les quartiers neufs de la ville; toutes les rues qui aboutissent à la place d'Orient font déjà un de ces quartiers; pour trouver le noble faubourg Saint-Germain de Madrid, il nous faudrait longer la grande rue, traverser la puerta del Sol, aller tout le long de la rue d'Alcala jusqu'au Prado; le Prado, le paseo de Recoletos, le faubourg de Salamanque entre les Recoletos et la plaza de Toros sont habités par la noblesse, la finance, la littérature et tout ce qu'il y a d'illustrations en Espagne, dans tous les genres.

Ce qui m'a intéressé le plus à Madrid, ce sont peut-être les cafés, j'entends les cafés de la rue d'Alcala; ils sont presque tous en cet endroit. On ne peut pas venir à Madrid sans visiter l'*Impérial*, le *Swizo* et *los Fornos* : à l'Impérial vous boirez d'excellent café et vous verrez une salle immense qui ne désemplit jamais, et où se donnent rendez-vous les plus fameux toreros; au Swizo on sert de très bonne bière qu'on appelle ici *cerceza*; mais il faut aller à los Fornos, salle peinte à fresque sur toutes les coutures, dans le style pompéien, pour avoir une idée de ce que sont les rafraîchissements espagnols; je recommande surtout le *lemon helado*, gelée au citron, la *manteca helada*, gelée au beurre, l'*orchata dechufas*, gelée aux amandes de Valence, et *l'agraz*, boisson qui se fait avec du raisin vert, mais qu'on ne trouve guère qu'à la fin de juillet ou au commencement d'août. Ne craignez pas l'eau, elle est bonne en Espagne; les indigènes en absorbent des quantités fabuleuses; tout le long du trajet en chemin de fer, aux arrêts dans les gares, nous avons entendu le cri qui retentit continuellement dans les rues de Madrid : « *Agua, agua y aguardiente, quien quiere agua?* Qui veut de l'eau, de l'eau et de l'eau-de-vie? » et les braves aguadores vous présentent leur alcarazas d'une main et de l'autre un verre qui a la contenance d'un litre.

C'est dans les cafés que vous écrivez votre correspondance; si vous n'avez pas eu soin d'emporter avec vous du papier à lettre, une vieille femme vous en vendra pour deux cuartos la feuille; mais pendant que vous écrirez, prenez garde à ce *mouchacho* qui s'avance vers vous comme un serpent tentateur; il tient à la main des billets de loterie; c'est une plaie, ces loteries, tout comme en Italie, peut-être pis encore! Et si vous daignez seulement lui jeter un coup d'œil, il aura bientôt déposé sur vos genoux un billet de la loterie de la *Paz*, un autre de las *Escuelas catolicas* et d'autres encore; vous serez au moins forcé de lui en prendre un, et vous aurez, señor, complètement perdu votre argent.

*La Correspondencia! La Correspondencia!...* Qu'est-ce que c'est que cela? Des hommes, des femmes, des enfants arrivent en foule avec des feuilles humides encore; elles sortent de la presse, on se les arrache; c'est le grand journal universel des nouvelles, *Diaro universal de noticias*; l'écho impartial de l'opinion, *Eco imparcial de la opinion*, la feuille la plus répandue en Espagne; achetez-la et voyez; il n'y

a que des nouvelles, des articles de vingt lignes au
plus ; ah ! tiens !... quelques députés de la majorité
ont eu la pensée de déposer à la prochaine législature
une proposition de loi qui défend absolument les
loteries. Voilà les pauvres marchands de billets qui
vont être bien désolés ! Quoi de nouveau encore ?
« M. A., jeune homme très connu, a été assassiné à
Séville sur la grande place vers trois heures, la nuit
dernière. — La frégate la *Loyauté* partira de la
Havane pour la Péninsule dans la première quinzaine
du mois prochain. On a administré les sacrements au
doyen de la cathédrale de Barcelone. — M. B. a
donné un grand banquet aux écrivains et aux poètes
andalous, il a lu à la fin un chapitre de son *Histoire
de la chevalerie.*

« Le train n° 6 de la ligne du Nord, qui devait arriver à Madrid à 5 heures du matin, est arrivé à 8 heures 1/4, pour avoir été retenu vers le poteau kilomé-
trique n° 105, par suite d'un accident arrivé à un
pauvre travailleur qui a eu le bras coupé sous la machine. — Aujourd'hui à onze heures a été célébré,
dans la chapelle réservée du Carmel, le mariage de
notre cher et illustre ami C. D. avec la très belle de-
moiselle doña E. de F. Le seigneur G. a donné la
bénédiction. Un grand nombre d'amis assistaient à la
cérémonie, entre autres les seigneurs ducs H. et J., le
comte G. avec la vertueuse et noble dame R. Nous
souhaitons aux jeunes époux, qui sont partis immédiatement après par l'express, toutes sortes de félicités
et une large lune de miel. — Le roi a assisté dans
l'après-midi aux manœuvres de cavalerie du régiment

de L..., il était accompagné des princes de M... et d'un brillant état-major. Sa Majesté a été hautement satisfaite de l'instruction donnée au régiment et a témoigné sa satisfaction à son digne colonel M. N... »

Comme on le voit, ces nouvelles ne sont pas *nouvelles*; on les donne partout et de la même façon; cependant si vous tournez la feuillet, à la 4° page des gazettes madrilènes : *La Correspondencia, El Tiempo, La Epoca, El Imparcial*, etc., etc., vous verrez une particularité qu'on ne trouverait point chez nous et qui, à elle seule, est un signe distinctif et national : ce sont les annonces mortuaires et celles des funérailles religieuses.

« L'excellentissime dame duchesse de C., E. décédée le 7 juillet 1880 :

« Toutes les messes qui seront célébrées le 30 courant (*del actual*) dans les églises du Carmel (paroisse de Sainte-Croix) et de Sainte-Catherine, seront appliquées à l'âme de la très excellentissime dame. La famille prie ses amis de vouloir bien la recommander à Dieu. »

— « Don José Rodriguez C., magistrat de l'*audiencia* de Madrid, mort à midi, le cinquième jour de juillet;

« Sa veuve et ses filles désolées, ses frères, beaux-frères, sœurs et neveux prient leurs amis de vouloir bien assister à la conduite du corps, qui partira de la maison mortuaire, rue des Leganitos, pour aller au cimetière Saint-Martin, à 4 heures du soir, demain 6. »

— « M. Augustin S y M., ingénieur en chef de 2° classe du corps des ponts et chaussées, des canaux et des ports, commandeur des ordres de Charles III et d'Isabelle la Catholique, décédé le 10 juillet 1880. R. I. P. !

« Les excellentissimes seigneurs le ministre des travaux publics, les chefs du corps des ingénieurs, son père inconsolable, etc., prient les amis de la famille de recommander le défunt à Dieu et d'assister aux funérailles célébrées pour le repos éternel de son âme, le 11 juillet, à 8 heures du soir, à l'église paroissiale de Sainte-Croix. »

Et maintenant le costume, direz-vous ; vous ne nous avez pas encore parlé du costume ? Pour ce qui est des hommes, des citadins, habitants des villes, on comprendra qu'en plein xixᵉ siècle, en l'an de grâce 1880, ils rougiraient de n'être point habillés comme tout le monde, à l'anglaise ou à la française ; en conséquence, ils ont donc des pantalons à pieds d'éléphant, vêtement fort disgracieux comme l'animal en question, et ces chapeaux hauts et cylindriques que nous portons tous sans rire et qui sont pourtant si ridicules. Les beaux costumes anciens ne sont plus en usage que dans les bals masqués ; on a conservé seulement le manteau, le véritable manteau de drap aux longs plis, sans manches, avec un col de velours très large ; c'est chaud et excellent pour l'hiver, et je souhaite aux Espagnols de le conserver longtemps, tout en étant assuré qu'ils le quitteront bientôt pour prendre un pardessus ou un *ulster* étriqué.

Les dames sont habillées, comme partout, elles aussi, avec cette petite différence que les trois quarts d'entre elles portent la classique mantille, qui est bien

vraiment la plus jolie coiffure qu'on puisse imaginer.
Mais qu'est-ce que le type espagnol féminin ? C'est
le type arabe, on ne peut le nier ; c'est le type arabe
ou africain, à peu près conservé dans toute sa pureté,
s'il a eu l'heur de n'être point altéré par le croise-
ment des races ; or, à cet ovale un peu pâle, à ces
grands yeux noirs, à ces dents blanch s, à cette brune
et abondante chevelure, il faut un voile, le voila biblique, celui de Rébecca, de Rachel et de la Vierge
celui que les femmes de l'Orient portent avec tant de
grâce et d'aisance ; mesdames, n'ayez point peur d'être
laides en prenant cette dentelle noire et en l'attachant
sur le haut de votre tête avec une fleur de jais, mettez encore une de ces fleurs sur la tempe pour fixer
solidement, et vous aurez l'air d'une religieuse peut-
être, c'est-à-dire que vous aurez une coiffure tout à la
fois simple, gracieuse et modeste, tout sera pour le
mieux ; quant à vous, señoras, qui faites venir de Paris
des caisses de modes et de chapeaux fanés ou déjà vieux
(cela est évident, puisque les modes changent tous
les trois mois), ne pensez point que nous daignerons
vous accorder un regard, nous sommes ennuyés et
saturés d'ennui par vos coiffes et vos plumes, nous
en avons vu de plus jolies sur nos boulevards et aux
devantures de nos magasins, si nous avons voulu ;
vous croyez être bien, vous êtes affreuses !

Outre les costumes de citadins, l'étranger qui regarde attentivement autour de lui, en découvrira certainement quelques autres qui ne manquent pas d'o-
riginalité ; je ne parle pas du riche habillement des
Mexicains qu'on peut voir à la Plaza ou au Prado, avec

leur large sombrero, leur veste de cuir soutachée et
leurs pantalons aux mille boutons d'argent; mais l'entrée de la vil e est ouverte au paysan qui y vient évidemment avec ses hardes; une certaine classe de
gens du peuple vit aussi à Madrid et a conservé son
costume national. Je ne parlerai pas du costume d
*majo* ou andalou, qui est celui des toreros, avec
moins d'or, de franges et de pompons; mais il n'est
pas rare de voir par les rues de la capitale un indigène des provinces que nou- venons de traverser. Celle-
ci est une femme de Santander, de la province de
Burgos; c'est une de ces nourrices recherchées dans
les familles riches d'ici, comme les patricien es de
Rome recherchent les nourrices d'Albano, aux brillants habits et à la vigoureuse constitution; notre
Castillane a sur la tête un madras de couleur vive,
recouvrant une longue natte de cheveux qui tombe
dans le dos; elle a aussi un corsage court ouvert par
devant, une jupe courte de couleur éclatante, un tablier de soie, de larges anneaux aux oreilles; celle-là
est de la province d'Avila : son chapeau est en paille
noire avec des rubans de velours, son petit châle en
laine blanche, sa jupe en gros drap et brodée de rosaces de velours noir; cette autre est une servante
asturienne, une bonne endimanchée; elle a un mouchoir de coton noué sur la tête, un mouchoir de laine
sur les épaules, son corsage à manches fermées par
des poignets de velours brodé, et son tablier court est
en velours orné d'appliques de rubans d'argent.

Si nous passons aux hommes, nous découvrirons
peut-être un paysan des environs de Valladolid; son

chapeau ressemble à un casque, ses **guêtres** de cuir à des jambards d'airain, et son manteau à une casaque de lansquenet ; c'est le fils des vieux guerriers, des habitants des châteaux-forts et des castilles qui ont donné leur nom à sa province, et un voyageur du siècle dernier nous dit que, lorsqu'un de ces laboureurs en rencontre un autre dans les champs, il le salue gravement et lui dit : Bonjour, seigneur chevalier ! l'autre répond avec le même sérieux et sur le même ton, et tout se passe avec autant de majesté que l'entrevue de deux monarques.

Qui ne connaît les *Gallegos* de Madrid ? Il faudrait être aveugle pour ne pas en rencontrer quelques douzaines sur le trottoir de la rue d'Alcala. Ils sont originaires de la Galice (cap. Saint-Jacques de Compostelle), l'un des pays les plus pauvres d'Espagne, et ils émigrent pour aller travailler dans les champs au temps des moissons ou dans les grandes villes, comme à Madrid, où ils deviennent commissionnaires, portefaix, porteurs d'eau.

Le Gallego est l'Auvergnat de l'Espagne ; comme lui, il est économe, robuste, courageux, énergique ; comme lui aussi, il a à supporter les brocards et les railleries de ses compatriotes ; le costume des hommes se compose d'une chemise à col large et haut, d'un gilet sans manches, d'une ceinture de couleur, d'une culotte collante à pont-levis, de guêtres longues et enfin de la *manta*, le grand manteau des hommes du commun ; cette manta en drap ou en tissu de laine se met quand il fait froid ; on la croise sur la poitrine, on

on fait passer l'extrémité sur l'épaule, et on la laisse
retomber par derrière.

Voilà une idée du costume populaire, et l'on est
édifié maintenant sur la manière dont s'habillent les
Espagno's. N'oublions pas d'ajouter qu'il y a un complément indispensable à la toilette de toutes les dames :
c'est le petit meuble qu'on appelle l'éventail ; tout le
monde en porte ; on ne voit partout que des éventails
qui s'agitent, papillotent, s'ouvrent et se ferment alternativement, avec un petit mouvement coquet et gracieux et un petit bruit strident ; la soie, la percale, le
papier, l'ivoire et le bois ont été mis à contribution
pour former mille jolies choses, dont on n'a pas d'idée
en France : la grande dame, la petite ouvrière, la
bonne d'enfant, le grand d'Espagne, le gallego, le
soldat même ne pourraient se passer de leurs *abanicos*.

Je ne dirai rien de la cuisine espagnole, n'en ayant
pas mangé, ou du moins ayant toujours mangé de la
cuisine franco-espagnole, un mélange passable, mais
susceptible de bien des améliorations, je le jure à mes
lecteurs. S'ils veulent connaître l'intérieur des maisons,
ils sauront d'abord qu'il n'y a pas de concierge faisant l'office de cerbère, et qu'on doit toujours, quand
on va chez quelqu'un, se faire indiquer l'étage où il
demeure, sous peine de déranger les voisins, s'il y en
a. Les appartements sont grands et vastes, à plafonds
très élevés ; on ne connaît pas là-bas nos petites boîtes
à musique de Paris ; et puis c'est un pays chaud, et il
ne s'y trouve point de ces chambrettes et de ces bou-
doirs bien capitonnés comme chez nous, ni de ces
meubles où l'on peut s'établir bien à l'aise et faire son

ronron comme un chat frileux. J'ai déjà raconté ailleurs que j'y avais trouvé des lits de fer assez élégants, mais dont les matelas sont durs et à laine serrée, et les traversins longs et carrés ; des tapis de sparterie ou des nattes de Manille couvrent le parquet ; les chaises, les fauteuils et les canapés sont souvent en paille ou recouverts de reps et de damas, étoffe moins chaude que le velours ; quant au style de l'ameublement, c'est le vieux genre qu'on ne trouve plus chez nous que dans les châteaux, les musées, les couvents et les séminaires : le style napoléonien, celui d'il y a quatre-vingts ans, fondé à la suite de l'expédition en Égypte. Les murailles sont ornées de quelques tableaux, d'appliques en cuivre et d'une quantité de petits miroirs de Venise comme ceux que je remarquais dans la sacristie de Burgos ; un lustre commun est suspendu au plafond de la pièce, et souvent aux fenêtres il n'y a pas de rideaux, si ce n'est les grands et larges rideaux de toile ou de coutil, qu'on rejette en dehors, sur le balcon, et qui, en empêchant l'introduction ou la réverbération des rayons du soleil, laissent par les côtés un libre passage à l'air et produisent un joli effet, vus de l'extérieur. On arrose les appartements pendant la journée, on ferme les volets et les fenêtres vers huit heures du matin, et on les ouvre graduellement, en suivant, pour se guider, la marche du soleil ; avec cet ingénieux système, les Espagnols combattent parfaitement la chaleur, ils ont toujours de l'ombre et de la fraîcheur, les dames peuvent vaquer aux soins du ménage et aux plaisirs de la conversation, les messieurs peuvent travailler dans la demiooscurité ou faire la sieste en fumant tranquillement leurs *habanas* et leurs *puros*. Les étrangers du Nord, qui suent à grosses gouttes, n'en peuvent mais et sont sur les dents en arpentant les trottoirs et en enfonçant dans le bitume fondu, de dix heures du matin à cinq heures du soir. Encore si ces étrangers-là avaient la consolation de pouvoir fumer un bon cigare, puisque cigare il y a ; mais j'étonnerai peut-être bien des gens en affirmant que l'Espagne, qui compte au nombre de ses colonies Manille et la Havane, ne vend dans ses débits de tabac que d'ignobles cigares, mal faits et d'un goût atroce, ou des cigarettes si bien faites qu'il faut les refaire, parce que le tabac haché menu s'en échappe de toutes parts.

Voilà l'intérieur des maisons ; à cette heure que vous y êtes entrés, comment vous reçoit-on ?

On vous reçoit d'une façon charmante ; j'allai voir la señora D... de la V... ; elle fit appeler son mari, et tous deux étudièrent longtemps le moyen de me faire plaisir et de me rendre service ; tous deux me remirent des lettres pour me faciliter l'entrée de plusieurs maisons, la visite des curiosités de Madrid ou des environs ; ce fut en effet grâce à leur amabilité que je pus voir le palais d'Aranjuez à un moment où le public n'est pas admis. J'allai voir le contre-amiral O. de la T., ancien ministre de la marine ; lui et madame l'amirale me donnèrent des lettres pour Séville et Cadix et me firent une foule de questions sur Paris ; car c'est étonnant combien par là ils aiment notre Paris, ses rues, ses boulevards, ses magasins, ses monuments. Je me présentai chez un membre de l'Académie de Madrid, M. A. de Arnao. Il n'y était pas, mais je fus reçu par la señora de Arnao, une dame des plus distinguées, parlant notre langue à ravir et trouvant le moyen de me faire dire adroitement le peu d'espagnol que je savais; et comme son langage à elle était pur, noble, élevé! Je me rappelle qu'en ouvrant une lettre de présentation, après en avoir lu les premières lignes : « Oh ! comme cette personne parle bien l'espagnol ! s'écria-t-elle, on croirait lire Cervantès ! « C'est que la littérature et les arts régnent en souverains dans ce salon ; il s'y trouve une galerie de beaux tableaux, entre autres le portrait de la maîtresse du logis par le grand Madrazo, et l'on y donne des concerts renommés. M. de Arnao rentre, et après une conversation où je vois percer un vif sentiment de sympathie pour mon pays, on m'introduit dans un paisible et spacieux cabinet de travail, richement meublé et garni d'une belle bibliothèque ; qui donc m'a dit que les Espagnols ne travaillent pas ? Je regarde un livre ouvert sur le bureau : c'est une *Étude sur les romantiques*, imprimée à Paris. « Nous ne lisons que des livres français, me dit mon hôte, nous sommes faits les uns et les autres pour nous comprendre. » Peut-on entendre des paroles plus courtoises ? Et quand je vais rendre visite à M. le docteur Hijar y Haro, premier secrétaire de la légation du Mexique, on m'accueille encore ici avec une cordialité sans pareille ; M. Hijar y Haro, médecin et poëte, veut, comme l'homme éminent que je viens de quitter, me faire hommage de quelqu'une de ses œuvres, et pendant que son fils, un chérubin rose, me joue très habilement sur le piano *Ultimos momentos de un poeta*, on s'empresse de me servir sur un plateau à la mode américaine, un verre d'excellent ximenès, et des *puros* exquis. Voilà les Espagnols ou les Mexicains, leurs congénères. Quand j'eus affaire avec quelques-uns des principaux chefs d'administration ou financiers de la capitale, même accueil, même empressement : « *Toda la casa es à la disposition de Usted*, toute la maison est à votre service. » C'est la phrase consacrée par l'usage et qui sonne à vos oreilles chaque fois que vous mettez les pieds dans un intérieur quelconque ; l'hospitalité est donc une des premières vertus du pays. Ses habitants à celle-là en ajoutent d'autres ; il y a longtemps déjà que M. le comte A. de Laborde, en parlant des Espagnols, disait : Ils sont sobres, discrets, adroits, francs, patients dans l'adversité, lents à se déterminer, mais solides dans leurs délibérations, ardents dans leurs entreprises et constants à les poursuivre.

Ils sont attachés à leur religion, fidèles à leur roi, hospitaliers, charitables, nobles dans leurs procédés, généreux, libéraux, magnifiques, bons amis et pleins d'honneur.

Ils sont graves dans leur maintien, sérieux dans leurs discours, mais doux et agréables dans la conversation, ennemis de la médisance et du mensonge.

Ils sont vifs, spirituels, ingénieux, intelligents, propres aux sciences, aux belles-lettres et aux arts.

D'après cette énumération, s'ensuit-il que nos voisins soient absolument exempts de défauts ? je n'irai pas jusqu'à dire cela ; ils en ont, et ceux-ci dérivent particulièrement de leur amour-propre, de leur orgueil national, de l'influence du climat et du peu d'étendue des ressources que leur prête leur position géographique. On comprendra assez volontiers qu'une nation qui a eu des succès si complets au xv° et au xvi° siècle, ait une haute idée d'elle-même et qu'elle l'exprime par ses paroles et ses actions ; que ses sujets, qui connaissent leur valeur et celle de leurs ancêtres, qui ont du sang noble et généreux coulant dans leurs veines, soient assez disposés à prendre un extérieur grave, fier et majestueux ! Ce qui ne les empêche pas, on l'a vu, de témoigner beaucoup d'affabilité et d'être toujours disposés à obliger ; on comprendra aussi que les habitants du centre de l'Espagne, en particulier, soient accusés de lenteur, de paresse et d'éloignement pour le travail : le pays qu'ils habitent ne possède souvent qu'un sol ingrat, stérile, rocailleux ; l'industrie n'existe pas ; les denrées, s'il y en a, n'ont pas de débouchés ; l'activité est presque impossible, car les gens actifs manquent de ressources et d'ouvrage ; ils sont pauvres ; la chaleur du climat vient s'ajouter à tant de difficultés, ils tombent dans l'apathie et le désœuvrement, qui influent sur toutes les actions de leur vie.

Un mot pour terminer ce que j'ai à dire sur le caractère des Espagnols. Les gens de la noblesse et de la bourgeoisie s'embrassent volontiers à la moindre occasion ; les hommes terminent invariablement les lettres adressées aux dames par ces mots : « Je vous baise les pieds. *Q. B. S. P..* », ou les lettres qu'ils s'adressent entre eux, par : « je vous baise les mains.

*Q. B. S. M.* » ; les gens du peuple formulent leurs vœux et leurs souhaits et ne se quittent jamais sans la phrase finale : « Allez avec Dieu, *Vaya V. con Dios !* »

Ce sont là autant d'attraits qui retiennent l'étranger à Madrid. Si maintenant il veut étudier cette ville au point de vue intellectuel comme au point de vue moral, il trouvera encore là une ample matière d'observations et de jouissances sans pareilles.

D'abord le musée : c'est le plus riche de l'Europe, c'est une collection merveilleuse de chefs-d'œuvre ; peut-être n'est-il pas complet en ce sens qu'on ne peut pas, comme dans notre Louvre, par exemple, suivre les différentes écoles depuis leur origine jusqu'à la fin, mais si l'on veut voir des salles où il n'y a pas une seule toile médiocre, il faut se diriger vers le Prado, et là, entre le Buen Retiro et le jardin botanique, nous trouverons un joli palais, qui forme un long rectangle avec une façade sur la promenade ; on entre par la place Murillo, où se trouve la statue du *divin* artiste, comme ils disent par ici, pour exprimer le comble de l'admiration. Oh ! si jamais une pareille épithète a pu être appliquée à un homme, c'est bien à celui-ci ; il y a au musée de Madrid quatre toiles de Murillo à côté l'une de l'autre qu'on regarderait des heures, et c'est là vraiment qu'on éprouve l'impression la plus vive que peut causer un tableau ; les grands et nobles Velasquez, les farouches Ribeira, les Titien, les Tintoret, les Guido, les Véronèse, sans doute, sont des productions superbes, mais je ne sais pourquoi je revenais toujours aux vierges du doux, du pieux et suave Murillo ; elles sont si belles, si transparentes, si idéales : il a fixé le ciel sur sa toile, cet homme-là, et j'aurai beau faire, tout ce que je pourrais dire de lui et de son œuvre ne serait rien ; ah ! comme je comprends maintenant l'impuissance de certains critiques d'art qui ont tenté d'expliquer ces incomparables maîtres et ont dû laisser la plume, comme je comprends l'enthousiasme des autres qui ont dit que le jour où l'on entre pour la première fois dans un musée comme celui de Madrid, constitue une date historique dans la vie d'un homme et qu'on peut, en y entrant, se demander : Voyons, qu'as-tu fait pour mériter de venir ici ? Comme je comprends maintenant que la vue de pareils tableaux fait entrevoir une vie plus noble et plus féconde, excite un besoin d'aimer, de faire du bien, de souffrir et d'expier...!

Le plus beau tableau du musée de Madrid est peut-être celui qui est appelé *el Spasimo de Sicilia,* de Raphaël ; une tempête qui éclata sur les côtes d'Italie et menaça de perdre le navire qui portait un pareil trésor dans ses flancs. Ce que j'admirai le plus, c'est la belle figure du Christ, qui paraît au premier plan du *Spasimo ;* le visage de Jésus est puissamment coloré, et cette coloration donne aux yeux un éclat extraordinaire... Pauvre petit littérateur, ignorant des choses d'art, et moi aussi, j'ai donc pu voir ces merveilles, et mon cœur a battu plus vite en les contemplant ; du reste, allez ! pas n'est besoin d'être un homme du métier pour les trouver empreintes d'un cachet de beauté surhumaine : les hommes du commun, les pauvres femmes et les illettrés de tout genre connaissent, admirent et aiment leurs artistes, et mon petit Rafaël, celui du musée et qu'on n'a pas oublié, je pense, me disait avec une vivacité dédaigneuse : « Il est venu ici un Anglais qui a offert d'acheter la *Perla* au prix de quarante millions de réaux, mais le roi n'a pas voulu ! »

Et Goya, le dernier des peintres espagnols, mort à Bordeaux en 1828, Goya, qui a fait des choses si étranges, qu'en dirons-nous?

Lorsque je visitai le musée de Madrid, la première fois, après avoir vu la salle des Murillo, j'arrivai à un vestibule où je trouvai des gardiens qui m'invitèrent à monter par un petit escalier au premier étage de l'édifice ; arrivé là, ils m'ouvrirent une porte, j'entrai ; j'étais dans la salle réservée aux tableaux de Goya. Ce fut pour moi une singulière surprise, et ma surprise s'accrût encore bien plus quand, en descendant, on m'amena devant *le 2 Mai* et devant *le Massacre du peuple de Madrid par les Mamelouchs.* Je ne conseille pas aux étrangers de suivre cet ordre dans la visite du musée ; qu'ils y aillent cinq ou six fois et plus, mais qu'ils aillent voir l'œuvre de Goya à part ; qu'ils réservent un jour spécial pour cela, et que ce soit un jour sombre, un jour de tristesse et de mélancolie : car, en faisant comme j'ai fait, ils verront leur joie et leur gaieté s'envoler bien loin, le soleil leur apparaîtra voilé et le bleu du ciel prendra des teintes noires et orageuses. O Goya ! tu m'as gâté mon Murillo ! Je sais bien qu'il y a du génie en toi, mais ton génie fait peur. Tu aimes le rouge et le sang, le noir et la nuit ! Et cela est vrai, s'il veut passer à un autre genre, il a beau peindre des bergers et des bergères, ses pastorales auront pour scène au premier plan un frais vallon, une douce et paisible retraite, mais il ne pourra s'empêcher de mettre à côté un volcan qui lancera en l'air un torrent de fumée, et des gerbes de feu. C'était un amateur fou des courses de taureaux, et il nous a laissé la *Tauromaquia,* une collection de scènes du cirque où l'on peut étudier tous les coups ; mais avec quoi donc arrangeait-il ses couleurs sur la toile ? ce n'était pas avec un pinceau, mais avec un balai, une éponge, un bâton, une cuiller. Sorciers et sorcières, gnômes, lutins, farfadets, spectres et fantômes, aux formes fantastiques, aux ombres hideuses, aux figures convulsionnées, vous êtes les amis de Goya ! Mais il ne devait pas beaucoup aimer les Français. Son *Dos de Mato* est une œuvre violente, où nous sommes représentés sous un jour lugubre et terrible, et si les Espagnols faisaient de longues stations devant ce tableau-là, ils pourraient bien finir par nous détester cordialement ; heureusement qu'il n'en est rien, et un homme éminent, membre de l'Académie des arts de Madrid, me disait : « Je n'avais qu'un Goya, je l'ai vendu pour ne plus le voir. »

On entre au musée du Prado moyennant cinquante centimes, qu'il faut verser à la porte, au gardien, mais sans qu'il soit besoin d'une permission préalable ; il en est autrement pour le musée d'armes, appelé l'*Armeria :* pour le voir, il faut être muni d'une carte de l'intendance générale du palais royal ; elle sert pour le porteur et six personnes, qu'il peut amener avec lui. « *Permite el dador y seis personas que le acompañen la entrada.* » C'est la formule ordinaire pour tous les palais royaux ; mais s'il pleut le lundi, jour d'entrée, ou si ce jour-là il tombe une fête, la permission devient nulle, et il faut remettre sa visite à une autre fois. Hâtons-nous de dire que les gardiens sont moins rigides qu'on pourrait le supposer, et qu'ils nous ont ouvert la porte avec une grande bonne volonté, quoique nous ne nous fussions pas présentés un lundi ; grâce à cela, nous vîmes quelque chose d'analogue à ce qu'on voyait autrefois au musée des Souverains au Louvre, à cette collection précieuse qu'il n'est plus donné aux visiteurs de contempler, je ne sais trop pourquoi. La collection de Madrid ne le cède en rien à celle de Paris : ce sont les armures du grand Alphonse d'Aragon, de don Juan d'Autriche, de Christophe Colomb, de Charles-Quint, de Philippe II, l'épée de Boabdil, dernier roi des Maures de Grenade, celle du grand Pelage, trouvée à Cavadunga ; la *colada* du Cid Campeador, les épées de Fernand Cortez, de Gonzalez de Cordoue, du duc d'Olivarès, et maints autres souvenirs historiques d'un prix inestimable.

Si du musée d'armes vous passez au musée naval, vous aurez contemplé des trophées, des dépouilles, des portraits et des souvenirs qui vous donneront une idée complète de la gloire accumulée sur ce noble pays par ses grands hommes ; de la gloire, ils en ont encore là-bas pour des siècles, même s'ils se croisent les bras sans rien faire pendant de longues années !

Et cette gloire accumulée, cette renommée acquise, semble, à une certaine époque de l'histoire d'Espagne, ne jamais devoir s'éteindre. Le siècle qui voit mourir

Charles-Quint, Pizarre et Cortès, voit naître Lope de Vega, Cervantès et Quevedo ; après les héros, les poètes, et quelquefois le poète est un soldat qui tient d'une main l'épée et de l'autre une lyre pour chanter ses exploits. Le fils de Charles-Quint, Philippe II, meurt, et Velasquez apparaît, ainsi que Calderon ; celui-ci prend la place de Lope de Vega, Murillo prendra la place de Velasquez, le duc d'Albe celle de Gonzalve de Cordoue. Espagne, Espagne, le soleil ne se couche pas dans le domaine de ton intelligence, pas plus que dans toute l'étendue de tes possessions !

Aujourd'hui la littérature n'est peut-être pas aussi florissante qu'aux époques fortunées dont nous venons de parler, mais on ne peut nier qu'il se soit produit des illustrations, même récentes, dans tous les genres. Honneur soit rendu à l'Espagne! honneur soit rendu encore une fois de plus à ce catholique pays, qui a conservé ses traditions de foi et de piété et les a affirmées de façon à déconcerter les adversaires de notre sainte religion, qui cherchent sans trouver des raisons pour expliquer des principes et une manière de faire si différente des leurs.

Les noms des auteurs qui ont prouvé une fois de plus que le catholicisme n'est point l'ennemi des lumières, ces noms-là méritent d'être cités : c'est d'abord dans le roman, Fernan Caballero et Trueba ; Fernan Caballero est d'origine allemande, et s'appelle de son vrai nom Cecilia Bohl ; ses contes et ses nouvelles semblent n'avoir qu'un but : montrer ce que sont les idées, les mœurs, les passions populaires ; elles nous font connaître ces bons intérieurs de famille où

l'autorité est encore respectée et où les coutumes sont
vraiment patriarcales. Fernan Caballero aime d'un
grand amour son pays d'adoption, et surtout l'Andalousie ; cela apparait à tout instant dans ses écrits ;
tel est le genre d'Antonio de Trueba ; c'est un Basque, lui aussi aime son pays, ses verdoyantes vallées,
ses montagnes bleues, et il nous peint la vie douce,
simple et tranquille des paysans ses compatriotes,
l'histoire d'une famille et d'un foyer ; ses livres sont
une églogue et une idylle continuelles.

Dans la poésie, nous avons Selgas et don Antonio
Arnao. Le premier a donné un recueil de jolis vers
qui respire un parfum champêtre et fait passer devant
nos yeux le splendide spectacle que nous offre la
nature ; le second a composé entre autres choses un
recueil d'hymnes, d'échos et de complaintes, intitulé :
*La Voix du croyant, la Voz del creyente (Poésias
catolicas)*. Cet aimable auteur, ce penseur profond,
dont nous avons déjà parlé ailleurs, nous explique sa
pensée dans l'introduction de la *Voix du croyant :* « La
divine religion catholique, la seule vraie, a été, est et
sera toujours une source intarissable de sublimes
beautés pour l'inspiration des poètes et des artistes.
L'orgueilleux paganisme nous offrait des études plas-
tiques qui ne pouvaient plaire qu'aux sens, et maintenant voici venir avec le catholicisme le sentiment de
l'idéal engendré par lui dans l'âme du chrétien, qui a
compris la hauteur de sa destinée et se plait à redire
l'hymne perpétuel que la nature chante à la toute-
puissance du Créateur... Sous cette inspiration d'un
ordre si élevé, l'âme et la main de l'artiste et du poète

chrétien se sont émues, et après avoir réduit au silence pour toujours les voix mensongères des fausses divinités, on a vu briller comme des astres dans le ciel de l'imagination et dans les régions de la vérité, les justes, les vierges, les martyrs et les saints, en rapportant toute leur gloire au Dieu un et trine de qui viennent uniquement toute gloire et toute beauté. Les témoins de cette sainte régénération dans le monde civilisé sont les chants du poète, les hymnes de la musique, les tableaux du peintre, les statues du sculpteur et les cathédrales de l'architecte qui, depuis dix-huit siècles, ont rendu sensible chacun à sa façon la beauté immatérielle. Cet humble travail est destiné à unir une voix de plus à ce concert universel et à déposer dans le trésor du temple une obole plus modeste que celle de la veuve de l'Évangile... Enfin la récompense que j'ambitionne, je l'aurai obtenue, si le père de famille attentif et vigilant a pu dire : Voici un nouvel ami que je puis admettre au milieu de mes enfants.

Et le livre tout entier de notre poète n'est bien en effet qu'un chant d'amour et qu'une prière admirable, comme ces vers que nous citons pour donner une idée de sa manière :

> Mistica Rosa, cuyos colores
> Son del Empireo perpetua gala,
> Cuya belleza de entre las flores
> Otra ninguna vence ni iguala,
>  De tal encanto
>   Quien te adorno?.
> Deja que aspire tu aroma santo
> Que el sumo Padre divinizo.
>      (Cantilena.)

O Rose mystique, dont les couleurs font l'ornement perpétuel de l'Empyrée, Rose mystérieuse qu'aucune autre fleur ne peut vaincre ni égaler en beauté ; qui donc, dis-moi, t'a donné tous ces charmes ? Laisse-moi respirer ton parfum, que le Père céleste divinise.

> Como esperanza te invoca el suelo !
> Cual mediadora te aclama el hombre :
> Como princesa te canta el cielo :
> Cual madre llevas de Dios el nombre.
> Fiel te venera
> Mi corazon,
> Porque a tus ruegos hallar espera
> Su fe, su vida, su salvacion.

On t'invoque ici-bas comme une espérance ; l'homme t'acclame comme une médiatrice ; le ciel chante tes louanges, car tu es sa reine ; tu portes le nom de Dieu puisque tu es sa mère ; mon cœur fidèle te vénère, parce que, grâce à ton intercession, il aura la foi, la vie et le salut.

Il faudrait tout citer, car ce langage est divin, et comme l'écrivait don José de Cafranga, aumônier du roi, à l'illustrissime vicaire ecclésiastique de Madrid, il y a dans ce livre une telle piété, une si grande onction, une saveur biblique si marquée, qu'on peut le comparer avec ce qu'ont écrit de meilleur en ce genre Luis de Léon et saint Jean de la Croix.

J'ajouterai à ces poètes le nom de M. Hijar y Haro, bien connu à Madrid comme diplomate et aussi comme savant et comme poète. M. Hijar y Haro, premier secrétaire de la légation du Mexique à Madrid, a collaboré avec don Juan de Dios Pesa, se-

cond secrétaire de la même légation, et avec plusieurs autres de leurs compatriotes ; ils ont publié à
Madrid un recueil intitulé la *Lira mexicana*. Il ne
faudrait pas s'étonner de voir ici figurer le nom du
Mexique : le poète Selgas affirme que la *Lyre mexicaine* n'est autre chose que la lyre espagnole, et que
dans le livre qui nous occupe on trouve la riche imagination et le sentiment qui distinguent les poètes
espagnols; l'Espagne vit encore au Mexique, et rien
ne peut rapprocher deux nations comme le lien d'une
langue commune.

Castelar, cet autre poète, dit que parmi les contra-
riétés et les tristesses de sa vie, il faut compter l'im-
possibilité dans laquelle il est d'écrire une préface à
la *Lyre mexicaine*, où l'on entend résonner le chœur
immortel des poètes mexicains, qui, en employant la
langue nationale, ont confondu les âmes des deux
Espagnes, l'ancienne et la nouvelle, en une seule
âme. Ces poètes chantent les douleurs et les aspirations de notre temps avec une grande vérité, et la
splendeur de la nature du nouveau monde avec un
grand sentiment; le spectacle de cette nature exubé-
rante, le chant des forêts vierges, l'arome qui s'exhale
des arbres séculaires, l'ardeur de leurs volcans, l'immensité de leurs déserts grands comme l'Océan, enfin
cette vitalité si puissante amène dans les veines de
l'art européen, un peu appauvries, un sang nouveau
et généreux qui centuple les lumières de l'intelligence.

Le docteur Hijar y Haro, entre tous, se fait remarquer par la délicatesse de ses sentiments, par l'af-

fection qu'il porte à sa famille et à sa patrie, par ses pensées graves, mélancoliques et touchantes, en même temps que par l'élégance supérieure de son style extrêmement soigné. Quelle magnifique inspiration que la pièce intitulée : *En la playa del mar*, Sur la plage !

> Silencio y soledad !.. No hay un testigo
> De mi acerbo sufrir !... Proscrito voy !
> Oh ! ven a consolarme, cielo amigo,
> Que el barde ausento de la patria soy !
>
> . . . . . . . . . . . . .
>
> En su inmenso cristal, limpido y terso,
> Miro a tu luz dormir la creacion.
> Un templo es de tristeza el universo
> Y el silencio del mundo una oracion.
>
> . . . . . . . . . . . . .

Silence et solitude ! il n'y a pas un témoin de mon affreuse souffrance ! Je suis proscrit ! Oh ! viens me consoler, ciel ami, je suis le barde exilé de sa patrie... Dans l'immense miroir de la mer limpide et transparente, je regarde à la lumière des étoiles la création entière qui sommeille ; l'univers est le temple de la tristesse et le silence du monde une prière.

Une de ses plus tristes et de ses plus belles poésies est celle qu'il a composée à l'occasion de la mort de sa mère :

> Una tumba, un recuerdo, algunas flores y un nombre !

Une tombe, un souvenir, quelques fleurs et un nom... le plus aimé ! Voilà ce qui reste à l'orphelin sur la terre... Le monde, les grandeurs, la joie.. Paroles qui n'ont pas de sens, paroles effacées déjà de ma mémoire, effacées pour toujours, parce que la fleur d'un rêve d'espérance arrachée par la mort ne repousse, dit-on, jamais, jamais !...

Je ne parlerai pas de l'étude de la philosophie en Espagne, où les tendances sont plus spiritualistes que matérialistes et où le nom du grand Balmés est encore une haute autorité ; je ne dirai rien non plus des études historiques : Lafuente a fait une histoire générale qui est un véritable monument littéraire, et où heureusement, malgré des hésitations, et quelques appréciations erronées, il a su se mettre en garde contre le rationalisme et l'athéisme qui n'admettent dans la science aucune action providentielle...

Donoso Cortès, marquis de Valdegamas, a lutté énergiquement pour la défense des droits de l'Église et de la papauté ; il fut un orateur de génie et le modèle que Castelar avait choisi d'abord : si ce dernier n'a pas conservé toutes les idées du maître, on peut dire qu'il lui est pourtant resté quelque chose de son esprit ; quel homme étonnant que ce Castelar ! En arrivant à la Puerta del Sol, vous voyez son nom écrit en lettres gigantesques aux devantures des librairies : « don Emilio Castelar » ; les hommes politiques de toutes les opinions sont ses amis, le public des tribunes aux cortès l'acclame, le peuple l'aime et s'arrache les journaux qui sont publiés après la séance où il a parlé, et l'on entend crier de tous côtés : « Voilà le discours du divin Castelar ! » Il a réalisé, pour lui au moins, l'idéal, la république libérale et chrétienne ; il est désolé de ce qui se passe actuellement dans notre pays, et naguère encore il s'écriait dans cette langue qu'il manie si bien et qui résonne comme une musique

au moyen de son puissant et merveilleux organe :
« Au nom de la liberté religieuse, au nom du droit
iudividuel et par respect pour le principe d'association
nous permettrons aux désillusionnés du monde, à ceux
qui sont possédés du désir de la mort, d'embrasser,
s'ils le veulent, la croix du Sauveur, comme le lierre
s'attache à l'arbre, et d'attendre, si bon leur semble,
l'heure du jugement dernier, enveloppés dans la robe
monastique et étendus sur la froide pierre du cloître,
jusqu'à ce qu'ils laissent évaporer leur existence
comme une nuée d'encens dans l'immensité des
cieux ! »

Telle est la catholique Espagne, tels sont ses
enfants ; malgré quelques égarements, malgré le vent
des passions politiques et révolutionnaires, leur intelligence, leur cœur, leur foi, sont invincibles, et l'on
peut dire que c'est un pays chéri de Dieu parmi tant
d'autres qui nous donnent le spectacle de défaillances
et de scandales continuels ; les Espagnols savent que
leur pays est privilégié, et un de leurs vieux proverbes
a rendu cette idée en disant qu'on peut bien naître et
vivre ailleurs, mais qu'il faut venir en Espagne pour
mourir dans la tranquillité et la paix du Seigneur :

> Italia para nacer,
> Francia para vivir,
> Espana para morir.

Il y aurait encore bien à dire sur les études en
Espagne et le système d'enseignement ; mais, outre
que cela n'offrirait qu'un médiocre intérêt par suite
de la décadence des anciennes universités, il est né-

8

cessaire de rester dans les bornes de ce petit travail, et d'ailleurs nous pourrons revenir sur ces matières quand l'occasion s'en présentera.

Ne quittons pas Madrid néanmoins sans y rechercher les souvenirs historiques qui nous rattachent à à cette capitale : ce qu'on appelle la guerre d'Espagne remonte de fait à l'entrée pacifique de Junot dans ce pays le 17 octobre 1807 et à sa marche sur le Tage par Burgos, Valladolid et Salamanque. Ce fut aussi le début de l'expédition du Portugal, à la suite de son refus d'adhérer au blocus continental, expédition qui allait déterminer, quarante jours plus tard, l'embarquement de la famille royale de Bragance pour le Brésil.

Dès le mois de février 1808, Napoléon, résolu à profiter des discordes des Bourbons d'Espagne pour détrôner la dynastie de Philippe V et ayant, sous divers prétextes plus ou moins spécieux, lancé des troupes sur les routes les plus importantes de la Péninsule, en donne le commandement à Murat et semble le désigner d'avance pour remplacer Charles IV. Bien reçu dans les provinces basques et encore à Burgos, son armée perd toutefois de son prestige par l'aspect peu satisfaisant des jeunes soldats qu'elle contient en grand nombre ; l'occupation violente des places du Nord produit un mauvais effet sur les populations, et les attaques isolées, qui furent souvent des meurtres atroces, commencent contre nos soldats.

Après l'abdication du roi en faveur de Ferdinand VII (19 mars 1808) et les désordres de Madrid dont elle fut précédée et suivie, l'armée française avait continué de marcher sur la capitale ; elle y avait fait son entrée avec Murat et Moncey le 23 mars 1808 ; de là, de sourdes menées et des agitations populaires aboutissant à la terrible insurrection du 2 mai 1808, après deux heures de combat. Le *Dos de Mayo* est encore célébré aujourd'hui, chaque année, comme l'origine du mouvement insurrectionnel qui nous a coûté si cher, en se prolongeant jusqu'à la chute de l'empire, dont il a été une des causes principales. Il y eut d'horribles assassinats commis sur nos soldats isolés et des combats sanglants à la Puerta del Sol, où les mamelucks avec leurs cimeterres frappèrent sur les insurgés et jetèrent l'épouvante dans la ville de Madrid.

Est-il besoin de dire que Napoléon eut le tort de ne point donner la couronne au brillant et chevaleresque Murat, dont les Espagnols appréciaient les qualités, plutôt qu'au pacifique, faible et inactif Joseph ?

Auprès du Salon du Prado, près de la fontaine de ce Neptune et non loin du musée, s'élève un obélisque de granit sur lequel sont écrits en lettres d'or ces mots : *Dos de Mayo* ; le monument est entouré d'un jardin et d'une grille en fer ; il a été élevé à la mémoire de trois officiers morts en défendant le parc d'artillerie ; disons mieux : il a été élevé à la mémoire de tous ceux qui ont repoussé, les armes à la main, l'invasion française et qui tombèrent fusillés par l'étranger ; tous les ans donc, on célèbre par une pompeuse cérémonie funèbre l'anniversaire de ce jour néfaste du 2 mai ; tout Madrid accourt au Prado :

le roi, la cour, les sénateurs, les cortès, les alcades, l'armée et le peuple ; c'est grandiose et solennel, triste et touchant ; c'est le deuil de toute une nation libre et indépendante, et qui, juste dans sa douleur, sait excuser les Français pour s'en prendre seulement à celui qui écrasa l'Europe et la France même sous sa volonté de fer et sous le poids des canons !

## V

### CHATEAUX ROYAUX. ANTIQUITÉS CÉLÈBRES

Encore le Manzanarès. — L'oasis dans le désert. — *El senor capellan del palacio.* — Un épisode de la révolution espagnole. — *La casa del Labrador.* — Résidences royales. — Effet de chaleur. — Une vieille cité sarrasine et féodale. — Intérieur d'une cellule à la *Fonda del Lino.* — La cathédrale de Tolède, les chapelles, les tombeaux. — Nous assistons à la messe *mozarabe :* une leçon de liturgie. — Rues pittoresques. — Chez l'armurier Alvares. — Les chaires et le cloître de *San Juan los Reyes.* — Souvenirs historiques — Un mot sur l'armée espagnole.

On peut aller de Madrid à *Aranjuez* et revenir dans la même journée : pour cela il faut prendre le train à la gare du Midi (*Media-dia*), à 7 heures du matin, et l'on peut revenir le soir à peu près à la même heure. En cherchant dans mes souvenirs, je crois que c'est en sortant de Madrid pour aller à Aranjuez que j'ai vu le Manzanarès ; un mauvais plaisant, en parlant du fameux pont construit sous Philippe II par Juan de Herrera, disait : « Maintenant que le pont est fait pour la rivière, il faut faire une rivière pour le pont » ; il avait tort, les moutons et les bœufs se sont arrangés des petits coins très confortables dans le lit de la rivière pour y vituler tout à leur aise, et l'eau les eût peut-être grandement gênés. Oui, j'ai vu, de mes yeux vu, les troupeaux paître et dormir, au beau milieu du Manzanarès.

On n'est en chemin de fer que deux petites heures, sans apercevoir autre chose qu'une plaine aride et crayeuse comme celles que l'on a rencontrées de l'autre côté de Madrid ; on passe à *Pinto :* les Madrilènes assurent que c'est ici, à une petite distance de leur capitale, que se trouve le milieu précis de la Péninsule ; Pinto est dérivé d'après eux du latin *punctum.* On passe aussi à *Ciempozuelos* ; j'ai des lettres pour une personne qui habite ici, et si j'avais le temps, je m'y arrêterais volontiers, car le spectacle que nous avons sous les yeux est superbe ; il vient de se produire un changement subit dans la nature du paysage : nous étions dans le désert, nous sommes dans une oasis ravissante ; adieu les champs poudreux et les rochers stériles ; adieu l'horrible chaleur et l'atmosphère brûlante de Madrid ! partout maintenant de beaux ombrages, partout des fleurs, des prairies, des bosquets, des jardins, des vignobles, des arbres de nos pays, des fontaines, des pièces d'eau, des ruisseaux, des méandres capricieux, des îles enchanteresses, de larges allées, de petits sentiers, un air embaumé, un air vivifiant; ce paradis après l'enfer c'est Aranjuez.

Nous faisons quelques pas hors de la station et nous nous trouvons devant la façade du château royal ; nous y jetons un coup d'œil, il nous fait l'effet d'un Fontainebleau au milieu du parc de Versailles; c'est un palais construit en briques, avec les angles en pierre ; du rouge et du blanc avec des toits d'ardoise, des pavillons, de larges fenêtres sans style, sans caractère. Sur la façade, on lit le nom des rois qui ont contribué à la fondation et aux agrandissements successifs de cette résidence si heureusement située.

*Philippus II instituit,*
*Philippus V provexit,*
*Ferdinandus VI, pius, felix, consummavit*
*Anno 1752,*
*Carolus III adjecit an. 1775.*

Nous avions des lettres pour l'aumônier du château, et nous nous mîmes aussitôt en devoir de le trouver, en cherchant sa maison le long des longues galeries couvertes qui entourent la grande place située à côté du château; nous finîmes par découvrir notre homme devant les bureaux de l'intendance ; c'était un bon ecclésiastique d'une soixantaine d'années, à la figure paisible et douce, qui nous reçut avec de grandes marques d'amitié et nous expliqua que l'intérieur du palais n'était pas visible à cette heure ; néanmoins, il se dirigea immédiatement vers les bureaux, nous présenta, mon compagnon et moi, commes deux nobles étrangers, et moitié par la violence, moitié par sa bonhomie familière qui lui faisait mettre la plume dans la main des employés pour nous signer notre billet d'entrée, il obtint tout ce qu'il voulait et nous conduisit d'abord à la chapelle, où nous ne vîmes absolument rien d'extraordinaire, si ce n'est le baptistère royal, que notre nouvel ami nous montrait avec un orgueil bien légitime.

Ce bon et excellent prêtre, qui paraissait aimé et vénéré de tous ceux que nous rencontrions, ne voulut pas nous quitter avant de nous avoir introduits jusqu'au bas de l'escalier d'honneur à l'intérieur, afin d'être bien sûr que nous étions dans la place, et qu'il nous avait rendu service très réellement.

Les appartements sont très beaux ; nous remarquâmes par-dessus tout deux pièces fort curieuses et où les richesses sont accumulées : le cabinet chinois de Charles III, où l'on se croit transporté à Pékin ou à Canton, dans le tribunal de quelque grand mandarin, voire même chez le Fils du Ciel qui ne doit rien posséder de mieux, et le boudoir arabe que la reine Isabelle fit arranger pour son usage et qui donne un avant-goût des merveilles de Grenade et de l'Alhambra.

Aranjuez est parfaitement désert, et c'est encore un point de ressemblance avec Versailles ; quand la cour y vient, il est nécessaire de loger une foule de monde, aussi l'on trouve à côté du château un grand nombre de constructions, parmi lesquelles on remarque l'ancien hôtel de Godoy, le prince de la Paix : celui-ci venait chez le roi par un passage couvert qui le mettait en communication directe avec le château, et quand on est ici, on ne peut s'empêcher de penser à ce qui s'y passait il y a un peu plus de soixante-dix ans. Les 17 et 18 mars 1808, ces lieux furent le théâtre de scènes d'envahissement et de dévastation qui rappellent les journées des 5 et 6 octobre 1789 à Versailles ; — encore un nouveau rapprochement. — Une foule immense, venue de Madrid, se précipitait dans les grandes rues d'Aranjuez, en demandant la tête du prince de la Paix ; elle voulait absolument empêcher le départ du roi et de la cour pour l'Andalousie, où cherchait à les entraîner Godoy. Le roi et la reine durent signer la disgrâce de l'impopulaire favori, ainsi que sa dégradation des charges de grand amiral et de généralissime. Quant à celui-ci, prévenu par son frère le duc d'Almadovar, qu'on en voulait à ses jours : « Je verrai, dit-il, en bâillant et en s'étendant sur le fauteuil dans lequel il était assis, auprès du *brasero* qui chauffait son appartement, je verrai ; demain..., demain je m'occuperai de tout cela. » Une heure après, le malheureux se voyait assiégé dans sa maison, ses portes étaient enfoncées, on le traquait de chambre en chambre, et il était obligé de se réfugier dans un grenier et de se cacher dans une natte de Manille qui se trouvait là. Tourmenté par la soif, il sortit de sa cachette, où il avait passé une longue et affreuse journée ; il fut aussitôt arrêté par un factionnaire, et dans le trajet qu'on lui fit faire pour arriver au lieu où il devait être enfermé, la foule l'entoura, et, malgré ses gardes, parvint à l'atteindre et à le frapper de plusieurs coups de couteau et de bâton. — « Ferdinand, s'écriait la reine, en se précipitant vers son fils, vous voulez la couronne, elle est à vous, mais sauvez le prince de la Paix ! » — Et Ferdinand VII s'approchant de Godoy lui disait : — Sais-tu que je suis ton roi, roi des Espagnes et des Indes ? » — « Comment se porte le père de Votre Majesté ? » répondit le pauvre favori. Ces trois paroles montrent le caractère des trois principaux auteurs du drame et résument ce lamentable épisode de la révolution espagnole.

Au milieu de cette admirable nature, en respirant les parfums de ces voluptueux jardins, en voyant ces merveilles, on comprend que tout portait à la mollesse et au relâchement, au luxe effréné, aux longs délires qui conduisent fatalement à l'humiliation, à la ruine et à la honte ; il n'y a rien de tel, comme d'étudier l'histoire sur les lieux : tout s'explique et tout s'éclaircit.

Les gardiens du château nous en diraient long si

nous voulions les écouter ; malheureusement pour
eux « ventre affamé n'a pas d'oreilles », et nous
courons à une méchante *posada*, c'est-à-dire à un
hôtel de dixième ordre, où nous nous faisons servir
quelque chose, n'importe quoi... des œufs puisqu'il
n'y a que cela, va pour des œufs ! mais, à Aranjuez
ils coûtent cher, par exemple ! c'est trois réaux, ou
quinze sous les deux ; le lecteur est averti qu'il devra en
pareil cas serrer sa ceinture d'un cran, prendre patience et ne point s'aventurer dans les auberges de
l'endroit, sous peine d'être rançonné d'une façon par
trop éhontée.

Continuant notre excursion, nous allons, en suivant
le mur du parc jusqu'à une grille qui fait face, à la
*casa del Labrador*, la maison du Laboureur ; le nom
est trompeur, et il faut s'en méfier, car cette maison
du Laboureur est d'une somptuosité sans pareille ;
c'est une suite de petites salles et de petites chambres d'une suave fraîcheur, et il y fait si bon qu'on
voudrait y rester toujours : on sent bien que c'est là un
véritable *buen retiro*, un coin charmant où les membres de la famille royale redevenaient au moins un instant de simples mortels, pour se livrer en secret et à
l'abri de tout regard indiscret aux occupations bour-
geoises ou aux délassements ordinaires ; ici, les princesses sans nul doute ont travaillé à quelque tapisserie ou
à quelques menus ouvrages de broderie dans l'embra-
sure de cette fenêtre qui donne sur ces massifs de lilas ;
dans cette salle à côté, le roi jouait prosaïquement au
billard, et l'on nous montre même la queue très ornée
et très élégante dont il se servait ; plus loin voilà

une salle un peu plus vaste, où les enfants royaux devaient se livrer, sous le regard des gouvernantes, à de joyeux ébats, ou s'étonner, en regardant curieusement le jeu et le mécanisme compliqué des pendules merveilleuses qu'on voit et qu'on admire encore.

Les murs sont couverts dans certaines salles de tableaux représentant les vues de toutes les résidences royales, qui se trouvent aux environs de la capitale ; on appelle ces résidences des *sitios*. Autour de Madrid, comme nous l'avons vu, il n'y a point d'arbres, à part peut-être quelques oliviers rabougris, de ces arbres au feuillage pâle et cendré qui assombrissent plutôt qu'ils n'illuminent un paysage : mais, en remontant le Manzanarès, on arrive à un bois de chênes verts qui s'étend jusqu'au *Pardo,* grand bâtiment carré, flanqué de deux tours, situé à 12 kilomètres de la ville : c'est surtout un château de chasse et les bois considérables qui l'entourent sont peuplés de cerfs et de daims.

Nous avons déjà visité l'Escurial ou *San Lorenzo,* sur les murs duquel est écrite l'histoire de Philippe II ; il est bâti dans un site très ouvert aux vents, sur la pente du Guadarrama ; les maisons du bourg s'échelonnent sur les rochers de la montagne qui est, l'hiver. toute couverte de neige ; malgré l'âpreté du climat, pendant longtemps la cour vint s'y installer depuis septembre jusqu'à décembre.

La principale résidence, le Saint-Cloud espagnol, est maintenant *la Granja* ou *San Ildefonso ;* les peintures de la *Casa du Labrador* nous la révèlent sous tous ses aspects. La Granja est située au nord, à soixante-deux kilomètres de Madrid, et aussi sur les pentes d'une chaîne de hautes montagnes ; c'est Philippe V qui fit construire le palais qui renferme des appartements aussi riches et presque aussi grands que ceux de Madrid ; ses jardins, ses bassins et ses fontaines sont renommés ; c'est une demeure très convenable pour l'été, aussi la famille royale y passe-t-elle juin, juillet et août.

Ce qui fait la beauté d'Aranjuez, comme à la Granja, ce sont les eaux ; le Tage entoure le château et forme devant les parterres tout en-dessous des fenêtres, des cascades très curieuses ; le fleuve passe même si près des murs, que depuis la terrasse on pourrait se livrer au plaisir de la pêche ; mais c'est cette proximité qui rend peut-être le séjour impossible ici dès que les chaleurs se font sentir, à la fin du mois de mai

Pour nous, nous admirions bien sincèrement ce que nous avions sous les yeux ; à Madrid nous avions eu si chaud, si chaud que nous étions très heureux de respirer, de nous asseoir sur les bancs de marbre, de marcher lentement le long des allées et des avenues sous l'ombrage des arbres séculaires, en côtoyant des prairies à l'herbe courte, épaisse et élastique comme un tapis de Smyrne, ou le Tage sur lequel flottent d'immenses trains de bois descendant lentement au fil de l'eau ; les allées portent toutes un nom connu de prince ou de grand d'Espagne ; il y en a une qui s'appelle la *calle de la Reyna*, elle est formée par des ormes qui ont plus de cinq cents ans d'existence, et elle a une longueur de deux kilomètres.

Soleil, soleil, disions nous, nous te défions bien de

percer ce voile impénétrable, tu peux chauffer tes feux
et darder tes rayons à ton aise, nous nous en moquons,
nous ne te craignons plus ! L'avenir montrera
que le blond Phébus est vindicatif, et qu'il a bien su
nous retrouver en son lieu et en son temps !

C'est à *Ocaña*, non loin d'Aranjuez qu'eut lieu la
bataille livrée le 19 novembre 1809, par le maréchal
Mortier. Après trois heures de combat, l'ennemi fut
mis en complète déroute : 46 bouches à feu, 32 drapeaux, 15.000 prisonniers et près de 3.000 chevaux
tombèrent en notre pouvoir. Le lendemain, on ramassa
encore 5 à 6.000 fuyards.

Il faut bien s'arracher aux douceurs champêtres,
pour retourner à la capitale :

*Donde Madrid se calle el mundo.*

Où est Madrid que tout le monde se taise ! car
Madrid est la ville des villes ; heureux les mortels qui
peuvent y aborder et en jouir pendant quelques jours ;
plus heureux ceux qui ont la faveur inestimable d'y
vivre continuellement. C'est, du moins, ce que disent
les Castillans ; mais c'est ce que ne disait pas un
mien ami, qui vint mélancoliquement me frapper sur
l'épaule au moment où je dépliais ma serviette à la
table d'hôte et où je me disposais à faire honneur au
dîner de la Fonda de Paris. Pauvre cher ! je l'avais
vu à Paris naguère dans un état aussi florissant que
possible, le teint vermeil, l'œil clair, limpide, la
bouche souriante ; un joyeux compagnon, un vrai
boute-en-train, pour tout dire ; hélas ! trois fois hélas !

il a eu la malencontreuse idée de venir à Madrid, en
passant par Valence et Saragosse, et je ne le recon-
naissais plus; on me l'avait changé du tout au tout;
il n'était guère que l'ombre de lui-même; pâle, hâve,
triste, l'œil hagard, il ne parlait plus que par mono-
syllabes, il ne pouvait plus manger, il ne trouvait rien
de bon, et il me regardait comme un phénomène, ne
comprenant absolument pas que je pusse avoir de
l'appétit et le goût des voyages devant des plats aussi
espagnols et par une température aussi sénéga-
lienne.

Je lui expliquai qu'il n'y avait rien d'étonnant à
cela; qu'il était mon ancien, mon ancêtre, et qu'il
devait avoir une force de résistance moindre que la
mienne; je faisais là l'office d'ange consolateur,
mais je ne pensais que la moitié de ce que je disais, car
je me sentais très fatigué; pourtant je n'étais encore
qu'à Madrid, c'est-à-dire au quart de mon voyage;
il fallait voir Tolède et l'Andalousie et, entre les deux,
s'engager sur l'interminable route qui conduit à Lisbonne; mon ami, lui, déclarait net qu'il n'irait pas au
Portugal; je ne sais quel secrétaire d'ambassade lui
avait dit qu'il faisait là-bas une chaleur capable d'as-
sommer un bœuf, et il ne voulait pas se risquer. Je
passai encore une journée avec lui à Madrid; j'allai
retirer à la poste quelques lettres, missives aimées
qui font toujours l'effet d'une brise au milieu des
ardeurs de la fournaise; à la puerta del Sol, je tentai
vainement de changer quelques doublons espagnols
contre de la monnaie portugaise; je dis adieu à la
fonda de Paris, à son gros chat noir, qui avait fini

par se lier étroitement avec moi *propter gulam*, et je partis sans daigner jeter un regard sur le portier moustachu. Il était 5 heures 1/2, et il fallait se trouver pour 6 heures du soir à la gare du chemin de fer de Ciudad Real et Badajoz, autrement dit *la gare des Délices*, afin de prendre le train de Tolède, où l'on arrive à 9 heures 15.

— Avez-vous vu Avignon avec ses remparts crénelés et son fier château des Papes juché tout en haut sur le rocher et se profilant sous le ciel bleu ? Avez-vous vu Dinan en Bretagne, avec son enceinte de murs et de tours noyés dans un fouillis de verdure et de fleurs qui se mirent dans la jolie rivière la Rance ? Avez-vous vu le château d'Angers ou celui de Clisson ou les vieux *burgs* d'Allemagne et des bords du Rhin, ou Prague ou Nurenberg ? Vous êtes alors un peu préparés à ce que vous allez trouver ici ; mais n'oubliez pas que vous êtes au centre de l'Espagne, et qu'il n'y a plus ici ni verdure, ni fleurs, ni zéphyrs, ni joyeuses rivières coulant doucement sous la saulaie ; au sortir de la gare, votre œil ne rencontrera plus qu'une vieille cité en ruines, dont les tours féodales et les portes sarrasines lèvent hautement leur front sévère vers un ciel de feu, pendant qu'elles baignent leurs pieds branlants dans cet or liquide qu'on appelle le Tage, ce fleuve fameux qui entoure Tolède presque de toutes parts comme pour lui faire une nouvelle enceinte et la rendre plus inexpugnable. Historiens, poëtes, artistes, accourez, c'est ici, c'est ici que vous allez trouver l'ample satisfaction de vos désirs et la réalisation de vos rêves : Tolède contient une profusion de richesses artistiques, avec ses restes de civilisations superposées ; elle fut la capitale des rois goths, puis le chef-lieu d'un royaume musulman, et enfin la capitale des rois catholiques avant Valladolid et Madrid. Ici des rues tortueuses et montueuses, là la façade d'un palais maure ; à côté, des maisons aux portails armoriés, aux fenêtres garnies de lourds barreaux de fer recourbés, à travers lesquels on s'étonne de ne plus voir flotter les écharpes des nobles damoiselles, ou briller les turbans et les cimeterres des enfants du Prophète ; et, brochant sur le tout, la grande cathédrale, ce bijou qu'on appelle Saint-Jean des Rois, les curieuses synagogues et le vieil Alcazar flanqué de quatre tours carrées ; voilà la merveille qu'on appelle Tolède.

Nous y arrivons dans la nuit, et nous partons au galop, entraînés par des mules qui volent comme le vent en frappant d'un pied sûr les cailloux du chemin nous traversons le superbe pont d'Alcantara sur le Tage, surmonté d'une porte arabe en forme de fer à cheval ; nous montons par un chemin qui serpente jusqu'aux remparts, en passant près de la *puerta del Sol*, nous sommes alors dans la ville ; les mules reprennent leur course enragée, en faisant un bruit d'enfer ; elles nous mènent sur la place du Zocodover, s'enfonçant à droite dans des ruelles obscures, où elles trouvent juste la place nécessaire pour passer entre les maisons, et nous débarquons à la *fonda del Lino :* c'est l'hôtellerie du lieu ; j'ai dit hôtellerie, et non pas hôtel, car j'espère que personne ne voudrait trouver à Tolède un palais comme ceux où les voyageurs vont loger quand ils viennent à Paris ou

à Londres ; ce serait un meurtre, et il n'y aurait plus
ni couleur locale  ni pittoresque ; aussi je ne fus
point surpris d'être piloté dans les corridors  par une
mari'orne quelconque, dans le  genre de  cella dont
parle Th. Gautier, et d'être amené  par cette fille
fantasque et bizarre, jusqu'à une chambre à deux
lits, enfermés au fond d'une alcôve, basse,  étroite et
meublée d'une manière suspecte ; je déclarai aussitôt
que je ne voulais point de cette habitation, où je
menaçais de trépasser après une nuit de tortures que
j'entrevoyais avec épouvante ; on nous donna donc à
mon compagnon et à moi une chambre minuscule
pour chacun, un lit avec une mauvaise paillasse, une
chaise en paille et une chandelle sans chandelier et
sans allumettes ; les murs de la cellule étaient blanchis
à la chaux ; c'était, comme on voit, un peu plus
pauvre que dans un couvent de capucins ou de trap-
pistes ; bref ! comme nous étions au troisième étage,
autant qu'il m'en souvient, mes fenêtres donnaient
sur un enchevêtrement de toits aux  formes les plus
extravagantes, et sur une cour où les muletiers et les
*criadas* (servantes) faisaient le tapage qu'on sait,
quand ces braves gens sont réunis en compagnie et
plument des poulets

Ces poulets, ils les plumaient pour nos excellences,
et l'on nous fit descendre après un délai convenable
au *comedor*, où nous trouvâmes un triste dîner et un
triste éclairage ; c'était un quinquet fumeux, jetant
une pâle lueur sur la volaille étique qu'on venait d'apporter et qui se trouvait n'avoir que la peau et les
os ; un peu ennuyé, je me versai un verre de mau-

vais val de Peñas, je pris une orange, et j'allai jeter un coup d'œil sur les nombreuses photographies de monuments qui décoraient les parois de la salle à manger; c'est de cette façon qu'on dîne parfois en Espagne; la nuit fut fort mauvaise, pour moi du moins, et il n'y avait rien à dire, car la fonda del Lino est la seule et unique fonda de To ède; si l'on n'y veut pas coucher, il faut coucher dans la rue.

Le lendemain matin, Antonio Pascual, guide interprète de l'hôtel, nous réveillait: nous faisions marché avec lui et, moyennant un douro (5 fr.), il s'engageait à nous conduire à travers le labyrinthe des rues et des ruelles de Tolède, plus compliqué que le labyrinthe de Crète, et à nous montrer tout ce qu'on pouvait voir. « Je défierais bien M. Haussmann lui-même, à dit Victor Fournel, de trouver une avenue en ligne droite dans ce dédale montueux, et je n'ai jamais rêvé de châtiment plus cruel pour lui, au temps où il se livrait avec intempérance à ses orgies de boulevards, que de l'interner à Tolède. » C'est le cri du cœur d'un Parisien amoureux des souvenirs du vieux Paris; pour moi qui n'ai guère connu ces souvenirs-là, on comprend que je fus ahuri en me trouvant au beau milieu de cette étrange cité; mais il faudrait n'être que Parisien et n'avoir que cet avantage pour s'en tenir à l'ahurissement; j'avais encore l'avantage d'avoir lu mes auteurs, et aussi la faiblesse d'aimer un peu ce bon moyen âge; de l'étonnement je tombai bien vite dans un ravissement inexprimable.

La cathédrale eut notre première visite; son extérieur n'est point très beau, et il faut entrer à l'inté-

rieur tout de suite; elle est de style moins pur que Notre-
Dame de Paris, mais de plus vastes proportions. Cinq
grandes nefs séparées par quatre-vingt-huit piliers ;
une *capilla mayor* où il y a un autel qui est un fouillis de colonnettes, de statuettes, de festons, de feuillages, de dorures ; un *coro* qui a trois rangs de stalles —, chaque stalle enchâssée dans deux colonnes de
marbre poli ou de jaspe de couleur brune — ; de riches
chapelles dans tout le pourtour de l'édifice : voilà ce
que nous vîmes d'abord en courant. Puis il fallut
aborder les détails; qu'en dirai-je? C'est un monde...
Un peu avant que le chapitre se rendît au chœur pour
chanter l'office, nous allâmes à la sacristie et à la
salle capitulaire; c'est d'une magnificence sévère,
d'un luxe grandiose; la voûte a été peinte par Luca
Giordano, qui a peint toutes les voûtes de tous les
palais et de toutes les églises en Espagne, avec un
succès qui ne s'est jamais démenti, malgré l'abondance du travail; les tables et les boiseries sont remarquables et de larges portières d'Orient tombent
devant les baies des portes et donnent un grand air
à ces salles où circule tout un monde ecclésiastique,
à la figure distinguée et au port plein de noblesse et
de dignité ; nous lisons sur une affiche attachée à une
tenture historiée la liste des sermons que doivent
prêcher les chanoines dans cette église primatiale, la
première de toutes les Espagnes, liste qui court depuis l'année 1879 jusqu'en 1880 :

*Sermones que se han de predicar en esta santa
iglesia primada de las Españas, desde el Adviento de
este año de 1879 al de 1880 : — Dom. I Adv., El*

*señor don Juan José Benito canonigo magistral. — Dom. II, El señor don Juan Francisco Bux y Loras, canonigo doctoral. — Dom. III, El señor don Pedro Andrés de la Pena, canonigo penitentiario. — Dom. IV, El señor don Bonifacio Martin Lasaro, canonigo lectoral.*

Pendant que nous lisons les noms des hauts dignitaires du chapitre, nous avons fait passer une carte qui nous recommande à un des bénéficiers de la cathédrale ; il arrive bientôt et veut nous conduire au reliquaire ; ce que nous nous empressons d'accepter. Autrefois on montrait le trésor complet, composé d'une infinité de vases sacrés, d'ornements brodés en or et en argent, de pierres précieuses et de robes qui servent à habiller splendidement les statues de la Vierge aux jours de grandes solennités ; mais depuis un vol considérable qui a été commis, il y a quelques années : le cardinal archevêque ne permet plus que la visite du reliquaire, et encore pour quelques rares privilégiés comme nous ; on nous fit donc voir la *Cus todia*, chef-d'œuvre d'orfèvrerie qui a plus de quatre mètres de haut ; à côté on voit aussi une quantité de croix et de gros chandeliers en argent massif ; « *todo de plata* », nous disait notre bénificier ; ces objets sont à l'abri d'un coup de main par leur masse et leur pesanteur, mais à eux seuls ils donnent une haute idée de la richesse de cette église primatiale.

En sortant, notre vue est attirée par la gigantesque effigie de saint Christophe, peinte à fresque sur la muraille en face de nous ; le saint a plus de quarante pieds de haut, et il tient sur son épaule un tout petit

Enfant Jésus, qui le force à se courber, vaincu, écrasé
par ce poids d'un nouveau genre qu'il ne soupçonnait
pas ; cela me rappelle les statues du même saint, que
j'ai vues autrefois dans nos villages lorrains ; les in-
crédules hausseront les épaules et souriront de pitié ;
ils ne prouveront par là qu'une chose, c'est qu'ils ne
savent pas leur histoire ; le saint Christophe est l'expression de la foi de nos pères, et il ne faut pas oublier que Tolède est toujours une vieille et bonne ville
où l'on n'a pas encore désappris à croire et où l'on ne
s'en porte pas plus mal.

Voici le tombeau du connétable don Alvaro de Luna
et celui du cardinal Porto Carrero ; c'est une grande
dalle blanche, sur laquelle nous lisons cette inscription :

*Hic jacet pulvis, cinis et nihil.*

Il la composa lui-même, et elle donne une haute
idée de l'humilité de ce cœur qui battait sous la pourpre ;
ces exemples de vertu chrétienne ne sont point rares,
et l'artiste ou le voyageur qui parcourt le monde peut
s'il cherche bien, découvrir l'humble violette qui se
cache au milieu de ces jardins fleuris qu'on appelle
des cathédrales ou des églises ; à Rome, un jour, en
en entrant à *Santa Maria in Campitelli*, je décou-
vris une de ces fleurs parfumées dans le marbre de
deux tombeaux ; deux statues les couronnaient : l'une
représentait un cavalier en costume du dix-septième
siècle, aux longs cheveux flottants, à l'air grave, aux
traits mâles et doux ; l'autre, une noble dame dans

un riche vêtement de la même époque ; on pouvait lire sur la première tombe, en grosses lettres d'or :

*Nihil*

et sur la seconde :

*Umbra*

Gloire, honneur, science profonde ne sont que poussière et cendre ! richesse, force et vaillance, néant ! luxe et beauté, ombre qui fuit !

On nous fait retourner et l'on nous montre la chapelle de la *Descension* ; ici la sainte Vierge est apparue à saint Ildefonse, archevêque de Tolède, elle lui a apporté une chasuble de la couleur du ciel et a posé les pieds sur cette pierre scellée dans la muraille ; une grille en fer la protège contre les pieux larcins des fidèles tolédans, et ceux-ci, comme les Arabes devant la colonne de la Flagellation au Saint-Sépulcre, ne manquent pas de passer la main à travers les barreaux pour toucher la pierre sainte, et la porter ensuite à leurs lèvres en la baisant dévotement. Il y a de quoi en effet, car nous lisons ici cette inscription :

> *Quando la Reina del cielo*
> *Puso los pies en el suelo,*
> *En esta piédra los puso..*

Quand la Reine du ciel pose les pieds sur la terre, c'est sur cette pierre qu'elle les pose.

Pendant que nous visitons chaque endroit, chaque pierre, les uns après les autres, le chant de l'office

canonial se fait entendre. accompagné par deux orgues
puissantes, qui font trembler les voûtes, et la messe du
chapitre va bientôt commencer ; on nous parle de la
chapelle *mozarabe,* où nous courons pour voir les
cérémonies de ce rite antique. Cette chapelle fut
érigée pour perpétuer, au milieu des cérémonies du
rite romain, l'ancien rite espagnol primitif, celui qui
avait été apporté sous les rois goths par les premiers
apôtres de l'Espagne. Pendant les quatre cents ans de
la domination des Mores, en vertu d'une convention
faite après la capitulation de la ville, les chrétiens
purent jouir du libre exercice de leur culte, et
comme ils vécurent côte à côte avec les infidèles, ils
furent pour ce motif appelés du nom de *Mozarabes,*
ou mêlés aux Arabes. Au temps du cardinal Ximénès
de Cisteros, les cérémonies de ce rite menaçaient de
tomber en désuétude, l'intelligence du texte goth que
des livres liturgiques se perdaient tous les jours ;
le cardinal alors, en l'année 1495, fonda une chapelle
mozarabe dans la cathédrale de Tolède et institua un
collège de treize prêtres, soumis à l'autorité d'un doyen,
lesquels seraient chargés de dire l'office mozarabet
en langue latine.

Nous sommes là, prêts à entendre la messe qui va
commencer ; nous avons devant nous les belles fresques gothiques, parfaitement conservées, représentan,
des scènes de combat entre les Tolédans et les Mores
et ornées de ci de là des armoiries de la ville : cinq
étoiles de sable sur champ d'argent ; la messe commence ; ce sont à peu près les mêmes ornements que
ceux qui servent dans le rite romain ; pour les prières

et les cérémonies, nous remarquons de nombreuses
variantes. Au commencement rien de particulier à
noter, si ce n'est le *Dominus vobiscum*, remplacé par
le « *Dominus sit semper vobiscum* » et les paroles du
diacre prononcées à haute voix : « *Silentium facite !* »
après la lecture de la prophétie d'Isaïe et avant l'épi-
tre et l'évangile suivi de l'*Alleluia*. Le canon de la
messe commence immédiatement après que le célébrant a fait les oblations et encensé l'autel ; il est
composé de plusieurs oraisons, après lesquelles le
chœur chante : « *Agios, agios, agios, Domine Deus
rex æterne tibi, laudes et gratias !* » Et quand le prêtre a lu à haute voix les noms des apôtres et des
principaux martyrs et confesseurs du calendrier
espagnol, le peuple conclut en se recommandant à
tous les apôtres, à tous les martyrs, à tous les saints.
La Préface est annoncée par le diacre, qui dit :
« *Aures ad Dominum.* » La consécration et l'élévation suivent immédiatement : il y a trois élévations :
dans la troisième le prêtre élève l'hostie au-dessus du
calice. Ici, le chœur entonne le symbole de Constantinople qui commence par ces mots : « *Crédimus in
unum Deum.* » Le célébrant aussitôt partage l'hostie
consacrée en neuf particules qu'il dispose sur la pa-
tène en forme de croix. Nous arrivons au *Pater ;* il
est chanté sur un ton solennel et émouvant ; le prêtre
alterne avec le peuple, qui après chacune des sept demandes répond : « *Amen* » et après la quatrième :
« *Quia Deus es* » Enfin, le diacre a prononcé ces
paroles : « *Humiliate vos ad benedictionem :* » la bénédiction est donnée trois fois ; la communion a lieu,

et l'office se termine par une dernière bénédiction ; voilà la messe mozarabe, telle que nous la vîmes célébrer à Tolède ; elle ressemble aux cérémonies des rites orientaux, dont elle est la sœur par son origine très ancienne, et elle est une affirmation de plus de l'admirable unité catholique.

Comme on le voit, cette cathédrale est un monde ; nous avons aperçu tout à l'heure les chanoines conduits au chœur par des maîtres de cérémonies qui portent un pourpoint et un chapeau noir et rond à la Henri IV ; on vient de voir le chapitre mozarabe ; nous entendions chanter du côté de la chapelle royale *(capilla real)*, nous nous y rendîmes aussitôt. Un catafalque s'élevait au centre, revêtu d'une draperie rouge et noire, brodée aux armes de Castille et d'Aragon ; un autre chapitre, le chapitre royal, célébrait un service pour le repos de l'âme de je ne sais quel roi, et des hérauts vêtus de dalmatiques rouge et or, ornées de la couronne aux angles, soutenaient d'un air martial sur leurs épaules une lourde masse dorée : on se serait cru à six cents ans en arrière.

Et ce cloître superbe qui tient à la cathédrale, pouvons-nous l'oublier ? Rien n'est beau comme ces colonnes gracieuses et ces délicates ogives d'un style très pur, entre lesquelles on aperçoit un jardin orné de grands arbres verts ; le cloître sert de promenoir au clergé et aux fidèles ; c'est un endroit où il ne fait pas aussi chaud que dans les rues de la ville, et où il fait moins froid que dans l'intérieur du monument ; c'est comme une zone tempérée, où tout le monde se réfugie et où s'agite et se coudoie toute la gamme des couleurs du costume : la robe noire des chanoines, l'habit bleu des jeunes officiers et les vêtements clairs des femmes coiffés de la sombre mantille.

Et puis, nous voilà de nouveau dans les rues ; Antonio Pascual est intelligent, il a été en France, il parle bien français, et il nous fait remarquer quantité de détails : dans certains endroits de la ville, là où les maisons sont bien serrées les unes contre les autres, on s'aperçoit assez vite que les vieux hôtels ont été renouvelés et qu'on a fait du neuf ; mais, en faisant du neuf on a imité le vieux, surtout pour les portes massives bordées de bandes de métal, garnies au milieu de marteaux historiés, et sur toute la surface de lignes de clous énormes, bien ciselés, bien brillants ; ces clous faisaient mon bonheur, et pour un peu j'aurais fait comme les Anglais, qui en emportent des douzaines dans leur havresac, après les avoir achetés des prix fous, surtout s'ils sont bien authentiques et bien vieux. Les maçons, paraît-il, ont conservé aussi la vieille manière de bâtir et de crépir les murs ; on nous les fit voir à l'œuvre ; on nous montra les rainures que l'on a été obligé de pratiquer dans le flanc des maisons, pour permettre aux voitures de passer : c'est qu'ils en sont là à Tolède, oui vraiment ! On nous conduit en face de la belle façade moresque de la maison de la sainte Hermandad ; une rue pittoresque, bordée de maisons arabes, à trois étages, dont les toits avancent tellement de chaque côté, qu'on n'aperçoit plus en levant la tête qu'une mince bande bleue du ciel, et je restai longtemps devant les grilles des riches habitations qui donnent sur la rue et permettent aux yeux indiscrets, de fouiller les coins et recoins des *patios* ou cours intérieures, ou bien je m'arrêtai pour lire au-dessus des portes des inscription- telles que celle-ci, trouvée dans la *Calle de San Ginés* :

> *Parva propria magna*
> *Magna aliena parva.*

Je les copiai même sur mon carnet, et fus salué au même moment par les éclats de rire joyeux de toute une volière placée à la fenêtre voisine ; la volière faisait grand tapage, et d'autant plus, qu'au lieu d'oiseaux elle était remplie de *señoras* et de *señoritas.*

Cet incident me réveilla, car depuis un moment j'étais plongé dans une profonde rêverie ; je peuplais ces rues, presque toujours maintenant silencieuses et désertes, de groupes nombreux de seigneurs et de chevaliers, d'archers et d'hommes d'armes ; je voyais les pourpoints tailladés, les hauts-de-chausse de drap ou de serge serrés avec des genouillères et attachés avec des aiguillettes, les justaucorps à pans larges avec cape et capuchon, les escarcelles de cuir à la ceinture, les toques de laine ou de velours, et la dague au côté, avec la longue épée à grande coquille. Je voyais tout cela et j'entendais les nobles hidalgos dire : « Vrai Dieu, messeigneurs, tirons notre bonne lame et chassons ces mécréants de notre belle Espagne ! »

Là-dessus, mis en humeur belliqueuse, j'entrai

chez le *cincelador* Alvarez, afin précisément de faire quelques emplettes d'armes meurtrières ou utiles, comme dagues, couteaux, poignards : Alvarez est un des deux armuriers de Tolède, où autrefois on les comptait par centaines ; pourtant il soutient l'antique renommée de la corporaticn ; il a eu deux médailles d'or aux différentes expositions de Madrid, Tolède, Vienne et Paris, et pour avoir une idée de son art, il faut lui demander à entrer dans l'atelier, où l'on peut voir nombre d'ouvriers très habiles, penchés sur les établis et occupés à travailler sur toutes sortes d'objets d'art en fer ou en acier, ciselé, repoussé, incrusté, damasquiné ; il y a là une respectable quantité de boucliers, d'écus, de casques, de cuirasses et de toutes sortes d'armes et d'imitations des époques anciennes, et des lames d'épées ou de poignards gravées ou ciselées avec des incrustations d'or et d'argent qui feraient venir l'eau à la bouche de bien des amateurs et mettraient à sec leurs porte-monnaie : pour mon compte, je ne pus résister au désir d'emporter un très beau poignard à lame damasquinée, qui ne me servira probablement jamais qu'à couper du papier, mais sera un souvenir constant de cette poétique et fière cité de Tolède. En sortant de chez Alvarez on nous conduisit chez le second armurier, qui nous vendit des couteaux de table dont le manche et la lame sont d'une seule pièce ; il fit ployer devant nous les fameuses épées dont la pointe peut être amenée jusqu'à la garde sans aucun risque ; il paraît que l'armée espagnole tout entière est munie de ces armes ; ce qui n'empêche pas de voir l'industrie tolédane s'en aller tous les jours dépérissant, faute de commandes et faute de bras.

Voici *San Juan de los Reyes*, Saint-Jean des Rois, église fondée par Ferdinand et Isabelle : je levai les yeux à la parole du guide, et je jetai un cri de surprise ! Qu'on se figure une façade et des murs extérieurs sans sculptures, mais non dépourvus d'ornements ; les ornements, chose touchante ! sont des chaînes de fer qui pendent tout autour du lieu saint, le long des murs et qui sont toujours restées là depuis que les pauvres prisonniers chrétiens tombés au pouvoir des Maures et délivrés par la prise de Grenade, vinrent ici suspendre ces splendides *ex voto*. Est-ce que tout dans cette ville ne va pas au cœur et ne nous fait pas revivre à une époque qui n'est plus et que nous touchons pourtant du bout du doigt ? Ces chaînes, mélancoliques souvenirs de la captivité, semblent proclamer bien haut la puissance du Dieu des chrétiens et la victoire de la croix de Jésus-Christ sur le croissant du prophète ; comme l'inscription que l'on peut lire à Rome sur l'obélisque de la place Saint-Pierre, elles chantent aussi, n'est-il pas vrai ? elles chantent :

> *Christus vincit,*
> *Christus regnat,*
> *Christus imperat.*

Depuis la place qui s'étend devant les portes de l'église, on jouit d'une vue étendue sur les environs de la ville ; à l'intérieur on trouve un des beaux monuments de l'art gothique, et en particulier il faut admirer les deux extrémités des transepts ornés de sculptures en relief et de gros écussons aux armes des fondateurs : Castille et Aragon. De l'église on va au cloître ; c'est tout fleuri, fleuri en pierre et en verdure ; je conseille à ceux qui ont le *spleen* d'aller passer quelques heures dans le cloître de San Juan ; là les merveilles de l'art unies à celles de la nature, les colonnes sveltes, les arceaux fouillés, brodés, enjolivés, les inscriptions en caractères gothiques, les entrelacements de verdure, d'arbustes, de lianes, de feuilles et de fleurs, produisent un tout si suave, si gracieux, si frais, si parfumé, qu'on ne peut se soustraire à son influence bienfaisante : on ne quitte cet endroit délicieux qu'à regret et en se demandant : Quand donc pourrai-je revenir ici ? il y fait si bon !

Enfin, tout à côté, nous voyons deux synagogues : l'une, *Santa Maria la Blanca* : cinq nefs séparées par quatre rangées de piliers octogones, soutenant des arceaux en forme de fer à cheval, quelque chose de simple, de régulier, d'un blanc cru et qui ressemble à une mosquée beaucoup plus qu'à une synagogue ; la seconde, *Nuestra Señora del Transito* : une seule nef, avec une large frise, où courent des caractères hébreux tout autour ; des carreaux de faïence ou *azulejos* superbes ; un plafond en bois de cèdre, aux compartiments sculptés : voilà le monument qui a attiré l'attention du roi Alphonse XII, et qu'une restauration intelligente permettra d'admirer dans tout son éclat, un de ces jours.

Mon Dieu ! qu'il fait chaud ! et combien ces rues, ces maisons blanches, ces carrefours, ces petits tas d'immondices, ces jolis amas de poussière et de dé-

combres, sont en tout point semblables à ce que j'ai vu
à Alexandrie, à Jaffa, à Aden ! Jusqu'à ces petits ânes
qui trottinent gaiement sur le pavé inégal, et jusqu'à
ces petits vauriens qui ont la figure aussi bronzée que
celles des petits Arabes et qui traduisent le sempi-
ternel « *bakchich ! bakchich !* » des Orientaux par
« *un ocharito, senor !* » Et ce cabaret borgne, ce
*despacho de vino,* où nous entrons pour demander un
verre d'*agua* et d'*aguardiente.* Ici on trouve bon
marché, honneurs et sourires ; dame ! ce n'est pas
tous les jours qu'on a des hôtes comme nous, qui s'intéressent, du reste, à tout ce qu'ils voient et particulièrement aux jolies poteries rangées sur le dressoir
de la boutique ; ces pots de terre me paraissent même
très curieux, très purs de forme, avec leurs cols évasés
en forme de trèfle et leurs anses légères.

Il est nécessaire de rentrer ; nous n'en pouvons plus
et, chemin faisant, nous arrivons à l'extrémité de la
ville, sur le bord du Tage. Il coule là en bas, comme
le Tibre jaune, « *vidimus flavum Tiberim* », comme
au fond d'un gouffre, entouré de rochers rouges à
pic, sans la moindre apparence de végétation ; c'est
d'un aspect sombre, farouche, sanglant. Que de souvenirs de ce côté encore ! Voici les bains de la Cava,
les bains de Florinda et la tour du roi Rodrigue ; il
fut cause de l'entrée des Arabes en Espagne, pour
avoir outragé Florinda et le comte Julien son père.
Voici l'Alcazar de don Pedro le Cruel, la maison de
Marie de Padilla, le palais de Henri de Transtamarre
et de notre Duguesclin, et en grattant les arcs, les
voûtes, les ogives, les fenêtres, les colonnettes, les

sculptures, les arabesques, les feuillages, nous y trou-
verions peut-être écrite l'histoire du roi goth Wamba,
et celle des dix-sept conciles de Tolède et de ses
grands évêques saint Ildephonse et saint Eugène.

Après le déjeuner, mon compagnon, un homme solide, voulut absolument sortir de nouveau ; je le lais-
sai partir, et je vins m'installer dans un coin du *patio*
de la fonda, où je me couchai tout de mon long sur
un banc de marbre, afin d'avoir un peu de fraîcheur ;
j'avais sous les yeux un tableau comme ceux que nous
lisons dans *Don Quichotte* ou *Gil Blas* ; à ma droite,
un large escalier conduisant au premier étage ; à
gauche, la grande porte d'entrée donnant sur la rue
et les cuisines ; en face, une fontaine auprès de laquelle des valets jouaient et *s'esbattaient* à grand
bruit. Une demi-douzaine d'enfants piaillant à qui
mieux mieux et deux ou trois baudets, essayant leur
voix, formaient à eux tous un si harmonieux concert,
que je levais le camp au bout d'une demi-heure pour
aller voir l'Alcazar, qui est un monument de bonne
mine, avec quatre tours carrées aux angles et une
cour entourée d'arcades. Bâti sous Charles-Quint, il
est sur une hauteur qui domine toute la ville, et il présente un aspect formidable. C'est maintenant une
école militaire ; les jeunes cadets que l'on voit entrer
et sortir ont une tournure martiale qui fait plaisir.
L'armée espagnole, du reste, est une excellente armée
qui n'a point dégénéré : les soldats sont braves, ils le
furent toujours ; Thucydide, Tite-Live, Strabon les
représentent comme « les plus belliqueux des bar-
bares, braves dans le combat, patients dans les fati-

gues de la guerre, hardis, aussi vaillants que les Romains ». Annibal put les vaincre parce qu'ils man-
quaient de chef, mais ils résistèrent à Sagonte et à
Numance de façon à immortaliser leur mémoire et
leur valeur. Sagonte tint pendant huit mois contre
15 4.000 Carthaginois, Numance pendant quatorze ans
contre les légions romaines. Plus tard, maintes fois
on vit une poignée d'Espagnols mettre en fuite une
armée de Maures : ils luttèrent pied à pied et continuellement contre ces terribles enfants d'Afrique, à
qui il fallut enlever royaume par royaume et ville
par ville. Sous Ferdinand V et ses successeurs l'infanterie espagnole était réputée la meilleure d'Europe
et l'on ne pouvait gagner une bataille sans elle. Le
soldat espagnol est sobre, dur, solide, discipliné,
propre à la guerre de montagnes et bon pour l'assaut; son costume ressemble à celui de nos soldats,
il en a au moins le pantalon rouge et la capote grise ;
sa coiffure est un shako aplati par derrière, muni
d'un voile qui lui couvre le cou; on rencontre souvent
des officiers en uniforme la canne à la main, comme
autrefois c'était l'habitude en France, avant la Révolution.

Donnons un dernier coup d'œil à la puerta del
Sol, formée de deux arcs circonscrits et aussi intacts
qu'ils étaient au temps des Arabes ; on y voit un
bas-relief, lequel représente l'exécution d'un alguazil
de la ville qui fut décapité pour avoir insulté deux
dames ; il semble que le roi, en donnant cet ordre, se
soit rappelé l'histoire de don Rodrigue et de Florinda,
redoutant une nouvelle invasion de Sarrasins quel-

conques; si le fait est vrai, en tout cas cela prouve les sentiments chevaleresques les plus accusés. A propos de portes, on nous dit que celles de la ville se ferment de bonne heure : après onze heures il faut une permission de l'alcade pour sortir : les habitants de la bonne ville peuvent aussi oublier leur passe-partout, les *serenos* ont les clefs de toutes les maisons ; quand on veut rentrer, on appelle le garde de nuit, qui vous introduit chez vous, sans difficulté. Retournons à l'hôtel, nous ; bouclons notre bagage, prenons le microscopique poulet qu'on nous fait payer sans vergogne huit réaux, et partons. En route pour le Portugal !

# VI

## LA ROUTE DU PORTUGAL.

Le réseau des chemins de fer espagnols. — Une soirée à la *venta* d'Algodor. — Brigands et gendarmes. — L'Estramadure : Badajoz. — L'entrée en Portugal : Elvas. — Les campagnes de l'Alemtejo. — Bon état des cultures — Le duc d'Abrantès et le comte de Montemor. — Les lignes de Torres-Vedras. — Arrivée à Lisbonne. — Où l'on retrouve les deux compagnons aux prises avec les cochers et les aubergistes.

Quelle agréable perspective que cette route de Tolède à Lisbonne, aller et retour par l'Andalousie ! mais « le vin est tiré, il faut le boire », même et surtout quand c'est du vin d'Espagne ; nous prenons le train de Madrid, et nous nous arrêtons à *Algodor*, où l'embranchement du chemin de fer de Tolède vient se souder à la grande ligne de Ciudad Réal et Badajoz, c'est-à-dire à la route du Portugal. L'Espagne a fait bien des progrès depuis peu de temps, et quoiqu'on ait médit souvent de ses chemins de fer, comme du reste, il faut bien avouer qu'on est tout heureux de trouver maintenant des moyens de locomotion qui laissent loin derrière eux les diligences, galères, tartanes, calésines et autres engins du même genre, conduits dans les fondrières et les précipices par des muletiers, des *mayorals*, des *zagals*, des postillons et des mules plus entêtés ou plus rétifs, les uns que les autres.

Les chemins de fer dans ce pays méridional sont relativement bien entretenus, le service y est convenablement fait dans les gares et sur les trains, et le touriste qui veut faire un voyage circulaire peut aller

partout avec un bon wagon de première ; je conseil-
lerai toujours de prendre des *premières*, et non pas
des *secondes*, où le public est très mêlé, et où l'on
peut rencontrer plus ou moins de malpropreté.

Le voyage circulaire fait faire connaissance avec
les principales compagnies de chemins de fer ; il y a
d'abord celle du Nord ; nous venons de la parcourir ;
on y trouve les embranchements qui vont à Bilbao
à Santander, à Zamora, à Salamanque ; la grande
compagnie de Madrid à Saragosse et à Alicante vient
en second lieu ; c'est peut-être la première de toutes,
surtout depuis qu'elle vient d'acheter la ligne de Ciudad Réal à Badajoz ; celle-ci vient se souder à la
compagnie royale des chemins de fer portugais ; en
revenant du Portugal, nous trouverons les chemins
de fer andalous, et quand nous les quitterons, ce sera
pour traverser toute l'Espagne de l'ouest à l'est, avec
la ligne d'Alicante qui rejoint à Almansa la ligne de
Valence et Tarragone. Pour faire le tour complet, il
faut revenir à la frontière par le chemin de fer de
Tarragone, Barcelone et France.

Il y a encore d'autres lignes secondaires, comme
celle du Tage, par exemple, qui va de Madrid à Malpar-
tida et qui doit être prolongée presque en ligne droite,
jusqu'à Abrantès et Lisbonne ; ce qui abrégera considérablement le chemin du Portugal et évitera de passer
par Ciudad Réal, situé assez bas au midi. Il importe
aussi que les communications soient assurées dans
l'Ouest et qu'on puisse aller directement de Salamanque à Porto et à Coïmbre, de Cadix à Malaga par
Gibraltar, de Grenade à Valence par Murcie et Ali-

cante; tous ces chemins de fer sont en construction ou en projet. C'est sur la ligne du Tage que se trouve *Talavera de la Reyna*, à soixante-six kilomètres ouest de Tolède, sur le Tage. Une bataille sanglante et indécise y fut livrée le 28 juillet 1809, aux Anglo-Espagnols sous les ordres de sir Arthur Wellesley (plus tard Wellington), par Victor, malheureusement entravé par un ordre intempestif de retraite émané du roi Joseph, présent sur les lieux. « Cette bataille, a dit M. Thiers, est l'une des importantes de la guerre d'Espagne et résume complètement ce qui se passait dans cette contrée, où l'on voyait des soldats héroïques perdre les fruits de leur héroïsme par défaut de direction. » Les pertes furent grandes des deux côtés, mais ce furent les Anglo-Espagnols qui souffrirent le plus; le 13e dragons anglais fut sabré ou pris en entier par les lanciers polonais et les chevau-légers westphaliens.

Toutes ces réflexions économiques, patriotiques et belliqueuses, nous les faisions dans la gare d'Algodor, assis chacun tristement sur notre bagage :

*Car que faire en un gîte à moins que l'on ne songe ?*

Quel gîte, mon Dieu ! et quelle soirée ! On ne comprend pas très bien pourquoi les arrêts sont si longs parfois dans les embranchements de chemins de fer espagnols. Évidemment, nous n'avons pas voulu aller à Lisbonne tout d'une traite, et nous avons décidé de passer seulement une nuit *blanche* et d'aller coucher le lendemain à Badajoz; eh bien, jetons encore une fois les yeux sur le *Guia official de los Ferro-Carril-*

*les :* le train de Tolède arrive à Aldogor, la toute première station après, à 5 heures 23. C'est à 11 heures 53 seulement que passera le train *correo,* qui nous conduit où nous voulons aller.

On s'imaginera sans doute maintenant qu'en prévision d'un si long campement on a installé à Algodor une gare confortable, qu'on y trouve de bons hôtels, de bons buffets, et que du reste la localité offre les ressources et les agréments nécessaires : malheureusement il n'en est rien, absolument rien ; la gare est lilliputienne ; il n'y a même pas une salle d'attente ; on y voit au rez-de-chaussée le bureau du chef et un petit coin pour l'enregistrement des bagages ; voilà tout ; à deux pas, une informe masure percée de deux ou trois portes, devant lesquelles sont étendus huit ou dix gardes civils ; quant à la localité, à la ville, au village qui porte le nom d'Algodor, on cherche vainement quelque chose de semblable ; de près ou de loin, c'est la plaine aride et nue, blanche ou grise, sans un seul arbre à l'horizon... Si ! nous avons aperçu avec une lorgnette une demi douzaine de peupliers à plusieurs kilomètres de distance...

Nous étions désespérés ; sept heures à passer dans cette Thébaïde ! Le chef de gare, à qui j'allai confier ma détresse, me dit que nous avions le temps d'aller à Madrid pour y prendre le train que nous attendions ; belle consolation ! de guerre lasse, nous décidâmes de mettre au net notre correspondance, et nous voilà à écrire sur nos genoux, faute de tables et de bureaux : nous pensions bien que le chef de station, qui avait une figure assez avenante, nous offrirait une chaise ou un escabeau quelconque ; notre espérance fut encore trompée ; le brave homme était en grande conférence avec un officier de gendarmerie, avec qui il fumait force cigarettes, et nous dûmes nous estimer heureux qu'il voulût bien prendre nos lettres pour les envoyer à Madrid ; — c'était toujours cela de gagné, — après quoi, nous dirigeâmes nos pas du côté de cette masure dont j'ai dit un mot, et nous fîmes une découverte ; c'était une *venta*.

La *fonda* est un hôtel ; la *posada* est encore une auberge où l'on peut manger ; mais la vraie, la véritable auberge espagnole des anciens jours, le caravansérail où le voyageur peut, lui-même, apprêter les aliments, non pas qu'on lui fournit, mais ceux qu'il a apportés, et où il ne trouve souvent que de l'eau, ou du mauvais vin et de l'*aguardiente*, c'est la *venta !* et nous venions de mettre la main dessus par le plus grand des hasards.

Nous fûmes reçus par une maritorne à l'air farouche, qui nous conduisit dans une chambre à coucher sans portes ni fenêtres, aux murs blanchis à la chaux, meublée d'un lit posé sur deux tréteaux, d'une table, de deux chaises et d'un chandelier avec une chandelle de suif ; aussitôt qu'on l'eut allumée, les moustiques commencèrent une ronde infernale ; mais nous n'y prîmes pas garde ; nous étions trop heureux ; est-ce qu'on ne nous proposait pas de nous donner à dîner ? il n'y avait pas à hésiter, et je commandai — c'était le cas ou jamais, — la *tortilla* classique et les *garbanzos*, qui sonnent dans le ventre, a-t-on dit, comme des grains de plomb dans un tambour de basque. Pendant le dîner il y eut de la musique; la maritorne avait commencé une complainte castillane sur un ton traînard, un air triste, semblable à ces chants de l'Orient qui sont tout ce qu'il y a de plus primitif et de moins varié; la brune *criada* ne nous fit pas grâce d'un couplet; nous payâmes le dîner, qui était bon, parce que nous avions de l'appétit; nous payâmes aussi la chanson, et nous allâmes nous étendre sur le quai, près de la voie ferrée et à deux pas des gardes-civils qui ronflaient enveloppés dans leurs manteaux et couchés sur le sol nu.

Pourquoi donc tous ces gendarmes? Je l'ai demandé, et je l'ai su; c'est tout simplement parce qu'il y a des voleurs et des brigands; il y en a toujours, comme dans le bon vieux temps, et cette bonne nouvelle va réjouir le cœur de ceux qui aiment les émotions.

Mais ce n'est plus le brigand légendaire; ce n'est plus *Jose Maria* qui arrêtait la diligence au grand jour, donnait la main aux dames pour descendre, les faisait asseoir commodément à l'ombre. « Jamais un juron, jamais un mot grossier, nous dit Prosper Mérimée; au contraire, des égards presque respectueux et une politesse naturelle qui ne se dément jamais. Ote-t-il une bague de la main d'une femme : Ah! madame, dit-il, une si belle main n'a pas besoin d'ornements. Et tout en faisant glisser la bague hors du doigt, il baise la main d'un air à faire croire, suivant l'expression d'une dame espagnole, que le baiser avait pour lui plus de prix que la bague. » — Jose Maria laissait toujours à ceux qu'il détroussait un peu d'argent pour continuer leur route, et il permettait souvent de garder les bijoux de famille. C'était un galant homme, à la figure souriante, aux dents blanches, aux mains soignées, à la mise élégante. Le gouvernement avait promis huit mille réaux à celui qui le livrerait, mais il s'en moquait bien ; avec l'aide de quelques compagnons, il désarmait toute une compagnie de soldats ; il déroutait toujours la recherche de ses enenmis, dont il ménageait souvent la vie, après toutefois leur avoir donné une bonne leçon ; il secourait les malheureux avec l'argent pris aux riches propriétaires.

C'était le bon temps alors ; maintenant les rencontres fâcheuses ne se font guère que dans l'Andalousie ou aux approches de cette province ; là le brigandage fleurit encore, mais il est moins agréable et moins courtois qu'en 1830 : quatre ou cinq hommes s'habillent en gendarmes et viennent garrotter dans sa propre maison un vieillard qu'ils emmènent et ne relâcheront qu'au bout d'un mois, moyennant une forte rançon ; une autre fois près de Gibraltar on arrête deux Anglais : l'un est retenu, l'autre est mis en demeure d'apporter 150.000 francs à des hommes désignés qu'il trouvera dans les rues de Cadix ; la somme livrée, on mettra le prisonnier en liberté et on l'amènera à Xérès. Il ne faudrait pas non plus trop s'aventurer dans les montagnes de Tolède où résident des braconniers, qui n'entendent pas facilement raison, dans leurs mauvais jours, et l'on raconte même des histoires de trains arrêtés audacieusement par des bandes armées ; un jour, c'est aux portes de Barcelone, un autre jour, c'est dans la Manche, à Alcazar, qu'on met en joue un *correo*, — dans celui-ci se trouvait le maréchal Serrano —, et dernièrement encore les journaux parlaient d'un train de Séville menacé par les brigands. Le nord de l'Espagne n'est pourtant pas toujours sûr, car le pauvre Louis Lande, qui, il y a deux ans, dans la *Revue des Deux Mondes* a publié un travail, sur l'état moral et politique de l'Espagne, quelque temps après était victime d'un assassinat commis non loin de Valladolid, et une dépêche nous annonçait qu'on avait retrouvé son corps sur les bords de la rivière Pisuerga.

Il est vrai que le gouvernement prend toutes les précautions possibles pour empêcher de tels excès : on rencontre, à chaque pas, cette admirable troupe qu'on appelle *garde civile;* il s'en trouve toujours quelques hommes dans toutes les gares de chemins de fer, dans les wagons de tous les trains ; dans les stations d'embranchement comme Algodor, il y a un petit poste avec un officier ; plus tard, quand le réseau des voies ferrées sera complété en Espagne, on peut être certain que la situation sera largement améliorée et que la sécurité et la tranquillité de ceux qui possèdent ne rencontreront plus les mêmes obstacles.

Heureusement le train ne se fit pas trop attendre ; presque à l'heure juste il entrait en gare, et nous cherchions à nous caser ; ce n'était pas chose si facile, car les compartiments étaient bondés de voyageurs allant aux bains de mer. On finit cependant par nous pousser dans un coupé, où un monsieur et son petit garçon étaient déjà installés ; quand nous fûmes montés, c'était complet. Je ne connais rien de plus désagréable pour voyager la nuit qu'un coupé complet : on ne peut étendre les jambes ; on est obligé de se tenir absolument dans son fauteuil, on n'a pas de place pour loger son bagage ; en somme, on est très malheureux.

Le gentleman qui se trouvait dans le wagon avant nous voulut bien, pour me consoler, m'apprendre que nous étions dans le pays des voleurs, qui est aussi celui de don Quichotte ; il paraît que depuis qu'il n'y a plus de chevaliers errants pour réprimer leurs excès, les malandrins s'en donnent à cœur joie, et c'est précisément ici que le maréchal Serrano a été arrêté en route. Moitié causant, moitié sommeillant, nous arrivons à la fin de la nuit, et nous assistons au lever du soleil du côté de Ciudad-Réal, où l'on trouve un buffet à la station. Combien j'aimerais mieux un bon lit ; mais il n'y en a pas, je le sais, les employés de l'administration centrale de la compagnie de Badajoz me l'ont dit à Madrid ; à Ciudad-Réal, il n'y a rien à voir non plus ; deux souvenirs seulement : c'est ici qu'était le chef-lieu de la confrérie de la Sainte-Hermandad, et les 27, et 28 mars 1809 la division Sébastiani y défit 16,000 à 17,000 Espagnols, commandés par Cartojal.

Pays triste et désolé toujours ; dans ces parages, on trouve de nombreuses et riches mines de mercure, dont l'exploitation se fait assez bien, mais non sans un grand danger pour la santé des ouvriers qu'on emploie. C'est à *Veredas* et à *Almaden* que sont les principales mines. A *Almorchon* on rencontre l'embranchement qui va aux mines de houille de *Belmès* et continue jusqu'à Cordoue. Nous sommes dans la province de l'Estramadure aux vastes solitudes; champs de céréales, landes couvertes de cistes et d'asphodèles, terrains plantés de chênes lièges et d'yeuses; il fait une chaleur lourde et écrasante; nos deux compagnons viennent de nous quitter, et pourtant nous sommes encore à l'étroit dans ce maudit coupé, où nous avons ouvert toutes les portières. Cette Estramadure espagnole est dans un état déplorable; son sol, dit-on, est le plus riche de la Péninsule, il rend, malgré une culture négligée, dix, quinze et vingt fois la semence qu'on lui confie. Ce sont des richesses perdues, on ne peut les écouler, elles servent à engraisser les basses-cours; on fait quinze lieues sans rencontrer un village; nous voyons parfois une misérable ferme devant laquelle s'étend une grande aire de terre battue, où les chevaux courent, égrénant les épis sous leurs pieds de temps en temps; tout le long de la voie, il y a une haie formée par des plantes inconnues, non seulement en France, mais dans presque toute l'Europe; énormes arbustes exotiques, aux feuilles grasses et charnues : j'ai nommé les cactus et les aloès; il n'y a pas à s'y tromper, nous sommes loin de chez nous : c'est un autre ciel, c'est une autre vie, un autre climat; c'est l'Afrique, c'est l'Orient. Et tenez, jetez les yeux à côté, sur le long de ce ruisseau desséché, il est tout couvert d'une merveilleuse guirlande rouge et verte, d'une fraîcheur délicieuse ; ce sont des lauriers roses, les lauriers de la Grèce et de la Syrie

*Don Benito,* sur le Guadiana (15.000 habitants),
*Merida,* autrefois si florissante sous la domination
romaine et maintenant si pauvre. La Chronique du
roi Rodrigue dit que ses murailles avaient six lieues
de circuit, et qu'on y comptait trois mille six cents
tours et cent mille hommes de troupe. Si nous nous
arrétions ici, nous verrions des vestiges curieux : des
restes d'arcs de triomphe, de temples, d'amphi-
théâtres. On a tellement vanté l'ancienne magnificence de *Merida,* qu'on a dit que son cirque pouvait
renfermer une population égale à celle de l'Estramadure actuelle ; je n'ai pas trop de peine à croire cette
affirmation, et j'admire en quittant la gare le superbe aqueduc qui compte 140 arcades, et amène les
eaux d'une distance de six kilomètres.

*Montijo,* qui vient tout après, me fait penser à la
pauvre impératrice des Français. Nous rassemblons
déjà nos effets, car nous arrivons tout à l'heure à
Badajoz, capitale de la province, et située sur la limite
du royaume d'Espagne.

En voiture les voyageurs pour Badajoz ! la ville
n'est pas tout près de la gare, au contraire ; la voilà
là-bas, entourée de fortes murailles, d'un large fossé,
de défenses imposantes, assise sur une colline domi-
née par les ruines d'un vieux château, et elle est belle
au soleil couchant.

> *J'aime les soirs sereins et beaux, j'aime les soirs,*
> *Soit qu'ils dorent le front des antiques manoirs,*
>     *Ensevelis dans le feuillage ;*
> *Soit que la brume au loin s'allonge en bancs de feu.*

. . . . . . . . . . . . . . . . . .

Après cette journée horrible comme nous respirons cet air plus frais du soir ! à ce bien-être vient s'ajouter un incident des plus pittoresques. La voiture entraînée par six mules échevelées comme toujours, quitte la route qui conduit au pont du Gua-diana et se précipite vers la rivière ; nous nous imaginons un instant que le cocher est fou, mais bientôt il s'arrête, et juste au moment où je m'apprêtais à sortir hors des portières, j'aperçois devant moi un, deux, trois vastes radeaux qui servent au transport des voitures et des piétons pendant qu'on répare le vieux pont, où la circulation est interdite : radeaux, bagages, véhicules et gens forment, aux pieds des murs de Badajoz, sur le Guadiana, un délicieux coup d'œil, et il fait si frais, si bon ici, qu'on voudrait que la traversée durât plus longtemps. Je ne dirai point que la ville est belle ; elle produit l'effet, en arrivant, d'une ville orientale : maisons blanches, peu ou point de magasins, au moins dans les faubourgs ; absence de portes et de fenêtres, fumiers partout, pavés disjoints ; arbres maigres, une cathédrale vraie forteresse à l'épreuve de la bombe, et dans laquelle on peut se réfugier pendant un siège : voilà la capitale de de l'Estramadure, dont le nom est une corruption de *Pas de Agosto, Pax Augusta.*

Occupée par les Français le 11 mars 1811, elle subit trois sièges et ne se rendit qu'en avril 1812, après une résistance héroïque de ses défenseurs.

1er siège : du 22 avril au 16 mai 1811, interrompu par la bataille indécise de l'Albuféra livrée par Soult à l'armée combinée ayant à sa tête le maréchal Bi-resford.

2e siège : du 20 mai 1811 au 10 juin ; cette fois la ville fut investie par 40.000 hommes commandés par Wellington ; toutes les tentatives, y compris un as-saut, vinrent se briser contre la bravoure de la gar-nison ; après y avoir perdu plus de 2.000 hommes, les assiégeants durent se retirer à l'approche de Soult et de Marmont, qui firent leur entrée dans la ville le 20 juin.

3e siège : les Anglais reparurent au nombre de 50.000 hommes le 16 mars 1812, et dès le premier jour l'investissement fut complet. On se battit tous les jours, mais les progrès de l'assiégeant ne pouvaient plus être que retardés par l'héroïsme des défenseurs de la place. Ceux-ci arrivèrent à un état d'exaltation extrême, tout en montrant jusqu'au dernier jour une touchante humanité aux malheureux habitants restés dans la ville. Le dernier assaut fut livré le 6 avril ; nous avions perdu 1.500 morts ou blessés et 3.000 pri-sonniers, mais la victoire des Anglais leur coûtait plus de 6.000 hommes hors de combat ; ils la déshono-rèrent en livrant Badajoz au pillage !

Quelques-uns de nos lecteurs nous sauront gré de leur apprendre que le chef de bataillon Lamare, com-mandant de notre héroïque garnison pendant les trois sièges, est mort à Fontainebleau en 1855. Il a laissé quelques écrits militaires.

Encore une mauvaise nuit à Badajoz ; il est impos-sible de dormir en Espagne, je vois bien cela, et quant aux trajets accomplis en chemin de fer, ils ne finissent plus ; c'est douze heures, quinze heures, vingt heures de supplice ; on part de Badajoz au petit jour, et l'on en a jusqu'à neuf heures du soir avant d'arriver à Lisbonne.

Cependant secouons la torpeur qui menace de nous envahir ; arrière cette résignation passive qui nous fait ressembler à des *fakirs* qui courbent la tête sous la souffrance en murmurant : « C'était écrit ! » point de fatalisme ! Nous entrons dans un pays nouveau : prenons courage et soyons tout yeux et tout oreilles.

La ligne de l'Est du Portugal se rattache à celle de Madrid dans la gare de Badajoz au delà du pont du Guadiana. La frontière se trouve à sept kilomètres. Huit kilomètres plus loin, nous arrivons à *Elvas*, ville de 12.000 habitants avec un magnifique aqueduc et les deux forts de *Sainte-Lucie* et de la *Lippe* ; c'est une ville militaire ; on y trouve des arsenaux, des manufactures d'armes, des fonderies de canons, des hôpitaux et des casernes. Le *Guide* nous le dit expressément et sur les quais de la gare nous avons devant nous des échantillons de l'armée portugaise : des soldats et des douaniers revêtus d'un uniforme complètement noir ; veste pantalon et coiffure sombres, comme un drap mortuaire et sans le moindre passe-poil ou liséré, sans le plus petit galon qui vienne égayer cette livrée militaire ; avec cela des gens sérieux, graves, même un peu tristes, affadies, polis et avec qui les formalités de douane sont rendues tres commodes et moins ennuyeuses que partout ailleurs. Pas un cri, pas un éclat de voix, pas un sourire ; à côté de nous des paysans en veste noire, en chapeau noir orné de gros pompons de velours de de même couleur, tenant à la main d'énormes parapluies de famille, et se laissant stoïquement griller par le soleil sans se plaindre, sans broncher ; pas de mantilles ni d'éventails ; nous ne sommes plus en Espagne, c'est facile à voir.

La frontière est ouverte, et il semblerait que les deux peuples dussent être mêlés ; entre eux pourtant la différence est grande : les Espagnols de Badajoz à côté des Andalous peuvent déjà passer pour des Catons ; les Portugais d'Elvas surpassent encore ces Catons-là en sérieux et en gravité, et c'est un spectacle qui frappe le voyageur d'étonnement, car l'aspect du pays est fait pour inspirer la joie et la gaieté.

C'est l'*Alem-tejo* aux eaux courantes, aux voluptueux ombrages ; « des montagnes granitiques y sont entièrement couvertes de châtaigniers : à chaque fente du rocher s'élance un filet d'eau qui tombe avec un joyeux fracas et par sa course met en mouvement la brise, qui à son tour fait perpétuellement frissonner le feuillage. A mesure que l'on descend, la voix des sources devient plus claire, l'ombre plus épaisse ; le noyer termine les taillis. Soudain on se heurte contre les murs d'un village aux maisons éparpillées autour des ruisseaux de la vallée, dont on n'avait pas entrevu les toits de tuiles rouges perdus dans un flot de verdure. De belles prairies. semées de larges pivoines sauvages, sont suivies de champs bien arrosés, auxquels une bordure bleu tendre, formée par les fleurs du lin, donne un aspect de parterre. » (*Journal des Économistes*, septembre 1868.)

Cette jolie description rend bien ce que nous avons devant les yeux, et nous retrouvons la France avec ses gras pâturages et ses vertes campagnes ; de temps en temps, comme pour nous montrer que ce n'est pas notre pays tout à fait, nous voyons surgir un énorme massif de gros aloès, élevant leurs pointes menaçantes vers le ciel ; du milieu de ces pointes sort une tige élancée, droite, élégante, qui porte au sommet cinq ou six fleurs jaunâtres, et sur les bords de ces rochers blancs, là où il y a un peu de terre, se dresse magnifique et solitaire un beau palmier, qui ressemble à ces colonnes des temples antiques admirées encore par le voyageur au milieu des ruines célèbres.

De vastes landes alternent avec les champs cultivés ; au printemps, paraît-il, c'est un spectacle magique de voir ces espaces immenses couverts d'un voile de roses épanouies répandant au loin leur délicieux parfum.

L'auteur qui a écrit les lignes citées plus haut nous dit que les cistes et les asphodèles donnent un caractère particulier aux champs de l'ancienne Bétique et déterminent, comme les genêts de nos landes de Bretagne, la durée de la friche. Quand ils ont atteint un mètre de haut, au bout de six à sept ans, on les coupe au printemps, on les laisse sécher sur place, et l'on y met le feu. Sur les cendres on jette la semence de froment, que l'on entasse par un seul labour. Pas d'autre engrais. Lorsque cette semence rend sept pour un, on s'estime heureux, mais dans les terrains privilégiés on demande un peu plus : d'après lui aussi les opérations agricoles sont d'une grande simplicité ; les instruments sont des plus simples ; la charrue primitive est une lourde houe. On dépique avec les animaux et, s'ils font faute, avec le rouleau.

On me pardonnera cette petite digression agronomique, quand on saura combien j'ai été frappé par le bon état des cultures et par l'aspect riant des campagnes portugaises : j'ai pu constater aussi que les Portugais sont beaucoup plus avancés qu'en 1868 ; les paysans cultivent maintenant avec des moyens moins rudimentaires ; ils possèdent des engins perfectionnés et même des machines à vapeur agricoles...

Nous rencontrons aussi de nombreuses forêts d'oliviers et de chênes, si toufefois l'on peut donner le nom de forêts à ces terrains très étendus et plantés d'a· bres très espacés, mais qui n'ont pas le grand air et la majesté de nos bois. L'olivier est une grande source de revenus dans les pays méridionaux, et il produit un fruit d'une grosseur remarquable ; mais ce qui m'intéressait le plus peut-être, c'était la grande quantité de ces chênes courts aux feuilles vernissées : ils sont tordus en tous sens, font d'horribles contorsions, comme ces nains difformes dont nous parlent les légendes du moyen âge, et parfois nous remarquons des arbres dépouillés de leurs écorces en tout ou en partie. Ces arbres sont des liéges, c'est la richesse de l'Alemtejo, richesse dédaignée il y a trente ans, mais dont maintenant on fait grand cas. On les envoyait alors en Angleterre pour les vendre, mais depuis, les propriétaires, plus soucieux de leurs inté rêts, font directement leurs transactions sur le marché portugais, et ils envoient leurs marchandises jusqu'en Russie et dans les contrées les plus éloignées. Nous voici arrivés à une gare assez proprette ; c'est *Crato* ou *Ponte de Sor, Bemposta,* avec leurs rangées de longs eucalyptus au bord de la voie. Descendons, nous avons tout le temps ; ici les trains s'arrêtent au moins vingt minutes dans chaque station pour les chargements et déchargements, comme cela se fait sur la ligne de Venise à Naples, le long de l'Adriatique, où à chaque arrêt il est possible au voyageur d'aller prendre un bain de mer ; regardons : ces trains sont remplis de plaques de liège ; c'est d'un poids léger, mais d'un volume très encombrant pour le transport ; il est nécessaire d'avoir un matériel assez considérable et des convois qui s'alignent à perte de vue.

Crato est l'ancien siège principal de l'ordre de Malte ; *Portalègre,* où nous venons de passer un peu auparavant, a 6.000 habitants ; c'est une ville forte, et la résidence d'un évêque. Ici et là, sur le quai de la gare on remarque quelques ecclésiastiques ; ils n'ont point de chapeaux ni de *sombreros,* mais une simple barrette posée sur la tête et une soutane avec deux bandes d'étoffe noire qui sont attachées aux épaules et tombent par derrière. Mêlés aux civils, ils semblent vivre en parfaite harmonie avec tout le monde, et même on a avec eux beaucoup de familiarité ; ils embrassent volontiers leurs amis en public, en les abordant ou en les quittant ; c'est du reste une coutume portugaise que nous constaterons souvent.

Toutes ces localités sont entourées d'oliviers, de vignes, de vergers, de jardins qui forment comme une couronne autour des maisons blanches aux volets verts et des clochers aux toits vermillonnés ; à l'angle de certaines églises, on peut voir souvent une figure d'homme représentée le dos tourné vers l'Espagne et faisant un de ces gestes moqueurs qu'on ne dit point, mais qui montrent la distance profonde établie entre les deux nations voisines.

*Abrantès*, 5.000 habitants. On aperçoit la ville de l'autre côté du fleuve ; on sait qu'elle a donné son nom au général Junot, en souvenir de la glorieuse arrivée de notre armée après de grandes souffrances et de dures privations le 24 novembre 1807. La soudaine apparition des Français en cet endroit, à quelques lieues de Lisbonne, détermina l'embarquement hâtif de la famille royale et d'une partie de la noblesse portugaise. Lorsque le 30 au matin, Junot entra dans Lisbonne, il trouva la capitale tranquille, désolée mais résignée ; la flotte portugaise était partie depuis le 28 au soir. « La précipitation avait été si grande, dit M. Thiers, que sur quelques-uns de ces bâtiments qu'on chargeait de richesses, on avait oublié de placer les vivres les plus indispensables. »

C'est à Abrantès qu'eut lieu, par ordre de Jean II, l'exécution en effigie du comte de Montemor, connétable du royaume, impliqué dans une conspiration contre le roi : il avait pu fuir devant les gardes chargés de l'arrêter ; mais on dressa, sur la place publique d'Abrantès, un échafaud tendu de noir, on y amena la statue du comte, toute habillée et revêtue de son armure. Un héraut d'armes, après la lecture de l'acte d'accusation, lui enleva ensuite chaque pièce de son armure, comme pour la dégradation des chevaliers, et le bourreau décapita la tête de la statue, d'où il sortit du sang, comme d'un homme vivant. Le comte de Montemor, réfugié en Espagne, mourut de tristesse et de honte en apprenant ces détails.

Un peu plus loin, *Entrocamento*, l'embranchement des deux lignes de Badajoz et de Porto ; à partir de cet endroit, le chemin de fer suit la rive droite du Tage, il passe à *Santarem*, ville de 9.000 habitants, ancienne résidence des rois, qui a encore de curieuses ruines moresques, et arrive à *Alhandra ;* il commence à faire nuit, sans cela nous apercevrions très distinctement à notre gauche les îles que forme le Tage, à l'entrée de ce vaste bassin appelé la *mer de Paille.* D'autres ont chanté :

*Fleuve du Tage,*
*Je fuis tes bords heureux*

Nous disons tout le contraire, au milieu de cette magnifique campagne, emportés dans la brise du soir par ce char de feu, sur les rubans de fer qui s'allongent au loin, le long d'un fleuve qui a ici une lieue et demie de large. Mais nous pensons sans cesse à notre pays, et nous savons que sous cette terre étrangère, dans chaque coin de l'Espagne et du Portugal, sur la cime des monts et au fond des vallées, au milieu des landes comme sur le bord des rivières et des fleuves, sous la froide terre, nos compatriotes dorment de leur dernier sommeil. Ici, en effet, il y a encore un autre souvenir : à Alhandra on trouve un service d'omnibus conduisant à *Torres-Vedras* situé sur l'Océan. Entre ces deux endroits on avait construit le célèbre camp retranché connu sous le nom de *Lignes* de Torres-Vedras, où s'établit en 1810 Wellington avec sa petite armée et l'armée portugaise, fortes chacune d'environ 30.000 hommes et 8.000 Espagnols venus de Badajoz, soit 70.000 hmmes de troupes régulières, outre beaucoup de milices et une nombreuse population de paysans, coûteuse à nourrir, mais très utile pour la construction incessante de nouveaux ouvrages. Il avait fallu abattre 50.000 oliviers ; en avant des lignes on avait fait du pays un véritable désert ; de vastes surfaces avaient été systématiquement ruinées ; ce n'était pas là une considération de nature à arrêter les Anglais, car peu leur importait de détruire le Portugal ; ils le défendaient, non pour lui-même, mais pour eux.

Trois lignes formidables coupaient ainsi le promontoire entre le Tage et l'Océan. Communiquant avec la flotte ang'aise, ne comptant pas moins de 152 redoutes et de 700 bouches à feu, les lignes de Torres-Vedras virent se briser contre elles la puissance française et la ténacité de Masséna, qui s'y acharna vainement pendant six mois. Sans elles, les Anglais eussent été jetés à la mer ; avec elles, non seulement ils tinrent ferme, mais de ce point, devenu leur base d'opérations, ils s'avancèrent pas à pas vers le nord, refoulant les Français devant eux, souvent battus, mais se rapprochant toujours des Pyrénées. Cela dura quatre ans et se termina par l'invasion de nos provinces du Midi.

Lisbonne ne dit rien, quand on y arrive de nuit, et qu'on n'y voit pas ou à peu près. Nous savions qu'il y avait des hôtels magnifiques, comme le *Grand Hôtel Central*, situé sur les bords de la baie et d'où l'on jouit d'une vue superbe ou le *Braganza Hôtel*, au centre de la ville. Mal conseillés par un voyageur rencontré à Madrid, nous nous décidâmes, je ne sais pourquoi, peut-être par économie, à aller nous installer à l'*Hôtel de l'Europe*.

Voilà donc que nous nous confions à un cocher de voiture, qui nous remet un petit papier sur lequel je lis, non pas le numéro du véhicule (il est en blanc : *trem. n°...*), mais le prix des places : *Tabella dos preços : dentro da cidade, fora da cidade*. En y jetant un coup d'œil, mes cheveux se hérissent sur ma tête, car j'y vois des prix fabuleux : *Corrida, 300 reis ! as horas, cada hora 400 reis !* Mais mon compagnon qui a étudié la question me rassure : les reis ne sont pas des réaux, loin de là ; le réal espagnol vaut vingt-cinq centimes, le reis portugais à peu près un demi-centime ; je respire ! Je ne me doutais pas non plus de ce que pouvait être Lisbonne ; la ville est immense, les courses ne finissent plus ; en quittant la gare de *Santa Apollonia*, nous prenons une rue le long du port et des magasins de la douane ; nous y restons vingt bonnes minutes, et nous avons tout le temps de voir les graves Portugais marcher à pas lents et comptés sur les trottoirs, enveloppés de leurs grands manteaux à collets et coiffés du chapeau haut, ce qui les fait ressembler vaguement à de vieilles figures du temps du Directoire ; pour accuser encore mieux la ressemblance, voici venir deux ou trois jeunes gens aux longs cheveux et portant à la main des bâtons noueux ; ils sortent d'un estaminet et me font l'effet d'être des étudiants. Des soldats passent aussi, toujours en costume sombre ; ceux-ci sont des cavaliers, ils traînent un grand sabre sur le pavé et portent sur la tête cette galette de toile qui est la coiffure militaire des Anglais dans la petite tenue. Une grande place avec un arc de triomphe ; une large rue qui nous fait pénétrer au cœur de la ville et aboutir à une autre place ; puis, la voiture tourne à gauche, monte une pente assez raide et après avoir tourné une seconde fois, nous dépose devant l'hôtel désigné.

Ce n'est pas que cet hôtel ait absolument mauvaise apparence ; en arrivant nous sommes reçus par un portier à l'air solennel, qui nous demande nos noms et nous les fait inscrire sur un registre *ad hoc*, avec nos adresses et nos professions ; cela fait, il nous oblige à monter une série interminable d'escaliers passablement éclairés, et dont les murs sont ornés des affiches de tous les paquebots du monde ; nous passons devant une chambre entr'ouverte, ce qui nous permet d'apercevoir une femme hydropique ensevelie dans un large fauteuil des îles et une mulâtresse qui remplit probablement près d'elle l'office de suivante et agite l'air au moyen d'un éventail en feuille de de bananier ; on ouvre une porte, deux portes, et on nous dit : « Voici vos chambres ». Les meubles ont encore assez bonne tournure ; les fenêtres, à forme hollandaise, fenêtres à guillotine, sont baissées immédiatement, de crainte des moustiques, et j'examine le lit, car je m'en défie toujours et pour cause : matelas exigus, épais comme la main, rembourrés généralement avec des châtaignes ou des pommes de terre, traversins étroits et plats, draps suffisamment blancs ; enfin nous verrons tout à l'heure : pour le moment allons dîner ! J'avais grand'peur, en entrant dans une salle à manger tout enjolivée de glaces et de tableaux très médiocres : on nous avait parlé en France d'un potage froid composé de pain, d'eau, d'huile, de vinaigre, d'ail, d'oignon ; grâce à Dieu ! nous n'eûmes rien de pareil à ingurgiter ; sans doute le dîner n'était pas parfait, la nappe surtout un peu trop tachée, et l'on respirait une mauvaise odeur prononcée dans le réfectoire, mais nous pûmes manger et même causer un peu en français avec un maître d'hôtel qui nous donna des renseignements pour nos courses du lendemain. Nous prîmes une tasse de thé, accompagnement obligé de tout dîner portugais, et nous allâmes nous coucher.....

Ai-je besoin de dire que je ne dormis point du tout, selon mon habitude?... Le lendemain matin, la figure fatiguée et les yeux bouffis, j'entrai chez mon compagnon ; il me montra ses draps de lit qui ressemblaient à un champ de carnage ; les nombreux cadavres des petits animaux qu'on sait étaient étalés çà et là, et mon ami me raconta qu'il avait passé une partie de la nuit à transpercer ses ennemis avec la pointe de sa dague de Tolède ; malgré cela il avait pu dormir un peu, lui !

## VII

### LA LISBONNE DE POMBAL.

En rade. — Panorama magique. — Nous faisons la rencontre d'un compatriote facétieux. — *Nossa senhora de Belem*. — Architecture parlante. — Les tombeaux des rois de Portugal. — La tour San Vincente de Belem. — Coup d'œil sur les monastères d'Alcobaça et de Batalha. — Les tremblements de terre à Lisbonne. — Une promenade à travers la ville. — La statue de *Luiz de Camoëns*, prince des poètes portugais. — Les rues, les maisons, le costume. — Porteurs d'eau et marchandes de poissons. — Belles églises et cloîtres déserts. — Un peuple illustre. — Gloire et succès des navigateurs portugais. — Comment François Xavier a bien mérité du Portugal. — Caractère national. — Choses exotiques. — Monnaie portugaise. — Les cafés, le vin de Porto.

Il ne fallait rien moins pour me remettre que le spectacle merveilleux offert par la capitale du Portugal. Comme nous étions perchés haut, de nos fenêtres nous pouvions déjà avoir une idée de la ville et de sa configuration ; mais il fallait aller se placer aux bons endroits pour en bien juger : nous descendîmes vers la place *do Rocio*, et par la *rua Augusta*, nous vînmes jusqu'à la *praça do Commercio*, au milieu de laquelle s'élève la statue colossale de Jose I<sup>er</sup> à cheval, haute de plus de six mètres. Sur trois côtés la place est entourée de somptueux palais : ce sont la Bourse, la Douane, la maison des Indes, l'Intendance de la marine, les Ministères, l'Administration centrale du télégraphe et l'Hôtel de ville ; du côté de la rue *Augusta* se dresse un gigantesque arc de triomphe, avec cette inscription en lettres énormes : *Virtutibus majorum* ; il a été élevé à la gloire impérissable des grands Portugais. Deux rues superbes, parallèles à la rue Augusta, vont encore de la *praça do Com-*

*mercio* à la *praça do Rocio :* ce sont la *rua do Ouro* et la *rua da Prata*, le quartier des orfèvres et des joailliers, possédant là des magasins étincelants de richeses précieuses, comme ceux de notre Palais-Roya'.

Mais ce qui donne à la place du Commerce un aspect plus grandiose encore, c'est non seulement cet entourage de palais et de rues et ces merveilles architecturales, c'est aussi la ville qui s'élève derrière ; elle forme un fond de décors féérique ; c'est de plus le fleuve du Tage, qui vient baigner tout un côté, fleuve, qui, nous l'avons dit, a pris ici les proportions d'un lac ou d'une mer et qui est tout couvert de gros bâtiments de guerre et de commerce ou d'embarcations coquettes.

Il est onze heures du matin ; le soleil commence à devenir excessivement chaud ; mais pourtant la mer est si belle, le spectacle est si nouveau, les désirs si grands, que nous ne pouvons résister à l'appel de ces *barqueiros*, à la figure jaune ou au teint olivâtre, qui nous sollicitent si vivement ! *Hum bote, excellentia, hum bote, bote !* ou « *bateau moussié !* Nous sautons dans une de ces légères pirogues ; on établit immédiatement au-dessus de nous une sorte de tente et... au large !

Les pavillons sont hissés à l'arrière des bâtiments, et je compte mouillés sur la rade trois vapeurs portugais et deux français. Comme il fait bon voir les couleurs nationales à l'étranger ! ceux qui sont sortis de leur pays me comprendront mieux que les autres encore. A bord d'un navire de guerre, nous entendons *piquer le quart* de midi et nous distinguons les matelots qui font une manœuvre et les sentinelles qui portent les armes devant un officier qui passe ; à l'avant de ce navire nous remarquons un large éperon qui a été la cause d'un accident la semaine dernière, au dire de notre *barqueiro;* un canot est venu se jeter sur le tranchant de l'éperon et a été coupé net en deux : nous sommes étonnés de comprendre aussi bien le portugais.

Là maintenant nous voilà bien en face de la ville ; c'est magique ! les maisons, placées au bord du fleuve, sont dominées par d'autres maisons, qui, disposées par étages en amphithéâtre, escaladent les sept collines sur lesquelles est bâtie Lisbonne, s'étendant le long du fleuve dans un espace de deux lieues. Le panorama de Constantinople seul peut être opposé et comparé à celui de Lisbonne. Les maisons sont revêtues souvent de plaques de faïence (*azuléios*) de diverses couleurs, qui étincellent au soleil ; avec leurs toits retroussés aux angles, avec leurs terrasses et leurs galeries, d'où débordent la verdure et les fleurs, elles s'alignent et montent de chaque côté de rues bien larges et bien droites ; au milieu, surgissent des édifices de premier ordre, comme le palais d'*Ajuda* vers la gauche, résidence du roi don Louis, le palais de *Necessitades*, le palais de *Bemposta*, le grand arsenal de la marine, le couvent du Sacré-Cœur de Jésus surmonté d'un dôme énorme, la vieille cathédrale du onzième siècle appelée la *Sé*, puis la riche église de *San Roque* et l'église de la *Gracia* où repose le grand Albuquerque.

L'ancien château ou citadelle de Saint-Georges domine la ville, et la vue se repose avec délices sur les promenades publiques, *le passeio San Pedro d'Alcantara* et le *passeio da Estrella*, où la végétation est puissante et merveilleuse. Paysage unique, en vérité, et dont les contours ont un cachet incomparable et forment un cadre digne du tableau. Autour de nous, les barques des pêcheurs glissent mollement sur les flots bleus ; au large c'est la mer immobile, glace d'une limpidité admirable qui renvoie les rayons du soleil, dont une douce brise parfois vient tempérer l'ardeur.

Notre barque nous ramène vers le quai, et comme nous désirons aller au faubourg de Belem, qui est situé très loin, à l'extrémité de la ville, du côté de l'embouchure du fleuve, sur le conseil des bateliers, nous prenons le tramway. Les *carris de ferro de Lisboa* sont très commodes. On en a établi partout dans le haut comme dans le bas de la ville, et quand on veut faire une course, c'est une grande ressource. Ces tramways, la plupart du temps, sont ouverts de tous côtés comme ceux de Bruxelles pendant la saison d'été. et on s'y trouve placé, dans le sens de la marche, sur des bancs commodes. Quand vous montez on vous remet un petit billet sur lequel est inscrit le prix de la place avec des *observaçoes*, comme celle-ci : *O passajeiro devera apresentar este bilhete quando lhe for pedido.* On conçoit qu'il nous était très agréable d'avoir à déchiffrer une langue aussi facile, et comme nous avions déjà compris le *barqueiro*, nous nous trouvions savoir le portugais sans l'avoir étudié.

Le conducteur du tramway, que nous prenions,
nous, pour un indigène, s'aperçut bien vite que nous
étions étrangers, et il nous adressa quelques
paroles en français ; nous fîmes tout de suite connaissance, et deux minutes après nous savions que
nous étions en présence d'un brave Breton, que les
hasards de la vie avaient jeté sur cette côte hospitalière ; notre compatriote n'était pas satisfait de son
sort pour cela : quel est donc le Françaisqui se plaît
à l'étranger ? pour moi qui ai tant vu, je n'en ai pas
rencontré beaucoup dans ce cas... or donc le conducteur franco-portugais se lamentait sur les malheurs de l'existence et m'exposait ses désirs, ses vues
et ses idées ; il ambitionnait une petite place bien
rétribuée dans *la Companhia real dos caminhos de
ferro portugueses ;* ici il ne s'agissait plus de tramways, mais de chemins de fer. Nous passâmes devant
une caserne, où nous vîmes des soldats tout de noir
habillés ; ce qui donna l'occasion à mon Breton de
dire : « Quels soldats ça fait ces gens-là ! ils sont tous
mariés, savez-vous ? et ils montent la garde près de
leur pot-au-feu, et en berçant leurs marmots ! » Je
retins aussi cette jolie boutade, que je cite en ne la
donnant pas comme un document historique, bien entendu : « Figurez-vous, monsieur, qu'ils ont fait une
fête dernièrement où l'on s'amusait si bien que tous
le monde chez nous en France aurait cru, en la
voyant, qu'il s'agissait d'un enterrement : c'était pour ce
monsieur qu'on appelle Camoëns, vous savez ; on a
rapporté son cercueil ici pour le mettre à Belem ;
mais quand on l'a ouvert, on y a trouvé... deux

têtes !... » et ainsi de suite jusqu'à Belem, où nous arrivons après une longue course.

Il y a deux choses à voir à Belem : l'église du couvent des hiéronymites et la fameuse tour. L'église est située sur la rive droite du Tage ; elle fut construite sur les ruines d'une petite chapelle que les Portugais eurent longtemps en grande vénération et qu[1] s'appela d'abord *Nossa Senhora de Bethleem*, Notre-Dame de Bethléem. Le grand Vasco de Gama y fit sa prière avant de dire adieu à sa patrie ; pendant que le grand navigateur était agenouillé aux pieds de la statue de l'Etoile des mers, ses vaisseaux étaient rangés sur le Tage en face de Notre-Dame de Bethléem. Au retour de Vasco de Gama, pour perpétuer le souvenir de ses succès, le roi Manoël donna l'ordre de construire une abbaye destinée à être habitée par les hiéronymites. Les plans de cette abbaye furent fournis par un artiste portugais nommé Juan de Castilhon, et les constructions s'élevèrent par les soins et sous la direction d'un architecte italien, élève de Bramante, du nom de Botaqua. C'est la porte latérale qu'il faut voir et admirer à Bélem ; c'est le chef-d'œuvre du gothique fleuri. La porte a deux baies surmontées d'une fenêtre de moyenne taille ; ce qui frappe immédiatement en la regardant, c'est l'abondance des statuettes dont elle est ornée ; ces statuettes sont placées dans des niches, où l'on a prodigué la décoration ; c'est d'une richesse inouïe : fleurons, bouillons de dentelle, colonnettes autour desquelles s'enroulent des festons et des lianes, rien n'a été épargné ; cette sorte d'architecture tombe facilement dans le mauvais goût, écueil qui a été évité ici à peu près. On n'en dirait pas autant des monuments du même genre qu'on rencontre autre part en Portugal : pour donner une idée des excentricités auxquelles se sont livrés certains artistes, je ne puis mieux faire que de citer ce que raconte M. O. Merson de la *Casa do Capitolo* du monastère de Thomar : « Au-dessous de la croix, emblème de l'ordre qui, alternant avec la croix d'Aviz, forme la crête des galeries, des sphères armillaires disposées en balustrade, indiquent la direction que suivait la pensée des habitants du cloître ; des cordages courant dans des anneaux, liant au corps de l'édifice les contreforts qui le consolident ou bien se réunissant autour des pilastres en nœuds un peu négligés, figurent les amarres et les manœuvres des nombreux navires armés par les chevaliers ; dans l'épaisseur de l'œil-de-bœuf, d'autres cordages enroulées retiennent les plis épais d'une voile ; les motifs de l'ornementation du contrefort de l'un des angles sont retenus par un large ceinturon brodé ; ceux du contrefort opposé par une chaîne formée de mailles de cordes ; la fenêtre blasonnée aux armes de Manoël surmontée de la croix symbolique flanquée de sphères offre dans son encadrement un mélange d'algues, de coraux, de polypiers, de câbles entassés, chargeant la décoration d'un fouillis de détails caractéristiques. C'est là à coup sûr de l'architecture parlante. »

L'ordre du Christ fut fondé par le roi Denis pour remplacer les chevaliers du Temple, dont les propriétés et les biens passèrent aux mains des nouveaux chevaliers ; le chef-lieu de l'ordre fut établi à Thomar en 1320 ; il y resta jusqu'au moment de la dispersion des ordres religieux en 1834. L'histoire de l'ordre du Christ est liée intimement à l'histoire du Portugal et à celle des grandes navigations, des lointaines explorations : Vasco de Gama fit flotter sa bannière dans les Indes (1497), et Alvarez Cabral vint l'y planter plus tard au Brésil (1500). Aujourd'hui cet ordre constitue la première décoration du Portugal, dont les insignes sont encore la croix rouge des templiers.

On peut dire que le style de la basilique de Belem constitue un style tout particulier ; il a même un nom, le style *manuelin*, qui lui a été donné parce qu'il prit naissance et fut en honneur surtout sous le règne de don Manuel ; c'est un mélange de gothique, de renaissance, d'arabe et de byzantin, le pendant du style *plateresque* espagnol.

L'église est divisée à l'intérieur en trois nefs ; elle a de belles verrières, et quatre minces piliers de marbre blanc de plus de quarante mètres de hauteur en soutiennent la voûte élégante et légère.

Le monastère de Belem est contigu à l'église, et l'on y voit un cloître très beau aux arceaux surbaissés et décoré splendidement. Ce cloître est composé de deux galeries superposées. Le monastère est devenu actuellement un asile d'orphelins appelé *Casa Pia*, mais c'est aussi comme le Saint-Denis portugais ; bon nombre de rois y ont leurs tombeaux : c'est don Manuel, c'est don João III, c'est don Sébastien, c'est don Alphonse VI, et à côté des tombes des infants don Louis et don Carlos, celle du cardinal don Henrique, qui fut roi et porta doublement la pourpre. Louis de Camoëns avait composé pour don João III une glorieuse inscription, dans laquelle le poète demande qui repose dans cette tombe : « Est-ce Alexandre ?... Serait-ce Adrien ?... Est-ce donc Numa ?... Non ! c'est Jean III, de Portugal, et il n'y en aura jamais un second ! » Mais cette inscription ne fut jamais gravée.

Ce joli coin de Lisbonne nous met au cœur d'ardents désirs ; combien nous voudrions voir les merveilles que des voyageurs plus fortunés et qui ont le temps vont admirer dans deux ou trois endroits des environs ; à *Alcobaça* et *Batalha*, par exemple !

Alcobaça était une abbaye fameuse de l'ordre de Cîteaux ; elle fut fondée en 1148, par le premier roi du Portugal *don Affonso Henriquez* se rendant de Coïmbre à Santarem pour guerroyer contre les Sarrasins ; arrivé au haut d'une montagne, il fit vœu, s'il remportait la victoire, de donner aux religieux de Saint-Bernard toutes les terres qu'on apercevait depuis cette montagne, jusqu'à la mer. Avec les revenus énormes octroyés à l'abbaye, celle-ci put recevoir jusqu'à mille religieux, qui avaient chacun leur chambre ; les réfectoires, les cuisines, les six cloîtres témoignent des vastes proportions de ce couvent. C'est dans l'église qu'on trouve le tombeau d'Inês de Castro et du roi don Pedro son époux.

A Batalha, il y a un autre monastère non moins fameux ; on y trouve les tombeaux de la maison d'Aviz, et, ce qu'il y a de vraiment curieux, la *salle du chapitre*, qui n'est soutenue par aucun pilier, et semble comme suspendue en et l'air, la *chapella imparfaite*, le plus beau spécimen du style *manuelin*, une profusion incroyable de colonnettes, de chaînes, de feuillages, de cordons, de nœuds et d'enlacements de toutes sortes ; un composé adorable de style moresque et de Renaissance.

Quelle est cette tour gracieuse, cette jolie forteresse qui se fait voir à droite au sortir du couvent et s'élève au bord du fleuve à l'entrée de la rade, comme dans une presqu'île ? C'est la tour de *San Vincente de Belem*, et son aspect est des plus agréables, avec ses galeries, ses fenêtres à balcons, ses colonnettes de marbre, et ses créneaux formées par des écussons qui portent la croix de Malte. Elle a beau avoir dans le bas des casemates à l'épreuve de la bombe et une double rangée de canons menaçants ; ses élégantes guérites en poivrières, son salon royal et surtout la superbe vue dont on y jouit d'un côté sur la ville, de l'autre sur l'Océan, en font moins un ouvrage de guerre menaçant qu'un rendez-vous de gaie promenade : c'est pour cela sans doute que, pendant la guerre d'Amérique, deux navires des États-Unis ayant pénétré dans le port en se lançant des bordées, le commandant de la tour de Belem les invita à observer les lois de la neutralité et envoya un boulet dans les agrès d'un des deux bâtiments, mais le capitaine du navire attaqué cria qu'il ne répondrait rien. « J'éprouverais vraiment, dit-il, trop de peine s'il me fallait démolir un aussi joli jouet que la précieuse tour de Belem ».

Mais assez parler architecture, allons voir un peu l'intérieur de Lisbonne.

En 1749 on trouva dans la villle une inscription

latine prouvant qu'elle s'appelait au temps de la domination romaine *Olyssipo*, nom qui vient très probablement d'Ulysse, à qui on attribue sa fondation et qui a donné lieu au nom moderne de Lisbonne. Les musulmans ont possédé cette ville jusqu'en 1147, époque où elle leur fut enlevé par le premier roi du Portugal, le brave Affonso Henriquez.

Lisbonne a été ravagée à plusieurs reprises par de terribles fléaux, et surtout par des tremblements de terre affreux : le premier eut lieu en 1344 sous le gouvernement du roi Denis ; autre tremblement de terre ; en 1356; en 1512 deux cents édifices et en 1531 quinze cents maisons sont renversées pour la même cause. Enfin le fléau reparut en 1551. Trente ans auparavant, la peste venait d'enlever à la malheureuse capitale plus de quarante mille personnes, et d'horribles incendies l'avait dévastée. Tout cela n'était rien pourtant auprès de la grande catastrophe du 1er novembre 1755 ; deux secousses violentes avaient fendu la plupart des maisons, une troisième les jeta par terre. La foule à ce moment était renfermée dans les églises, à cause de la solennité de la Toussaint, et quand les édifices s'éventrèrent, tous périrent; on s'imagine ce que dut être la désolation générale après une semblable catastrophe ; de tous côtés les survivants n'apprenaient que d'effrayantes nouvelles : 800 personnes renfermées dans la grande prison, douze cents à l'hôpital général avaient trouvé la mort ; l'ambassadeur d'Espagne venait d'être tué avec une quarantaine de ses gens ; le palais royal n'était plus qu'un amas de décombres (le roi, sa famille et sa maison se trouvaient alors à la campagne). Pour comble de malheur, un incendie immense se déclare et dévore tout pendant trois jours ; la mer à son tour monte et envahit les quais et la partie basse de la ville ; ceux qui avaient échappé à l'écrasement, périssent par le feu ou par l'eau.

Heureusement pour le Portugal, il y avait alors à Lisbonne, près du roi Joseph Iᵉʳ, un homme qu'on a pu accuser avec raison pour les excès dont il s'est rendu coupable envers la religion, mais qui était doué d'un esprit vif, entreprenant et audacieux ; c'était *Joseph Carvalho*, marquis de Pombal. « Que ferons-nous ? » lui dit le roi atterré. — « Sire, il faut enterrer les morts, répondit Pombal, songer aux vivants et fermer les portes ! » — Muni des pleins pouvoirs du roi, le ministre répara en peu de temps tous les désastres, et sut contenir et réprimer les malfaiteurs qui cherchaient à profiter de la catastrophe et de la détresse générale qui l'avait suivie pour multiplier les brigandages. Il fit aussi dresser à chaque porte de la ville une potence pour arrêter les peureux et les fuyards ; on en pendit même deux cents en trois jours. Grâce à ces mesures énergiques, du milieu de cet amas effrayant de palais renversés, d'églises brûlées et de ruines de toute sorte, il sortit bientôt une ville nouvelle plus belle que la première : c'est pour cela que le peuple décerna à Pombal le nom de grand marquis, *o gram marquez*, et c'est cette ville que nous avons sous les yeux en 1880, et de laquelle on a dit :

*Quem nao tem visto Lisboa*
*Nao tem visto cousa boa.*

Qui n'a pas vu Lisbonne n'a rien vu de beau.

Nous avons déjà admiré la place du Commerce avec la statue en bronze du roi Joseph Ier par Joaquim Machado de Castro. Sur le piédestal du côté du fleuve, on peut voir le médaillon en bas-relief du marquis de Pombal; quand Joseph Ier fut mort, il y eut contre son ministre une réaction terrible, et il fut obligé de s'enfuir dans ses terres; on vint alors arracher de la statue le médaillor, qui du reste y fut replacé en 1833 par don Pedro IV.

Non loin de la place du Commerce on visite la place de *Loreto*, près de la rue de *Chiado* un des endroits les plus fréquentés de la ville. C'est sur cette place que s'élève la statue du *Camoëns*, poète et soldat comme le Cervantés des Espagnols; il est là debout, dominant sept ou huit autres statues de poètes et d'historiens portugais; il tient l'épée en main, et des volumes s'étalent à ses pieds.

C'est une chose bien étrange que chez toutes les nations, partout où le génie s'est rencontré, il ait été si mal récompensé: presque tous les grands hommes furent malheureux, beaucoup furent en butte aux tracasseries et aux persécutions les plus odieuses, plusieurs moururent dans la misère et l'isolement. En regardant la statue du pauvre et grand Luiz de Camoëns, je ne pouvais m'empêcher de penser qu'il n'avait pas échappé à cette destinée commune à tant d'autres.

Né en 1525, après avoir fait ses études à Coïmbre, il al'a guerroyer contre les Maures à Ceuta, il y perdit l'œil droit; il alla ensuite à Goa, puis aux Molusques, puis à Macao en Chine, d'où il revint à Goa, après avoir composé les *Lusiades*. Toutes ces pérégrinations sont entremêlées de disgrâces assez fréquentes, pendant lesquelles on peut voir notre poète, tantôt envoyé en exil, tantôt jeté au fond des cachots. Il ne revint à Lisbonne qu'en 1570; c'est le moment où il publia son poème, qui eut deux éditions dans une même année. En ce temps-là, les littérateurs ne faisaient pas une fortune rapide, pas plus qu'aujourd'hui; Camoëns vivait d'aumônes, nourri par un esclave javanais qu'il avait ramené des Indes et par une pauvre marchande mulâtresse; mais il avait autour de sa tête une auréole de gloire incomparable, et quand il sortait dans la rue, appuyé sur ses béquilles, tous s'arrêtaient pour le saluer. Il mourut à l'hôpital en 1579, à cinquante-cinq ans; il n'avait même pas un drap pour se couvrir. Son tombeau et ses restes disparurent pendant le grand tremblement de terre.

Mon compagnon avait voulu rester à Belem; je m'acheminai donc seul vers la promenade publique, qui se trouve dans la direction de la place *do Rocio :* il faut pour entrer dans la promenade traverser la rue à gauche du théâtre de *Doña Maria de la Gloria*, lequel fut élevé sur l'emplacement du tribunal de l'Inquisition, mais si l'on veut jouir d'un superbe coup d'œil, il faut prendre son courage à deux mains et monter jusqu'à l'*église San Roque*, par des chemins

impossibles; de la base au faite des sept collines se
dressent des rues à pic, des escaliers taillés dans le
roc, et où l'on peut compter des centaines de marches.
Par ces pentes presque perpendiculaires, où vous re-
trouvez partout autour de vous des magasins fort
bien tenus, de splendides salles de dégustation pour
les vins et les cigares de prix, des hôtels, des monuments et des églises qui attestent la richesse, le bon
goût et la piété des habitants; par ces quartiers neufs,
ces rues larges et alignées au cordeau, quoique peu
commodes à parcourir, ces places spacieuses et sy-
métriques, bordées de maisons peintes avec des couleurs gaies ou couvertes du haut en bas par des carreaux de faïence, qui leur donnent un aspect propre
et séduisant, j'arrive à une élégante terrasse, qui domine le *Passeio publico*.

Cette promenade publique est enclavée entre deux
collines qui la privent malheureusement des points de
vue et des grands horizons; mais on y voit de belles
statues et un bassin magnifique; ce qu'on y admire surtout, c'est une incroyables profusion de plantes rares:
orangers, grenadiers, géraniums, aloès, palmiers,
daturas, magnolias, poussent à l'envi dans ce pays
de soleil et d'azur, et y offrent au promeneur de
l'ombrage et de la fraîcheur à volonté.

Toujours en prenant à gauche, je continue ma course
vers le *mai d'Agua do Rato*, le grand réservoir des
eaux de la ville. Il est à 80 mètres au-dessus du
fleuve, et depuis la terrasse qui le surmonte on a une
vue ravissante. L'aqueduc *das Agoas livres* y amène
l'eau d'une distance de dix-huit kilomètres, et c'est

un ouvrage digne des vieux Romains. Le roi Jean V en entreprit la construction; elle dura vingt-neuf ans.

Je n'aurais point vu l'aqueduc de Lisbonne que j'eusse été néanmoins rassuré complètement sur son approvisionnement d'eau, même jusqu'au sommet de ses collines les plus hautes. De quelque côté que l'on se dirige, à n'importe quel endroit on se trouve, on est sûr de trouver l'*agoadeiro*, ou porteur d'eau, coiffé du chapeau de feutre noir à pompons, serré dans sa large ceinture rouge, et portant sur le dos son baril peinturluré, avec un panier plein de gobelets d'étain; on est sûr de l'entendre pousser son cri guttural : *Agoa! agoa!* sur un ton sauvage et plaintif qui, la première fois, donne le frisson.

A côté des *agoadeiros*, voici aussi des marchands d'oranges, de légumes, de fromages, de fruits, de fleurs; voici les marchandes de poisson; leur jupe courte a un grand nombre de plissés; le corsage, retenu sur la poitrine par des boutons d'argent, est étroit, séparé de la jupe, et laisse bouffer la chemise autour du corps; la coiffure est un grand chapeau de feutre, comme celui des hommes, orné de pompons et posé sur un mouchoir blanc, qui tombe sur les épaules; nos pêcheuses s'avancent fièrement et lentement dans les rues, portant sur leur chapeau une sorte de corbeille plate en osier où frétille encore leur marchandise sous l'ardent soleil, et leur voix cuivrée alterne avec le cri rauque des porteurs d'eau.

Le costume des hommes n'offre rien de particulier; c'est leur physionomie qu'il faut regarder; ils ont les formes dégagées et vigoureuses, ils semblent faits

au moule ; ils sont de petite taille, mais de figure assez régulière ; le type est olivâtre ; on dirait qu'ils
sont de sang mêlé blanc et nègre ; cela se voit aux
mains et aux ongles. J'en dirai autant des femmes,
en ajoutant qu'un châle jeté sur les épaules, un mouchoir noué sous le menton, ou un large chapeau de
feutre noir, ne sont point faits absolument pour
donner une tournure gracieuse et bien des formes
élégantes.

De l'aqueduc je vais à l'église de *la Estrella* ; qu'il
fait chaud et que les rues sont longues à Lisbonne!
Ici, des maisons blanches sans magasins, des jardins
appelés *quintas*, des maisons et encore des jardins ;
une poussière fine et blanche remplit la rue ; l'animation n'est pas grande, mais de temps en temps des
mules, conduites par leur *arreiro*, passent en trottant
et en faisant miroiter leurs fanfreluches et leurs pompons ; ou bien je rencontre un char rustique aux
roues pleines, sans jantes, et traîné par des bœufs
bien encornés ; cela fait penser à

*Quatre bœufs attelés d'un pas tranquille et lent.*

J'entre dans une maison, et ce que j'y remarque
tout d'abord, c'est qu'elle n'est éclairée que par un
rang ou deux de fenêtres s'ouvrant sur la rue principale et par quelques lucarnes donnant sur la *quinta* ou
la ruelle de derrière. Les chambres à coucher sont
plongées dans la plus complète obscurité, et quand
j'interroge à ce sujet : « A quoi bon voir clair pour dormir? me répond-t-on, avec une parfaite logique, est-

ce que nous n'entrons pas dans notre chambre à coucher quand il fait nuit ? Eh bien donc ! »

Ne cherchez pas dans les salons portugais les œuvres d'art ou les bibelots curieux ; un oiseau empaillé, un chien en verre filé sont les plus beaux ornements de la cheminée ou des consoles ! Je me trompe, il y a dans un coin la *capella*, l'armoire de dévotion ; on ouvre les deux battants à certains moments de la journée, comme à l'Angelus de midi ou du soir, et le père de famille vous invite à vous découvrir et à prier devant les images saintes, protectrices de la maison. Cet autel, cette chapelle est comme le *palladium* de toute demeure portugaise. Ainsi en est-il aussi dans la plupart des provinces de l'Espagne, surtout en Andalousie, et c'est un signe de foi profonde ou je ne m'y connais pas.

Telles sont les mœurs portugaises ; elles sont remarquables par une grande simplicité surtout. Je ne sais plus qui m'a raconté que la cour elle-même, que la famille royale, vivait comme une famille bourgeoise. La reine prend un fiacre pour faire ses visites ; quand il y a une réception au château, deux laquais s'en vont par la ville, l'un muni d'un tambour, l'autre d'un fifre, et annoncent la soirée ; inutile de prévenir les invités par lettres et directement : les cent familles qui ont l'habitude d'aller à la réception sont prévenues par cette annonce sommaire, et cela suffit.

L'église de la *Estrella*, appelée aussi église du Sacré-Cœur, est le temple le plus somptueux de la capitale : bâti sur le modèle de Saint-Pierre de Rome, au dehors elle est tout en marbre blanc et revêtue aussi à l'intérieur de marbre blanc et de couleur; elle contient le tombeau de sa fondatrice, la reine doña Maria. On n'entre pas comme on veut dans les églises portugaises; c'était fermé quand j'arrivai là vers quatre heures de l'après-midi : je crois que c'est toujours fermé; grâce à mes supplications, un sacristain m'ouvrit, et je pus visiter un peu le monument, qui est loin d'offrir l'intérêt que présentent Belem et les églises du même genre; c'est ici que se passa l'aventure que nous raconte la duchesse d'Abrantès, dans ses Mémoires, quand elle assista à une cérémonie accomplie par les chevaliers du Christ, et quand elle pensa mourir de honte en paraissant inopinément aux yeux de toute la cour. J'eus aussi la faculté de me reposer dans la chambre du sacristain que j'avais apprivoisé avec les moyens ordinaires. J'admirai au-dessus de son lit une image de *Nossa Senhora do Carmen*, le portrait de Pie IX et un fusil chargé, placé immédiatement au-dessous, ce qui prouve que l'on n'est pas plus en sûreté à Lisbonne qu'ailleurs. Le propriétaire m'offrit un bon verre d'eau et me demanda immédiatement si, en France, l'Église était séparée de l'État, et si l'État donnait encore un traitement aux membres du clergé; je satisfis de mon mieux à ces interrogations indiscrètes, et je pris congé du bonhomme pour aller voir la belle promenade de l'Estrella, qui s'étend en face de l'église.

Le croirait-on ? on ne voit pas de prêtres dans les rues de Lisbonne; je me trompe, j'en ai vu un qui passait devant l'église Saint-Roch, un sac à la main, coiffé de la barrette et non du chapeau ; ni prêtres ni

moines ; ô Pombal! ton œuvre dure toujours, et çà et
là, quand l'œil s'arrête sur les ruines d'un monastère,
ou quand surtout on entre dans un ancien couvent, le
cœur se serre ; tout est vide, ici, comme à Alcobaça
ou à Batalha, ou ailleurs. « Aucun bruit ne trouble plus
le silence de ces lieux dépeuplés; c'est un calme froid
et étouffé qui règne ici. Dans ce désert, au milieu de
colonnades gagnées par la moisissure, ce gazon des sé-
pulcres abandonnés; dans ces cloîtres envahis par
l'herbe et l'épine, sur ces dalles humides et glissantes,
sous ces arcs suspendus encore sur leurs piliers, mais
qui demain seront à terre, nul pas ne résonne, si ce
n'est, à de longs intervalles, celui d'un voyageur curieux. Tout se tait. Plus de chants pieux, sous les
voûtes parfumées d'encens ; plus de larmes de résignation, de foi et d'espérance dans les cellules ; plus
de fronts passant hâves et réfléchis dans l'ombre des
galeries; plus d'études approfondies, d'entretiens élo-
quents, de vaillants efforts d'intelligence, de travaux
gigantesques d'esprit, de labeurs d'érudition patiem-
ment poursuivis par des générations incessamment
renouvelées de moines savants ! » (*Voyage dans le
nord du Portugal.* O. Merson.)

Du haut du dôme de la Estrella, on peut contempler
une vue superbe sur la ville, sur le Tage et jusque
sur l'Océan. Cette vue fait rêver. Je voyais alors passer devant mes yeux, comme dans une vision, l'histoire glorieuse et les succès éclatants de ce noble pays
de Portugal. J'assistais à ses découvertes sous Jean II
et Manuel. C'est Barthélemy Diaz, qui touche le premier à la pointe du continent africain et qui la trouve

battue par tant d'orages, qu'il l'appelle le *Cap des
Tempêtes*; mais le roi, avec cette sagacité de prévision qui n'appartient qu'au génie, lui donne le nom
de Cap de *Bonne-Espérance*. C'est Vasco de Gama;
avant son départ, il a passé la nuit dans la chapelle
de la Vierge et il a mangé le pain des forts, le viati-
que des voyageurs, *cibus ciatorum*. Alors il brave
tous les dangers, il double le cap des Tempêtes, remonte le long du rivage africain, passe dans les
royaumes de Sofala, de Mozambique et de Mélinde,
et arrive à Calicut, dans le Malabar. C'est Alvarès
de Cabral, qui, en se rendant aux Indes, jette sur la
côte du Brésil les fondements de la puissance portugaise. C'est François Pacheco, qui, seul à Cochin
avec trois vaisseaux et 150 hommes, résiste à
50,000 Indiens. Mais le *Mars portugais*, le grand
Albuquerque, m'apparaît dans mon rêve, entouré
d'une auréole plus glorieuse encore, si c'est possible.
C'est lui qui s'empare de Goa la dorée et de Malacca,
qui est le centre du commerce avec la Chine, le Japon et les Moluques. Cette conquête lui vaut d'immenses richesses; tous les rajahs de l'Inde sollicitent
son alliance; il détruit ensuite la puissance des Arabes
et des Persans, il prend Ormuz, une des plus célèbres
villes de l'Asie, et son génie, devançant les temps, ose
concevoir des projets gigantesques, comme celui de
combler le port de Suez ou d'arrêter le Nil dans son
cours et de l'envoyer à la mer, en même temps que
sa foi et sa piété le sollicitent à détruire la Mecque,
la ville sainte de l'Islam. Quand ce hardi conquérant
mourut à Goa même, calomnié et disgracié, hélas !

comme tous les grands hommes, le Portugal était à l'apogée de sa puissance ; il commandait dans tout l'extrême Orient et même jusqu'en Chine, où un peu plus tard il obtint du Fils du ciel le droit de se fixer à Macao. C'est de là que des relations de commerce furent établies avec le Japon, d'où les Portugais tirèrent chaque année une quinzaine de millions.

Mais ce n'était pas seulement par la force brutale que le génie portugais s'affirmait pendant ces expéditions mémorables ; d'une main le navigateur tenait le drapeau de la patrie, de l'autre il montrait l'Evangile de Jésus-Christ, et, avec les soldats et les marins, les missionnaires se répandaient dans les nouvelles contrées. Comment oublier que c'est Jean III, roi de Portugal, le prince le plus chrétien de son siècle, qui fit demander, par son ambassadeur à Rome, six religieux de la Compagnie de Jésus pour aller porter les lumières de la foi dans les Indes orientales ! Alors, ces religieux, les fondateurs de l'ordre, n'étaient que dix ; mais Ignace de Loyola, sur la prière du monarque et d'après l'ordre du pape Paul III, inspiré du ciel, appelle François Xavier. « On ne vous propose pas une province ou un royaume du Levant à convertir, lui dit-il, on vous présente un monde entier, composé de plus de royaumes qu'il n'y en a dans toute l'Europe. Ce champ si vaste, si étendu, était seul digne de votre courage et de votre zèle. Allez donc généreusement, mon frère, où la voix de Dieu vous appelle et où le Saint-Siège vous envoie, et embrasez tout du feu divin dont vous êtes embrasé vous-même ! » François partit de Rome, le 15 mars 1540, en compagnie de l'ambassadeur de Portugal, sans autre meuble qu'une pauvre soutane, un vieux manteau et un bréviaire; il passa près du château de Xavier en Espagne, sans voir ses parents, malgré les sollicitations de son cœur, et il arriva à Lisbonne, où, malgré les offres du roi, il voulut loger à l'hôpital. Le 7 avril 1511, il s'embarqua sur le navire du vice-roi don Martin Alphonse de Sofa, qui sollicitait l'honneur de l'avoir à son bord, et arriva à Goa, le 6 mai 1512.

Quelle vie ! quel héros ! quel saint ! et comme son histoire se lie intimement à celle de ces premières colonies portugaises dont les habitants entrèrent sur-le-champ dans une pleine communauté d'idées et de sentiments avec les conquérants, et dont l'union politique avec la mère patrie fut consacrée par le lien d'une religion de paix et de charité commune à tous. François Xavier a donc bien mérité du Portugal, et l'on peut dire que celui qui, par ses travaux innombrables, par sa connaissance parfaite d'une multitude d'idiomes, par ses multiples pérégrinations, par les centaines de mille âmes qu'il convertit au vrai Dieu, peut passer pour un citoyen cosmopolite, on peut dire qu'il fut un grand citoyen portugais.

Aventureux, braves, persévérants, hommes d'une race exceptionnelle, tels sont les gens de ce pays fertile en prodiges ; que de rudes combats ! que de douloureux sacrifices ! que de vaisseaux battus par la tempête ! mais quelle puissance et quels triomphes ! ils ont ressuscité parfois la pompe et la magnificence des vieux Romains, et ils entraient à Goa, comme Juan de Castro, sur des chars ornés de feuilles de pal-

mier et décorés de tous les insignes de la victoire.
Hélas ! un jour est venu, jour néfaste et plein de larmes, où leur héritage a passé presque tout entier dans
les mains de l'étranger, mais avant de laisser ces immenses et magnifiques contrées aux Hollandais et aux
Anglais, ils savaient encore s'illustrer par des faits d'armes admirables, comme le fit Luis d'Ataïde. Et maintenant ils ont conservé leur indépendance, ils ont leurs
immortels souvenirs, et c'est pour cela, j'en suis sûr,
qu'ils sont si tristes et si fiers, c'est pour cela que
Lisbonne semble porter le deuil de la patrie, un deuil
plein de grandeur et de majesté !

Politesse et aménité, bonne humeur et accueil simple et cordial, gracieuse hospitalité, voilà encore des
qualités qu'on ne peut refuser aux Portugais ; ils sont
aussi vifs, intelligents, libéraux, amis du progrès,
hommes de bonne compagnie et de grandes façons,
très amoureux de leur dignité personnelle. Pour mon
compte, je n'ai eu qu'à me louer d'eux en tout et partout. A Paris, j'avais eu l'honneur de rencontrer
M. Manoel Affonso d'Espregueira, directeur de la
Compagnie royale des chemins de fer portugais, qui
m'avait offert ses services avec la plus grande courtoisie et m'avait invité à venir le voir à Santa Apollonia de Lisbonne ; pensant qu'il pût m'être utile encore, j'y allai et ne pus le rencontrer, mais je fus reçu
d'une façon charmante par son chef de cabinet. J'eus alors le plaisir de voir, là aussi, combien on
aime notre pays, et d'apprendre qu'on lit nos livres et
nos journaux ; je fis une remarque qui avait déjà attiré mon attention : ils aiment, là-bas, leur indé-

pendance par-dessus tout. « On confond toujours, me disait-on, le caractère espagnol avec le nôtre, mais ils sont bien différents. » M. Alphonse de Figueireido nous exprime sa pensée en termes chaleureux, quand il écrit ces lignes : « Indépendance ! mot sacré ! qui fait vibrer tout cœur portugais et qui réveille dans la noble race des vainqueurs d'Ourique l'enthousiasme qui leur fit secouer la domination étrangère ! En vain quelques ambitieux te menacent-ils de leurs rêves d'unionisme et de fédéralisme. Si tu étais en danger, le vieux cri de guerre lusitanien résonnerait dans tout le pays ; une lutte à outrance s'ensuivrait héroïque et désespérée.... Pour ceux qui désirent connaître notre pays, il est à propos d'affirmer, qu'il existe entre le Portugal et la nation voisine des différences très prononcées de mœurs, de coutumes et de caractère, qui s'opposeront toujours à leur fusion. La politique du Portugal, la seule qui lui convienne, a été constamment de resserrer les liens d'amitié fraternelle qui l'unissent à l'Espagne et de développer les relations commerciales avec cette puissance... Mais tout Portugais répète avec orgueil et enseigne à ses enfants les nobles paroles que le roi don Luis prononça dans une circonstance solennelle : *Vivre et mourir Portugais !* (*Le Portugal ; considérations sur l'état de l'administration*, etc.)

Le soir vers neuf heures, nous allâmes nous promener par les rues et les places de la ville, qui ne nous parut pas plus animée que de coutume ; mais comme on voit bien que Lisbonne est une ville maritime et qu'elle donne la main à ses colonies par le grand trait d'union qu'on appelle l'Océan ! A chaque pas que l'on fait, l'on rencontre un magasin de chinoiseries ou d'objets travaillés outre-mer ; on ne peut compter le nombre des perroquets et des perruches qu'on voit aux fenêtres, pas plus que les nègres, mulâtres, quarterons et créoles des deux sexes qui sont ici à demeure ou en passant, et qui y remplissent la plupart du temps l'office de domestiques, portefaix, marchands d'allumettes, cireurs de bottes, etc. ; le plus beau nègre que j'ai vu de ma vie était un grand gaillard, couvert d'une longue soutane rouge et qui servait la messe à l'église *San Roque*, où j'allai le lendemain matin faire mes dévotions ; sa bonne figure couleur de suif faisait un contraste assez original et très réussi avec son vêtement écarlate et et les broderies blanches de l'autel. En cette occasion, et là aussi comme en Espagne, j'ai pu remarquer la piété et la dévotion des Portugais ; l'église était pleine d'hommes, se tenant parfaitement, debout ou à genoux, récitant leurs prières sans livres. Les dames que j'y vis ne portaient pas la mantille, et leurs vêtements et leurs coiffures étaient ceux de l'avant-dernière mode de Paris.

Rien de joli comme les gais carillons qu'on entend résonner le samedi soir au moment de l'*Angelus* dans tous les coins de la cité ; le lendemain dimanche, je voulus aussi voir la cathédrale, appelée *la Sé* ou *Santa Maria Mayor* ; pour y aller depuis la place *do Rocio*, il faut se diriger du côté de la gare du chemin de fer ; — l'église est assise sur la pente d'une colline que domine le fort Saint-Georges, avec lequel elle communique par un souterrain, et l'on voit qu'elle a dû être fort éprouvée par les tremblements de terre qui ont si souvent désolé la ville. C'est dans les alentours de la Sé, en effet, que l'on trouve le quartier qui a le plus souffert, les restes du vieux Lisbonne, les ruines de plusieurs palais et couvents considérables. A plusieurs reprises on dut faire d'importantes réparations à la cathédrale ; elle s'en est toujours ressentie et n'y a point gagné en beauté à l'extérieur : quant à l'intérieur, rien de particulier à noter, si ce n'est peut-être la profusion des décors et des revêtements de faïence. Le lecteur apprendra avec étonnement que l'on voit dans cette église les fonts baptismaux où fut apporté saint Antoine de Padoue, ainsi nommé probablement parce qu'il naquit à Lisbonne.

Après ma visite, en descendant les pentes de la colline, je remarquai une chose qui m'avait déjà frappé plusieurs fois, c'est la forme particulière de la toiture des maisons ; si les maisons n'étaient point si hautes et si elles ne possédaient pas trois ou quatre étages, si la courbure des angles était encore un peu plus accusée qu'elle ne l'est, on dirait des habitations chinoises. Comme les habitudes et l'histoire d'un peuple se révèlent par une foule de signes caractéristiques ! où les architectes portugais ont-ils puisé ce motif de décoration, si ce n'est dans leurs voyages à travers le monde ? le premier d'entre eux qui l'inventa n'avait-il pas habité Macao ou Canton ou Yokohama ?

J'aurais encore beaucoup à dire sur Lisbonne : il

faudrait parler de l'Académie des sciences, de l'*Escola politecnica*, dont je rencontrai la belle façade sur la route de la Estralla, des Archives, de la Bibliothèque publique qui possède dix mille manuscrits, et plusieurs ouvrages remarquables, comme une édition des *Lusiades* de 1572, et la première édition de la Bible imprimée à Mayence par Gutenberg lui-même. Il faudrait dire un mot de l'Académie royale des beaux-arts, qui contient plusieurs œuvres importantes de peinture et de sculpture ; mais je ne vis ces choses qu'en courant, et je me réservais d'étudier le côté intellectuel à Coïmbre, où j'allais arriver bientôt.

Avant de partir, il faut passer à l'hôtel et payer sa note : on se souvient du prix de la voiture qui nous avait amenés ; 300 reis, et 500 reis avec les bagages et le pourboire. Notre compatriote, le conducteur de tramway, nous avait dit aussi qu'il lui fallait rendre chaque soir des comptes fabuleux qui allaient jusqu'à un demi-million de reis ; nous ne fûmes donc pas étonnés de payer une chambre ou un dîner 800 reis ; grâce à mon compagnon, homme pratique, je ne m'embarrassai pas trop dans les *tostaos, meio tostaos, crusados, cintens* et *patacos* ; j'eus aussi l'inexprimable satisfaction de glisser dans mes poches, après le règlement de la note, un peu de menue monnaie qu'on me rendit ; cela consistait en une douzaine de sous énormes dont chacun vaut 40 reis ou vingt centimes ; on voit d'ici l'effet produit ! ces gros sous portaient d'un côté l'écusson de Portugal et le nom de dona Maria II, par la grâce de Dieu reine de Portugal et des Algarves, de l'autre, une couronne de chêne

avec l'exergue : *Utilitati publicæ* ; on n'aurait cer
tainement pas pu mettre *Commoditati publicæ*.

A présent, je sais bien une question que l'on va me
faire pour finir : Vous avez été à Lisbonne, et vous
n'avez pas eu l'idée de vouloir goûter à ces vins fameux dont la renommée est répandue dans les deux
mondes ? — Pardon ! j'ai eu cette idée et je l'ai mise
à exécution ; la veille de mon départ, dans la soirée,
j'entrai avec mon compagnon dans un magasin de
vins en gros et détail, et nous allâmes nous installer
à une table où l'on nous servit d'excellent *porto* et
du *carcavello* blanc, qui n'était pas moins généreux. A côté de nous, il y avait un jeune homme qui
se fit verser quatre ou cinq grands verres de vin qu'il
avala presque coup sur coup. Un instant je crus qu'il
allait tomber foudroyé par cette liqueur, qu'on n'ab-
sorbe pas impunément en aussi grande quantité et que
les méridionaux, gens sobres par excellence, re-
doutent encore plus que nous ; mais, non ! il avait la
tête solide, il paya et sortit comme si rien n'était :
d'où je conclus qu'il avait vu le jour sur les bords de
la Tamise ou de l'Hudson ; je ne crois pas m'être beaucoup trompé.

Il n'y a pas que des Anglais, des Américains et des
Français dans les cafés et les débits de vin de Lisbonne ;
il y a aussi les Portugais ; ils vont y passer quatre ou
cinq heures par jour ; les uns prennent des glaces, les
autres, et c'est la grande majorité, font moins de
dépenses : ils demandent au garçon un simple verre
d'eau et un cure-dent en bois ; le tout coûte 5 reis
ou deux centimes et demi ; moyennant cela, ils peuvent

bavarder de longues heures ; s'ils n'ont pas les cinq
reis, ils iront se réunir chez le pharmacien du coin ;
j'ai compté nne fois jusqu'à vingt-trois personnes chez
un apothicaire, et tous ne venaient chercher là d'autre
remède qu'un remède à leur incurable ennui ; j'avais
déjà vu cela à Naples ; dans la boutique où j'entrai, il y
avait de tout, même des moines, et ce fut un frère do-
minicain qui me donna pour dix sous d'alcali volatil.

Outre les oisifs, une autre classe intéressante de la
population, ce sont les mendiants. Ce n'est plus
comme en Espagne ici : on les a supprimés ; mais le
mendiant a jeté ses haillons, et il reparaît au grand
soleil sous la forme élégante ; vous voyez s'approcher
de vous un monsieur décoré qui vous tend sa carte
de visite en se recommandant à vous : c'est un indi-
gent qui demande l'aumône.

La culture de la vigne est une des grandes sources
de richesse agricole pour le Portugal, auquel elle fournit l'élément le plus considérable de son commerce,
et ce pays produit une telle variété de crus que, sous
ce rapport, il doit être rangé en première ligne avant
tous les autres pays de l'Europe. On en trouve la raison
dans les accidents du terrain, les grandes différences
de sa constitution, les diverses expositions des vignobles qui changent les conditions géologiques et aussi
celles du climat ; on ne doit pas oublier non plus que
les méthodes de culture ont été l'objet des soins les
plus assidus et des plus grandes améliorations.

Les vignobles occupent une superficie de 189.407 hec-
tares et peuvent produire 5.000.000 d'hectolitres, on
ne récolte pas les fameux vins de Porto dans les en-

virons de cette ville, comme on pourrait le croire, mais sur les versants des montagnes entre lesquelles le Douro se trouve encaissé, depuis la frontière espagnole jusqu'à son entrée dans la province du Minho ; l'on ne donne leur nom aux vins de Porto que parce qu'ils sont embarqués dans le port de cette ville pour l'exportation ; de même pour les bons vins blancs et rouges de Bairrada qui prennent le nom de vins de Figueira. L'exportation des vins portugais s'est élevée en 1870 à 304,501 hectolitres, et voici quelle est sa valeur en francs : vins de Madère 1.814.155 ; — vins de Porto 40.290.216 ; — vins d'autres qualités : 5.982.716.

Pour compléter ces renseignements assez curieux, nous dirons que le vin de Porto est préparé selon le goût du pays auquel il est destiné ; les Anglais l'aiment jeune et en barriques, les Américains doux et et monté en couleur, les Français vieux et transparent.

## VIII

### L'UNIVERSITÉ DE COÏMBRE.

Le jardin de Cintra et le château de Mafra. — Un mot sur la géographie du Portugal. — Coïmbre, cabinet de travail verdoyant et tranquille. — Conversation avec les étudiants sur le pont du Mondego. — Visite à l'université. — Aspect de la salle des examens publics. — Réforme des études universitaires par le marquis de Pombal. — Programmes généraux des cours. — Organisation des cours de la Faculté de théologie. — Le gouverneur de Coïmbre Martim de Fretas. — Histoire touchante d'Inès de Castro. — Les journaux portugais. — L'Andalousie. — Fournaise brûlante.

C'est un véritable malheur d'être obligé de faire un voyage à la vapeur, et je regretterai toute ma vie de ne point avoir mieux vu les environs de Lisbonne et surtout Cintra. Lord Byron a appelé ce lieu charmant un nouvel Éden, à cause du printemps perpétuel dont y jouit, de ses voûtes épaisses de verdure, formées par les branches entrecroisées d'arbres séculaires, et de son admirable vallée toute peuplée d'arbres gigantesques, de chênes-lièges, d'orangers, au milieu des torrents qui se précipitent de tous côtés. Ce n'est qu'à ving-six kilomètres au nord-ouest de Lisbonne, dans une belle montagne qui s'étend jusqu'au cap de Roca dans la mer et du haut de laquelle on découvre l'embouchure du Tage, la baie de Sétubal et plus loin; mais encore faut-il le temps d'aller voir ces merveilles !

J'aurais bien voulu visiter le *Paço réal*, ou palais royal, bâti avec et sur les ruines d'un palais moresque, et le beau château de la *Penha*, résidence d'été du roi don Fernando, père du roi actuel don Luis Ier, un véritable ami des arts. Ce château est la création

la plus fantastique qu'on puisse voir : murailles crénelées surgissant des massifs de verdure, tours de
toutes les formes, guérites en poivrière, à pic sur
les rochers d'alentour, décorations, et sculptures du
goût le plus étrange, mélange étourdissant de tous
les ordres d'architecture et points de vue incomparables, sans compter un parc de plusieurs lieues
d'étendue, des eaux limpides, des allées impénétra-
bles au soleil, bordées de bananiers, de myrthes,
de camélias, de géraniums, et d'hortensias énormes,

Les belles propriétés à la végétation tropicale
entourées de cascades et de fleurs, les riches et féeri-
ques *quintas* ne se comptent plus ici ; il faut men-
tionner en particulier celle de *Setiaes* ou des Sept-
Soupirs, ainsi nommée d'un écho du palais qui répète
sept syllabes et où fut signée le 30 août 1808, entre
Wellington et Junot, la glorieuse *convention* de
Cintra, où l'on pouvait lire des clauses telles que
celles-ci :

« *The french troops schall evacuate Portugal with
their arms and baggage ; the shall not be considered
as prisoners of war and on their arrival in France,
the shall be at liberty to serve.*

« L'armée française se retirera du Portugal avec
armes et bagages ; elle ne sera pas considérée
comme prisonnière de guerre, et en arrivant en
France, elle sera libre de reprendre les hostilités. »

Aux environs, sur la route de *Torres-Vedras*, on
peut aussi aller voir *Mafra*, monstrueux édifice
construit en exécution d'un vœu du roi don João V,
et qu'on a appelé avec raison l'*Escurial du Portugal.*

Pendant treize ans, on y fit travailler tous les jours vingt-cinq mille ouvriers, et quelquefois on porta le nombre des travailleurs à quarante-cinq mille, dont sept mille soldats ; on employa journellement jusqu'à deux mille cinq cent chariots pour le transport des matériaux ; le jour de la consécration de l'église qui occupe le centre du palais, comme à l'Escurial, on donna gratuitement à manger à neuf mille personnes.

Mafra a huit cent quatre-vingts salles, cinq mille portes et fenêtres, deux tours qui possèdent chacune un carillon de cinquante-sept cloches qui ont coûté plusieurs millions. Ce vaste et lourd édifice, devenu aujourd'hui un collège pour les fils de militaires, a englouti les richesses du Brésil, c'est-à-dire cinquante-quatre millions de cruzades ou cent soixante-dix millions de francs ! « Et il est là, dit M. Herculano, comme un illustre mendiant, assis aujourd'hui à part dans une sorte de solitude... C'est inutilement qu'avec sa grande voix de bronze, il demande qu'on l'abrite contre l'injure des saisons ; l'eau du ciel filtrant à travers ses membres les disjoints lentement, le soleil brûle son front et fait prospérer les mousses qui hérissent sa rugueuse surface. Le vent se glisse à travers ses fenêtres mal fermées et s'en va brâmant dans les solitudes intérieures ; il apporte la poussière dont il s'est chargé dans la montagne et la disperse sur le visage des statues, entre les acanthes des chapiteaux et à la surface polie des murailles de marbre. »

— Le Portugal s'étend entre l'Océan et l'Espagne ; il est borné à l'ouest et au sud par la mer, au nord et à l'est par l'Espagne. La forme de ce petit royaume est celle d'un carré long presque régulier, dont la plus grande longueur peut avoir cinq cents kilomètres et la largeur cent soixante. Deux fleuves traversent le pays de l'est à l'ouest : au nord le Douro, au sud le Tage.

La Guadiana, rivière espagnole, court le long de la frontière et pénètre peu en Portugal ; les rivières portugaises sont le Mondego, le Saado, la Vouga, la Lima.

Deux chaînes principales de montagnes, l'une et l'autre, dépendances éloignées des Pyrénées, traversent le pays : l'une du nord-est au sud-ouest où elle va aboutir à la mer, à Lisbonne; c'est la *sierra d'Estrella,* séparant les bassins du Douro et du Tage ; l'autre, centrale et méridionale, court vers le sud et aboutit à l'Algarve; c'est la *sierra San Mames ;* ces montagnes atteignent quelquefois une hauteur de 1.700 mètres au-dessus du niveau de la mer.

C'est une contrée saine, à part peut-être quelques quartiers de Lisbonne ; l'air y est vif, quoique le climat soit doux et même chaud, le long des côtes ; il ne fait froid que dans les hautes vallées de l'Estrella

Le Portugal est divisé en six provinces; deux au nord : l'Entre-Douro et Minho, cap. *Braga*, et le Tras los Montes, cap. *Bragance;* deux au centre : le Beira, cap. *Coimbre,* et l'Alem-Tejo. cap. *Evora ;* la province occidentale de l'Estramadure, cap. *Lisbonne,* et la petite bande de terre qui forme au sud la province d'Algarve, cap. *Lagos.*

C'est entre la sierra d'Estrella et l'Océan que nous marchions à toute vapeur, certain dimanche du mois

de juillet, penchés vers les portières grandes
ouvertes, afin de pouvoir admirer le paysage et respirer un peu d'air. Nous étions sur la ligne de Lisbonne à Porto, et nous allions à Coïmbre, la troisième ville du Portugal comme importance et la
capitale intellectuelle du royaume.

On passe à Thomar, où se trouve le célèbre couvent
de l'ordre du Christ dont nous avons parlé; à *Chao de
Macas*, d'où l'on peut aller visiter les monastères de
Batalha et d'Alcobaça ; à Pombal, qui fut la dernière
retraite du célèbre marquis Sebastião Jozé de Carvalho,
et où il mourut délaissé par tous.

Nous arrivons à la gare de Coïmbre vers 5 heures, et nous prenons un tramway qui va nous conduire dans la ville, située à un quart d'heure de là ;
dans le tramway, monte en même temps que nous,
un jeune homme de quinze à seize ans, vêtu d'une
soutanelle et d'un pantalon noirs, par-dessus lesquels
il a jeté un grand manteau de même couleur ; il est
tête nue et porte à la main un parasol ou parapluie.
En regardant à travers les vitres du tramway, nous
voyons une nuée de jeunes gens pareillement cos-
tumés ; il y en a de toutes les tailles, de tous les
âges ; j'en vois même un qui n'a pas certainement
dix ans et qui porte le manteau rejeté sur l'é-
paule avec une majesté de Caton qui m'amuse
beaucoup. Le tramway tourne autour de la partie
basse de la bonne vieille cité et vient nous déposer à
*l'hôtel du Mondego*, non loin de la rivière du même
nom. C'est l'auberge des anciens jours ; et quel bon
vieux type d'hôtelier ! il nous donne à chacun une

chambre ; mais quand il voit la carte de mon compagnon, qui est docteur en droit, le bonhomme est saisi d'un profond sentiment de respect, il court sur une brosse à habits qui est là et vient épousseter le paletot de mon ami en répétant : « *Excellentia, doutor, estoy a seus ordens* ». Puis, il va ouvrir une fenêtre, et d'un geste superbe il nous montre le sommet de la ville couronné par des bâtiments aux vastes proportions, en criant : « *A Universidade !* « avec une foule de *ou ou*, dans lesquels nous ne voyons absolument rien que la vive sympathie qu'il ressent pour nous.

Nous fîmes un dîner passable à une table d'hôte, où l'on avait imaginé pour le coup d'œil de disposer deux rangées d'assiettes pleines de fruits, qui allaient d'un bout de la table à l'autre. Braves gens ! Après, nous allâmes faire un tour de promenade sur les quais et le beau pont en pierre jeté sur le Mondego.

Ce qui frappe le nouveau venu en arrivant à Coïmbre, c'est le vieil aspect d'une ville qui n'a pas l'air de se douter que nous sommes presque arrivés à la fin du XIX<sup>e</sup> siècle, et il se dégage de tout ce qui l'entoure un parfum d'antiquité qui fait plaisir. Si l'on met les pieds dans la campagne, on éprouve une jouissance nouvelle, on respire des parfums d'un autre genre et tout aussi agréables. Allons nous placer au milieu du pont du Mondego, comme nous l'avons fait le soir de notre arrivée : nous avons sous nos pieds une rivière qui ne signifie pas grand'chose, en été du moins ; mais il faut regarder autour de soi pour comprendre que Coïmbre est très certainement le plus délicieux, le plus suave, le plus paisible cabinet de travail qu'on puisse désirer ; il y a là une splendeur de campagne, une harmonie de verdure et de contours, une pureté et une clémence de ciel à faire pâmer d'aise un poëte, à enivrer un amant de la belle nature. On ne se lasse pas de regarder les bosquets d'orangers et les carrés de vignes dans la plaine, les châteaux et les jardins sur le versant des collines ; on ne se lasse pas d'entendre les doux murmures des ruisseaux ou le tic-tac monotone des moulins et des *norias* qui portent l'eau partout sur ce sol fertile et au milieu de cette belle végétation. Retournez-vous à présent : voilà Coïmbre, la fleurie, avec ses cascades de rues, de couvents et d'églises s'épandant sur la colline, et la noble université qui dresse au sommet sa vieille tour dans l'azur des cieux, comme si elle voulait chercher ses inspirations dans un monde supérieur et inviter l'intelligence humaine à monter plus haut, toujours plus haut !

Ce soir-là, j'abordai deux ou trois étudiants qui se promenaient sur le pont, et nous pûmes causer avec eux un peu, car ils parlent presque tous le français, et fort bien ; beaucoup d'auteurs français se trouvent dans leurs mains ; ils sont ainsi en contact perpétuel avec notre esprit et notre manière de faire, et il est tout naturel qu'il y ait entre eux et nous un courant sympathique. Ils n'ont pas l'air du tout d'aimer les Anglais, et pourtant on sait les relations constantes qui ont existé entre les deux peuples : « Ils sont trop raides », me disait un étudiant. Quant aux Espagnols, on les aime assez, on fraternise même avec l'*Estudiantina* de Salamanque, qui vient chercher de temps en temps

à Coïmbre des moyens de subsistance, dans l'accoutrement légendaire que nous connaissons pour l'avoir
admiré à Paris, il y a quelques années ; on leur passe
bien la guitare, dont ils se servent très habilement
pour accompagner leurs séguédilles et leurs sérénades
et la cuiller qu'ils portent attachée au chapeau claque :
mais on redoute un autre instrument, dont ils jouent
tout aussi facilement que des deux premiers ; c'est...
le *cuchillo*, le couteau !

Les étudiants nous racontèrent qu'ils avaient un théâtre bâti avec leurs deniers ; ils font des pièces et les
jouent eux-mêmes après les avoir composées : ce sont
des étudiants qui sont au contrôle et qui font la police
de la salle : des places sont réservées au recteur et aux
professeurs.

La littérature et les beaux arts n'excluent pas la
politique ; nos compères lisent force journaux et surtout *le Figaro* qui leur donne les nouvelles du boulevard. Ces graves jeunes gens sont une force dans l'État, et il faut compter avec eux ; il y a une trentaine
d'années, est-ce qu'ils ne se sont point avisés de marcher sur Lisbonne au nombre de cinq cents environ
pour renverser le ministère ? on les reçut de la belle
manière ! mais ils avaient tout de même protesté.

Voilà ce que disaient les étudiants de Coïmbre sur
le pont du Mondégo, tout en saluant de temps en temps
un professeur qui passait et sur la figure duquel ils
cherchaient à connaître leur sort futur, car on était en
pleine session d'examens, moment toujours pénible
pour les pauvres *escoliers !*

Changez votre monnaie étrangère pour de la mon

naie portugaise avant de venir à Coïmbre ; sans cela, vous serez pris ! on trouve beaucoup de changeurs à Lisbonne et à Porto, parce que ce sont des villes de commerce et des ports fréquentés ; mais à Coïmbre, c'est autre chose ; plus de commerce, plus d'industrie, si ce n'est le commerce ou les industries nécessités par la présence des étudiants, pendant les trois quarts de l'année ; nous fûmes tout heureux de rencontrer un libraire gracieux et obligeant qui voulut bien prendre nos doublons d'Espagne et nous donner des *reis* portugais en échange ; encore un peu nous allions être obligés de payer notre brave aubergiste en poignées de main et en sourires. Quelle figure eût-il fait, cette fois ?

La ville est bâtie en amphithéâtre sur la rive droite du Mondego ; elle se compose de deux parties bien distinctes : la ville haute et la ville basse ; dans la ville haute, c'est l'université et la plus grande partie de la population fixe ; dans le bas, logent les étudiants et sont installés les magasins de librairie. Les étudiants se mettent dix ou quinze pour louer une maison. Deux chaussées montent à droite et à gauche de la ville et aboutissent à l'université. Pour y aller, nous prenons à travers un dédale de rues plus ou moins propres et qui font penser à Tolède par leur étroitesse et leurs pittoresques maisons.

L'université occupe de vastes bâtiments qui entourent une immense cour et sont désignés sous le nom de *Paços reaes das escolas*. On y remarque la façade dont le portique a des éléments de l'art ogival ; ce sont les guides qui l'affirment ; quant à nous, nous savions

bien et nous voyions bien qu'il n'y avait pas grand'-
chose de curieux à l'extérieur, si ce n'est un certain aspect agreste et champêtre, qui se comprend
à Coïmbre, après tout ce que nous venons de dire
tout à l'heure. Il leur faut la campagne à ces savants,
il leur faut la douce nature, il faut qu'ils puissent s'en-
foncer en méditant sous les chemins ombreux et couverts, il faut qu'ils puissent arrêter leurs yeux fatigués
par les veilles sur la verdure qui récrée et qui repose.

Devant la façade, au bas du perron à double escalier qui conduit à la porte principale et qui surgit d'un
pavé disjoint, laissant pointer dans les interstices
mille brins d'herbes, nous regardions les étudiants passer comme des ombres, dans leur costume sévère et
tout à fait ecclésiastique; nous en arrêtons un, à qui
nous montrons nos cartes et qui s'offre immédiatement à nous conduire au secrétariat, où l'on nous
donne aussitôt la permission de tout visiter en compagnie d'un gardien et de notre étudiant qui parle
très bien le français. On nous montre d'abord la grande
salle d'examens pour les thèses et les séances académiques solennelles; la chaire du recteur est vaste et
belle; les portraits des rois, qui ornent les murs de
cette salle, lui donnent un grand air et beaucoup de
majesté; quand elle est pleine, dans les beaux jours
des tournois scientifiques et littéraires, ce doit être
superbe.

A côté, on voit une salle qui contient tous les portraits des recteurs magnifiques de l'université depuis
sa fondation. Voici la classe de mathématiques; voici
celle de la troisième année de droit; les bancs ne sont

pas peints en couleur noire, mais en bleu tendre : en bleu tendre, entendez-vous bien, lecteur ! Voyons, est-ce que ça ne rend pas l'intelligence du théorème plus facile et l'explication du texte plus lucide ? le carrelage est en faïence ; c'est d'une propreté et d'une fraîcheur qui, dans les pays chauds, ne sont point du tout à dédaigner.

A l'église, le plafond est très bizarrement peinturluré, et les murs sont aussi revêtus de carreaux de faïence, du sol à la voûte.

De là, nous passâmes à la bibliothèque, divisée en trois salles richement ornées et commodément aménagées ; la création en est due à Jean V, et elle reçut les soins tout particuliers et la protection éclairée du marquis de Pombal ; les écussons royaux montrent que la main du maître a touché ces lieux, et les galeries élégantes soutenues par des colonnes dorées supportent de nombreux rayons chargés de livres ; il y a là 100.000 volumes, nous dit-on, et une grande quantité de manuscrits ; nous y vîmes plusieurs ouvrages très rares, entre autres une Bible hébraïque du XIIe siècle écrite en caractères minuscules et une Bible latine gothique de la même époque.

Sortons et descendons par ce chemin en contre-bas, le long des bâtiments ; nous voici près d'un vieil aqueduc, dont deux arceaux servent d'entrée et de portail à une cour qui précède une antique chapelle ; on entend un bruit confus de voix qui s'échappe de l'intérieur ; entrons, le coup d'œil est pittoresque : dans une vaste nef, on voit s'agiter la foule des étudiants autour d'une dizaine de tables, derrière lesquelles trônent les examinateurs de fin d'année ; ici il s'agit de mathématiques ; on le voit aux chiffres qui s'alignent sur le grand tableau ; là d'une dissertation littéraire ; plus loin, un apprenti médecin fait face à un squelette, qu'il détaille complaisamment, et de jeunes cadets de l'École militaire répondent avec aplomb et semblent déjà être sûrs de tenir leur épaulette. Toutes les questions et les réponses se croisent et s'entrecroisent dans un désordre apparent, mais non réel, et pour un étranger c'est un spectacle très curieux qui le reporte en plein moyen âge ; le costume est fait pour le tromper encore mieux : presque tous ceux qui sont ici, professeurs et élèves, ont endossé pour la circonstance la *batina e capa*, et les longs manteaux et les bonnets de soie qui pendent le long de la figure jusque sur les épaules, forment un étrange contraste avec l'air de brillante santé, la joyeuse physionomie, les allures et les bruyantes conversations de ceux qui les portent et qui ne se doutent pas qu'ils sont un sujet d'études bien intéressantes pour nous.

A deux pas, nous avons le jardin botanique ; c'est la merveille de Coïmbre : on ne peut rien voir de plus beau que ces vastes terrasses et ces serres chaudes et froides si bien tenues, que ces palmiers et ces essences précieuses d'arbres de tous les pays du monde : le jardin a une belle vue sur le Mondego et les deux couvents de *Santa Clara* et de *San Francisco* qui s'élèvent en face le long des pentes de la colline opposée.

— Fondée d'abord à Lisbonne en 1290, l'université

fut transportée peu après en 1306 à Coïmbre par le roi Denis, dont le peuple portugais, paraît-il, dit encore de nos jours: *O Rey don Diniz, que fiz quanto quiz.* Le roi Denis, qui fit tout ce qu'il voulut faire.

Aymerich d'Ebrard, plus tard évêque de Coïmbre, Diego de Gouvea, ancien recteur de l'Université de Paris, Brissot, figurent à la tête de l'université de Coïmbre, d'où sont sortis le grand Camoëns et nombre de personnages remarquables.

Transférée encore plusieurs fois à Lisbonne, ramenée à Coïmbre, elle y fut rétablie définitivement en 1772 par le marquis de Pombal, qui entreprit la réforme générale de l'instruction publique, et en particulier celle de l'instruction supérieure; c'est alors qu'eut lieu la création de la Faculté de philosophie et de divers établissements scientifiques, indispensables pour le développement et le progrès des sciences naturelles. La Faculté des sciences ou des mathématiques fut réformée et comme créée de nouveau; le ministre institua aussi un comité appelé *Junte de la Providence littéraire,* qui fut chargé d'examiner à fond la question des études universitaires, et en particulier ce qui concernait les Facultés de théologie, de droit canon et de droit civil; les statuts émanés des délibérations de la junte furent approuvés par lettres royales en date du 28 août 1772, et le roi envoya le marquis de Pombal à Coïmbre comme lieutenant et plénipotentiaire pour publier et promulguer les statuts. Le marquis entra à Coïmbre le 22 septembre 1772 et n'en sortit que le 24 octobre de la même année, après avoir promulgué trois fois solennellement les statuts, reçu les serments des professeurs, et arrêté tout ce qu'il avait jugé convenable et indispensable pour le bon ordre des études. Le recteur de l'université à cette époque était Francisco de Lemos de Faria Pereira Coutinho ; par décret du 11 septembre 1772, le titre de *réformateur* lui fut conféré.

Un excellent ouvrage, sorti des presses de l'université en 1872 et intitulé : *Exposé historique et littéraire de la Faculté de théologie de l'université de Coïmbre, en mémoire de son centenaire, de sa réforme et de sa restauration, par le professeur Manuel E. da Motta Veiga,* nous dit que les statuts de 1872 sont un travail monumental et une œuvre de premier ordre, pour l'époque où ils ont été rédigés et coordonnés. Aucun établissement scientifique en Europe n'a pu posséder des statuts plus parfaits que ceux qui ont été donnés à Coïmbre par le savant marquis de Pombal. Beaucoup d'universités les ont imités depuis et même copiés, notamment celle de Madrid et celle de Vienne en Autriche.

L'université de Coïmbre a donc été une des meilleures de l'Europe, et elle l'est encore, car son éclat n'a point pâli, et ses 1500 étudiants lui font honneur comme son corps professoral. C'est le roi qui nomme le recteur ; il nomme aussi les professeurs sur la présentation de leurs collègues.

Le recteur actuel est don Julio Maximo de Oliviera Pimentel, bachelier complet de la Faculté de mathématiques, en date du 18 juillet 1837, vicomte de

Villa-Maïor, pair du royaume, professeur à l'Ecole polytechnique de Lisbonne, membre de l'Académie royale des sciences, commandeur de Notre-Dame de la Conception de Villa-Viçosa, officier de la Légion d'honneur, etc, etc. Il a été nommé par décret du 9 juillet 1869.

Il y a cinq facultés dans l'université, savoir : la théologie, le droit, la médecine, les mathématiques et la philosophie. En outre un cours spécial de droit administratif y a été institué en 1853. Il y a aussi un cours de pharmacie et de mécanique.

Pour être admis aux cours de l'université, il faut avoir suivi le cours complet d'enseignement secondaire dans les collèges ou lycées ; il comprend l'étude des langues portugaise, française, anglaise, allemande, latine et grecque, les mathématiques, l'histoire élémentaire, l'histoire générale et la géographie, la rhétorique et la poétique, le dessin et la calligraphie, la logique et le droit naturel, l'introduction aux sciences physiques et naturelles.

Ces cours préparatoires dans les collèges secondaires durent six années et donnent aux étudiants le titre de bachelier ès lettres.

— Veut-on connaître l'organisation des cours de la première Faculté, celle de théologie? Le vicomte de Villa Maïor, recteur de l'université, a bien voulu me transcrire les détails de sa propre main ; je peux intéresser bon nombre de mes lecteurs en les reproduisant à mon tour ; sans, nul doute, ils donneront une haute idée de la célèbre université.

Il y a deux cours dans la faculté de théologie : le

premier pour les théologiens, dont la durée est de cinq années ; le second pour les élèves qui se vouent à l'état ecclésiastique ; il dure trois ans seulement et correspond aux cours des séminaires épiscopaux.

Voici l'organisation du cours théologique :

1re *année*. 1re chaire : Histoire eccclésiastique.

2e chaire : Théologie dogmatico-polémique pour les leçons des lieux théologiques.

2e *année*. 3e chaire : Théologie dogmatico-polémique pour les leçons de théologie symbolique.

. Philosophie du droit. — Histoire du droit public constitutionnel portugais (1re année de droit).

8e *année*. 4e chaire : Théologie dogmatico-polémique, pour les leçons de théologie mystique.

5e chaire : Théologie morale.

4e *année*. 6e chaire : Théologie liturgique.

7e chaire : Théologie pastorale.

Droit ecclésiastique commun ; droit particulier de l'Eglise portugaise (2e année de droit).

5e *année*. 8e chaire : Écriture sainte ; Ancien et Nouveau Testament.

Droit ecclésiastique portugais (3e année de droit).

— Les jours de classe sont les lundis, mardis, mercredis, vendredis, et samedis.

— Pour l'inscription des étudiants en théologie de 1re année, sont requises les conditions suivantes :

1° Les étudiants doivent avoir seize ans ; ce qui est prouvé par leur extrait de baptême.

2° La production du certificat de registre criminel.

3° La production du certificat de *vita et moribus*.

4° Le diplôme de bachelier ès lettres obtenu à la

fin du cours d'études secondaires (voir plus haut). Le grec et l'hébreu sont aussi obligatoires.

5° Les étudiants doivent avoir satisfait aux droits d'inscription et s'être procuré les livres adoptés par la Faculté pour servir de texte. (*Historia de Egreja,* por A. Lobo; por Dannenmayr. — *Compendium theol. dogmaticæ,* por Jose Prunyi. — *Ethica christiana Mauri Schenkl.,* etc., etc.,

Cette dernière condition est exigée pour la prise des inscriptions dans toutes les années du cours.

Pour être admis à prendre leurs inscriptions dans chacune des années suivantes, les étudiants doivent avoir été reçus aux examens de l'année immédiatement antérieure ; pour prendre l'inscription de la dernière année, il faut avoir subi l'examen de grec et d'hébreu.

Les étudiants ayant passé leurs examens de quatrième année reçoivent immédiatement le grade de bachelier, qui leur est conféré par le président du jury d'examen, et ils peuvent prendre le diplôme de ce grade. Ceux qui ont subi l'examen de cinquième année ont droit au diplôme de bachelier formé ou complet (*bacharel formado*).

Le cours complet de la Faculté de droit comprend cinq années d'études :

1re *année.* 1re chaire : Philosophie du droit et histoire du droit public et constitutionnel portugais. — 2e chaire : Exposition historique du droit romain comparé à la jurisprudence portugaise. — 3e chaire : Histoire et principes généraux du droit civil portugais.

2e *année.* 4e chaire : Principes généraux du droit

public et institutions du droit constitutionnel portugais. — 5ᵉ chaire : Économie politique et statistique. — 6ᵉ chaire : Droit civil portugais.

3ᵉ *année.* 7ᵉ chaire : Principes généraux et législation portugaise sur l'administration publique, son organisation ; contentieux administratif. — 8ᵉ chaire : Législation financière. — 9ᵉ chaire : Droit civil portugais.

4ᵉ *année.* 10ᵉ chaire : Droit ecclésiastique commun et privé de l'Église portugaise. — 11ᵉ chaire : Droit commercial. — 12ᵉ chaire : Organisation judiciaire ; procès civils ordinaires ; exécutions.

5ᵉ *année.* 13ᵉ chaire : Droit ecclésiastique portugais. — 14ᵉ chaire : Principes généraux du droit pénal ; législation pénale. — 15ᵉ chaire : Procès civils spéciaux, commerciaux, criminels ; pratique judiciaire.

Ces programmes suffisent pour donner une idée des fortes études de l'université de Coimbre ; le cours de la faculté de mathématiques dure cinq années aussi et celui de la faculté de médecine neuf années.

Les établissements agrégés à l'université, particulièrement à la faculté de médecine, sont : le laboratoire chimique, la pharmacie de l'université, l'hôpital général, l'hôpital spécial pour les maladies de la peau, le muséum d'histoire naturelle, le cabinet des instruments de physique, le jardin botanique, l'amphithéâtre anatomique, le cabinet des expériences toxicologiques, celui des expériences de physiologie expérimentale, le cabinet des instruments de physiologie générale et des expériences histologiques, le muséum d'anatomie normale, celui d'anatomie pathologique, le cabinet des instruments anciens et modernes de chirurgie, la bibliothèque, etc., etc.

La statistique de l'hôpital est de trois cents malades par jour, d'après les renseignements fournis avec la plus grande bienveillance par le docteur José Agostinho Guimarães, un des médecins les plus distingués de Coïmbre.

Outre la grande université, il y a encore en Portugal d'autres établissements d'instruction supérieure; l'école polytechnique de Lisbonne, par exemple, est admirablement organisée. C'est dans cette école que les jeunes soldats sortant du collège militaire, ou des rangs de l'armée, avec les études préparatoires qui sont exigées, vont faire le cours d'études génerales et communes à toutes les armes. On y fait aussi un cours de génie civil.

L'académie polytechnique de Porto est en même temps une école de marine, de commerce, d'arts et métiers. Trois écoles de médecine, fonctionnant à Lisbonne, à Porto et à Funchal, sont autant de pépinières de bons praticiens. L'école de Lisbonne est la mieux montée des trois et passe pour la meilleure, à cause de la grande pratique qu'y acquièrent les élèves dont les études ont lieu à l'hôpital de cette ville.

Il y a un cours supérieur de lettres institué par le feu roi don Pedro V, et à ses frais. Il y a deux instituts industriels : l'un à Lisbonne, l'autre à Porto. L'institut général d'agriculture de Lisbonne est destiné à former des agronomes, des ingénieurs agricoles, des gardes des forêts et des vétérinaires.

Quant aux établissements d'instruction spéciale, on

trouve encore l'école de l'amére, le collège militaire, l'asile pour les fils de soldats, l'école navale, l'école de pilotage, l'observatoire de la marine, les académies des Leaux-arts de Lisbonne et de Porto et le conservatoire royal de Lisbonne. L'Académie des sciences compte dans son sein les talents les plus distingués du Portugal, et comme auxiliaires de l'enseignement, il faut citer l'établissement des archives royales et les bibliothèques publiques de Lisbonne, Porto, Evora, Villa-Réal et Braga.

Voilà ce qu'est ce petit pays, au point de vue de l'instruction supérieure ; si nous disons, après cela, que son roi porte le titre de Majesté Très Fidèle, que ses habitants — ceux de la campagne surtout, — sont presque tous bons catholiques et catholiques pratiquants, que le culte brille par sa splendeur, que le royaume est divisé en quatre provinces métropolitaires comprenant vingt-trois évêchés, que les séminaires y sont florissants et entretenus par les revenus de la Bulle de la Sainte-Croisade, qu'en un mot la religion est en honneur au Portugal : on ne viendra plus nous objecter que le mot de religion et le mot fameux d'obscurantisme sont synonymes. Il faut aller à l'étranger pour toucher cette vérité du bout du doigt.

Nous allons quitter Coïmbre dans quelques heures, mais auparavant nous irons faire deux visites : voir d'abord la vieille cathédrale, garnie de créneaux comme une forteresse et le couvent de Santa-Cruz, avec les somptueux mausolées élevés aux fondateurs de la monarchie portugaise, don Affonso Henriquez, le vainqueur d'Ourique et don Sancho, son successeur.

Ce nom de Sancho nous rappelle la belle histoire du gouverneur de Coïmbre, *Martim de Freitas*, le type de la loyauté portugaise; il avait juré de ne jamais rendre la forteresse, à moins d'être relevé de ses fonctions par le roi; or don Sancho II venait de mourir à Tolède, en 1246; Freitas part secrètement pour cette ville, il vient à l'endroit où son maître était enterré, il fait enlever la pierre de la tombe, et remet entre les mains du cadavre les clefs de Coïmbre. Un acte public relatant ce fait fut dressé par les notaires; Freitas l'apporta au comte de Bou'ogne, qui régna sous le titre d'Alphonse III, et à qui il remit alors la ville qu'il avait été chargé de défendre.

De l'autre côté du Mondego, passons aux pieds du grand couvent de *Santa Clara*, où se trouve une châsse en argent qui renferme le corps de la fondatrice du monastère l'infante Isabelle, femme du roi Denis, et que l'Église vénère sous le nom de sainte Élisabeth, nous irons jusqu'à la *quinta das Lagrimas*, où fut égorgée la belle *Inès de Castro*, près de la *Fontaine des amours.*

On connaît l'histoire d'Inès; elle était venue d'Espagne comme dame d'honneur de doña Constança qui épousa en 1340 l'infant don Pedro, fils d'Alphonse IV, septième roi de Portugal. Don Pedro s'éprit d'elle et en eut plusieurs enfants; il l'épousa même, dit-on, après la mort de l'infante Constança. Les courtisans pressèrent le roi Alphonse de se débarrasser d'Inès, parce qu'ils redoutaient de voir ses enfants monter sur le t ône; un jour le roi vint à Coïmbre, au monastère de Santa Clara, où elle s'était réfugiée pour éviter les mauvais desseins de ses ennemis; il fut d'abord ébranlé par le touchant tableau que présentait Inès entourée de ses enfants; mais trois chevaliers de sa suite obtinrent enfin de pénétrer jusqu'à elle dans le jardin de couvent, et ils l'égorgèrent.

Don Pedro, absent en ce moment, pensa mourir de chagrin quand il connut la fatale nouvelle. A la mort de son père, il fit publier qu'Inès était sa femme légitime et donna l'ordre de rechercher ses assassins; l'un d'eux échappa, mais les deux autres, Pedro Coelho et Alvaro Gonzales, subirent sous les yeux du roi un affreux supplice sur la place de Santarem; on leur arracha le cœur.

Inès avait été enterrée au jardin de Santa Clara: le roi la fit exhumer, et son cadavre fut placé sur un trône et couronné comme reine; les seigneurs durent baiser ses mains décharnées et les dignitaires de la couronne le transportèrent pendant un trajet de dix-sept lieues depuis Coïmbre jusqu'au monastère d'Alcobaça, où on le plaça dans un splendide tombeau orné de la couronne royale. Le tombeau de son amant don Pedro est en face de celui d'Inès, de façon qu'au jour de la résurrection, selon la parole d'un écrivain, leur premier regard à tous deux soit un regard d'éternel amour.

Dans la *quinta*, de beaux cyprès ombreux entourent une source coulant sur une pierre blanche, tachée de marques rouges qui peuvent passer pour le sang d'Inès; les longs filaments des plantes aquatiques semblent être comme les cheveux blonds de la tendre princesse, et ce n'est pas sans émotion qu'on lit sur

la pierre placée tout auprès cette stance du Camoëns :
« Les Nymphes du Mondego se souvinrent longtemps,
les yeux en pleurs, de cette mort, et pour que la
mémoire s'en gardât éternellement, elles transformè-
rent en une fontaine pure les larmes qu'elles versèrent.
Elles lui donnèrent un nom qui subsiste encore. Il
rappelle les amours d'Inès, dont ces rives avaient été
témoins. Voyez quelle claire fontaine arrose ces
fleurs ; son eau, ce sont des larmes ; son nom, des
amours.

Non loin de là, on voit une autre quinta appelée
*Lapa dos poetas*, en souvenir de la fête qu'y célébra
le poète aveugle A. F. de Castilho avec ses amis.

Nous retournons en Espagne, et nous reprenons la
route que nous avons prise pour venir : pour charmer
les ennuis du voyage, nous voilà plongés dans la lecture des gazettes portugaises.

C'est le *Journal da Noite* ; heureux pays! on lit en
tête de ce journal : « Il n'y a pas aujourd'hui de nouvelles politiques : *Naô ha nocidades politicas.* » Ils ont
bien de la chance par ici ! ils peuvent au moins se reposer tranquillement pendant une bonne journée sans
avoir la tête rompue, comme nous l'avons chez nous,
par toutes les belles disputes qu'on sait. Aussi de quoi
s'occupent-ils ? de littérature, d'arts, de récréations.
La *Voz do Povo* dément la nouvelle qui annonce que
l'illustre écrivain, l'éminent romancier Camillo Cas-
tello de Porto est au plus mal. — Le *Diario de Noticias* qui se tire à 20,000 exemplaires et qui a quatre
pages d'annonces écrites en caractères extrêmement
fins, publie une édition populaire des *Luciades* de

Camoëns ; le nom du poète se lit à toutes les colonnes des journaux : il y a l'édition populaire de Camoëns, le journal hebdomadaire *le Camoëns, O Camoës semanario popular illustrado* ; 8 pages grand format, prix 20 reis : il y a le morceau de musique : « *Après le centenaire, Une larme de Camoëns reconnaissant,* » chant poétique *para piano e orgão.* On lit, on chante, on court au *Theatro dos Recreios* pour entendre la fameuse pianiste russe *Annette Essipoff*, et les journalistes portugais s'interpellent. — « Mais qui donc se serait jamais imaginé qu'il y avait des pianistes en Russie ? comment font-ils donc là-bas ? est-ce que nous n'entendons pas dire qu'ils ont des attentats tous les jours ? *Mas como fazem isso, como tem tempo ? avendo attentados todos os dias ?* — Et bien, rien de plus simple ; il y a un attentat aujourd'hui, un autre demain ; dans l'intervalle on trouve toujours le temps d'étudier le piano ! — *Oh admiravel, assombroso !*

Et les courses de taureaux à la praça do campo de Santa-Anna : *Correr se hao* 13 *touros*, il y aura treize taureaux ! quelles hétacombes, grand Dieu ! mais rassurez-vous ; le spectacle n'est pas aussi sanglant qu'en Espagne, les chevaux ne sont pas martyrisés comme à Madrid où l'on travaille mieux que partout ailleurs, et pour la fin seulement, vous verrez un amateur, le très excellent senhor Abrahão Wahum, qui, monté sur un beau coursier, viendra donner un coup de lance au taureau.

Nouvelles de Macao : une vingtaine de pirates ont assailli la population d'un des quartiers de la ville et ont blessé gravement un homme et une femme ; le même jour on a pris dix Chinois qui étaient armés de six poignards et de six espingoles ; à bord de la jonque qu'ils habitaient, il y avait une grande quantité de poudre et de balles.

Décès : « Maria Delphina de A. de B., Maria da Conceição de A. de B. et Maria-Léonor Victoria de A. de B., annoncent à leurs parents et aux personnes de leurs relations que Dieu a enlevé à la vie présente leur père Mathias Augusto, A. de B., qui sera inhumé au cimetière occidental, à 6 heures du soir, après le service célébré à l'église de l'Incarnation ; elles ne feront pas d'invitations spéciales, par suite de la douleur et du chagrin profonds dans lesquels elles sont plongées. »

Annonces françaises : couturières françaises, modistes, cuisinières à volonté.

Annonces ecclésiastiques : Aujourd'hui, fête de saint Camille de Lellis, confesseur, rite double, — ornements blancs, — office ce soir dans la chapelle du tiers ordre du Carmel.

Un concours est ouvert par preuves publiques et pour trente jours, afin de donner un curé à l'ég'ise paroissiale de Nossa Senhora das Candeias de Senha.

— Son Éminence le seigneur patriarche vient de créer un vicariat à Cintra et a nommé le révérend père Antonio Luiz A. prieur de Sa Majesté. Par sa haute intelligence et ses vertus, celui-ci est digne en tous points de la charge qui vient de lui être confiée.

— La confrérie de la charité de Saint-Joseph est convoquée en assemblée générale, dimanche prochain, à midi, dans l'édifice de l'église paroissiale pour pro-

céder à l'élection du directeur et du commissaire ré-
viseur des comptes de l'année courante. — Premier
avis.

— Que les âmes compatissantes s'apprêtent à nous
plaindre ! que les cœurs sensibles versent des larmes !
Pour nous, pauvres voyageurs, nous en sommes complètement incapables ; les larmes, on n'en peut pas
verser dans un pareil pays, la source en est tari ! aussi
bien que celle des fleuves, des rivières et des ruisseaux,
tout est à sec. Partis de Coïmbre le 20 juillet, à 9 heures, nous ne devions arriver à Cordoue qu'à la même
heure le lendemain. Or sait-on bien ce que c'est que
vingt-quatre heures de chemin de fer en Espagne, à travers l'Estramadure et l'Andalousie ? c'est à rendre fou.

Imaginez... quoi ! le siroco napolitain, le simoun
du Sahara, les rues de Saïgon ou de Calcutta à
midi, une forge brûlante, un haut fourneau qui
verse des torrents de fonte et d'acier en fusion, dé-
gageant une chaleur intense, la fournaise de Sidrach
Misach et Abdénago, le vestibule de l'enfer, voilà !
c'était torride, affreux, épouvantable ; pour mon
compte, je restais là, dans un coin du wagon de première, semblable non pas à une statue de pierre, —
la pierre, c'est froid, — mais à un morceau de bois
sec, crépitant sous l'action du feu. Seigneur mon Dieu !
comment ai-je pu avoir l'idée de venir ici et par une
pareille température ? Ah ! l'abbé de Saint-Sébastien
avait bien raison ! Je me rappelle encore je ne sais
quel châtelain, emporté dans une jolie voiture, ma
foi ! au milieu de flots de poussière, à Almorchon ; il
était 3 heures de l'après-midi et je me disais : Ah ! si

jamais j'ai des rentes, je ne viendrai pas les manger ici;
quels châteaux... en Espagne ! Ou bien il n'y en a pas,
ou bien ils sont bâtis dans ces conditions; de là le
proverbe.

On changea de train à Almorchon, peut-être encore
à Belmez, je n'en ai plus souvenir : nous étions au
milieu des mines de houille; les arrêts étaient fré-
quents et duraient longtemps. Voici une petite fille de
sept ou huit ans qui manifeste son enthousiasme
devant les coussins et les tapis de notre compartiment; je la fais monter près de nous un instant; elle
était ravie, et son père donc! surtout quand une
señora, qui se trouvait là, eût coiffé sa fille avec un
affreux chapeau à la dernière mode. Nous restâmes
bientôt seu's avec ladite señora; elle se mit à fumer
des cigarettes et voulut engager la conversation : elle
avait été partout, en Europe et en Amérique; quelque actrice, sans doute; elle allait à Cordoue, elle
aussi ; à l'entendre, Cordoue était une ville pleine de
voleurs; « il fallait avoir de l'œil » , disait-elle; mais
ses précautions étaient prises, et un bon revolver ne
la quittait jamais.

Enfin nous arrivâmes, mais, quoiqu'il fît nuit, la
chaleur n'était pas tombée, nous étions toujours dans
a fournaise. Je ne voulus pas m'enfermer dans une
voiture d'hôtel; j'avisai un *mozo*, qui possédait une
figure de bandit, et je me hasardai à faire avec ce
compagnon, le trajet de la station à la *fonda Suiza* ;
nous prîmes un chemin tout blanc de poussière, qui
traversait un bois de cactus et d'aloès, et j'arrivai
plus mort que vif à l'hôtel. C'était une belle maison

tout en marbre, avec un *patio*, des jets d'eau, un escalier monumental, des chambres bien tenues, une salle à manger immense, des domestiques polis ; mais rien n'y fit ; je mangeai peu ; étendu sur les dalles de ma chambre, qui étaient brûlantes, je dormis mal ; j'étouffais, et j'étais littéralement écrasé par cette température formidable. Pas un souffle d'air.

## IX

### L'ANDALOUSIE. CHRÉTIENS ET MAURES

L'Afrique en Europe. — Le paradis de Mahomet. — La mosquée
d'Allah. — Gloires musulmanes. — Un avis au public copié à San
Miguel de Cordoue. — Campagne andalouse. — Un rêve réalisé à
Grenade. — *L'Alhambra ! l'Alhambra !* — Promenades. — Le
*Generaliffe,* maison de campagne des rois maures. — Le clergé
espagnol, les chanoines, les religieux, les évêques. — Une page
de *Gil Blas.* — Études théologiques et autres. — Programme des
cours du séminaire conciliaire de Vittoria. — Enseignement secondaire. — Cas de conscience : ce que c'est que la Bulle de la Sainte-
Croisade.

Le lendemain matin, on n'eut pas besoin de venir
me chasser de ma chambre ; avant que le soleil fût
devenu trop chaud, nous avions l'intention de jeter
un coup d'œil sur la ville et de visiter la célèbre
mosquée. Nous sortîmes donc et, dès les premiers pas,
je m'aperçus que nous étions en Orient. Cordoue est
une ville arabe ; ses maisons sont de blanches maisons
arabes à un seul étage, sans fenêtres extérieures, avec
une porte assez large, qui donne entrée dans le *patio ;*
les rues sont mal pavées, comme les rues de Jaffa ou
de Beyrouth ; elles n'ont point de trottoirs, mais deux
rangées de dalles le long des maisons, et elles
débouchent sur des places mélancoliques et solitaires,
où l'on est tout étonné de ne trouver absolument personne. Une file d'ânes passe tout près de nous, portant des charges énormes enfermées dans des sacs à
l'apparence asiatique ; les hommes qui les conduisent
ont un vêtement sommaire, qui ne ressemble en rien
à la blouse ou au pantalon de nos paysans ; et si nous
regardons à travers les grilles du *patio,* nous verrons là tout près, une dizaine de jeunes fillles, assises

sur leurs talons, accroupies sur des nattes, dans la
cour intérieure ; elles travaillent en causant ; leur
type, j'en suis sûr, ne diffère pas sensiblement de
celui des femmes qui sont de l'autre côté de la Méditer-
ranée, l'ovale est parfait, les traits sont réguliers,
les yeux largement fendus, les cheveux d'un beau noir,
toutes ont une fleur rouge au sommet de la tête ou
sur les tempes ; c'est un harem comme ceux de Tunis
ou de Tanger.

Nous cherchons la *mozquita* ; ce n'est pas chose
facile ; je demande le chemin à un abbé, puis à un
savetier ; puis à un grand garçon, juché tout en haut sur
un mulet qui passe, voit notre embarras, nous dit de
le suivre, et nous amène devant un grand mur, où il
y a une porte ; nous passons la porte : gracieuse
vision du paradis de Mahomet ! une vaste cour plantée
d'orangers gigantesques, les plus beaux du monde
entier, sans exagération ; une belle fontaine au milieu
de la cour.

« C'est une civilisation détruite, dit Jules Claretie,
qui se cache là comme en un repaire. C'est la cour
de la mosquée, plantée d'orangers, avec ses murmures
de fontaines, ses lions de pierre, son silence bercé
par l'eau, cette verdure puissante des feuilles et ce
bleu du ciel ; on est pénétré, emporté. C'est le rêve.
Voilà le rêve de l'Orient, la béatitude paresseuse,
musicale et parfumée. Les fruits d'or étincellent dans
les arbres verts. Il faut se recueillir, s'arrêter, se
livrer à ce bien-être heureux, à ce génie du repos
que l'Islam a oublié ici et qui se tapit derrière ces
lions fantastiques pour murmurer à l'oreille du passant :

« Demeure ! où vas-tu ? que t'importent la mêlée humaine, le trouble et la fumée de la bataille, la rouge atmosphère de la fournaise ? Écoute ! la chanson de l'eau n'est-elle pas assez harmonieuse et douce ? Ne sens-tu point ton souci bercé par son refrain jaseur ? Nos fleurs n'ont-elles pas assez de parfums, mon ombre n'a-t-elle pas assez de volupté ? Où vas-tu ? C'est ici le repos ! Demeure, demeure ! » *(Journées de voyage.)*

Ah ! ici le cœur commence à se dilater, et vraiment on respire ; mais nous cherchons l'entrée du monument : après l'avoir trouvée, non sans peine, nous entrons, et nous voilà dans la merveilleuse forêt de marbre qui fait suite à la forêt d'orangers. On ne sent plus la fatigue, on est sous le charme, on est transporté. Pensez donc ! neuf cents colonnes de marbre, de jaspe et de porphyre formant dix-neuf nefs, traversées par trente-trois autres ; chaque colonne soutient un pilier ; les colonnes se rejoignent par des arcs en forme de fer à cheval et les piliers par d'autres arcs superposés aux premiers.

Les nefs sont éclairées par des lueurs mystérieuses venant des fenêtres pratiquées dans les charpentes sculptées, qui remplacent les riches coupoles d'autrefois surmontées de boules d'or ; les milliers de lampes qui éclairaient le temple ont aussi disparu, et les cloches de Compostelle qui servaient aussi à cet office ont été reportées à Saint-Jacques sur le dos des Maures. Une nef plus grande et plus belle que les autres conduit au *Maksourah*, ou sanctuaire étincelant de mille lumières, reflétées par ses revêtements de mosaïques de cristal doré, où l'iman seul pouvait entrer et qui tenait lieu de vestibule au Saint des Saints ou *Mihrab*, qu'on rencontre dans toutes les mosquées. C'est là, dans un petit réduit de forme octogonale, creusé dans le mur, avec une voûte en coquille, que l'on gardait le Coran, écrit en entier de la main d'Othman, un des compagnons du Prophète ; il était tout couvert d'or, enrichi de perles et de rubis, et un cadenas le tenait fixé sur un pupitre de bois d'aloès, recouvert d'une étoffe de soie. Les arceaux des voûtes sont découpés en dentelle ; les murs couverts de versets du Coran, en caractères coufiques, de cristaux, de broderies, d'arabesques, de bas-reliefs ; d'un fourmillement de points bleus, rouges, verts, dorés, lumineux, éblouissants. Les croyants faisaient le tour de la chapelle du Mihrab, à genoux, en se traînant sur les dalles qui sont usées par le frottement, comme nous pûmes le constater.

L'histoire nous raconte que dans le massacre des Omniades par les Abassides, le jeune Abdérame fut le seul membre de cette malheureuse famille qui échappa au bras des assassins. Il vécut d'abord en proscrit, parcourant tous les pays depuis les bords de l'Euphrate jusqu'aux montagnes de l'Atlas ; puis il se présenta aux Arabes d'Espagne, qui le proclamèrent kalife. Cordoue fut le siège de ce nouveau kalifat (755). Abdérame combattit ses ennemis, il en triompha, et il travailla dès lors au bonheur et à la gloire de ses sujets, qui lui donnèrent à sa mort le surnom de Juste.

Ce fut lui qui commença la construction de la mosquée, qui devait surpasser ce qu'il y avait de plus beau en ce genre à Bagdad, à Damas ou à Jérusalem ; le kalife y travaillait lui-même de ses mains, une heure par jour.

Elle devait être belle, la grande *mozquita*, au temps de la puissance des Arabes, quand du fond des longues nefs silencieuses le regard pouvait plonger jusqu'au bout des allées du jardin ; car alors ces allées et ces nefs ne formaient qu'une seule avenue, où l'art et la nature s'unissaient dans un merveilleux accord, et le temple n'était fermé ni par des murs ni par des portes, comme aujourd'hui ; elle devait être belle au jour des grandes prières, quand le parfum de mille lampes odoriférantes se mélait à celui des orangers du *patio* ; et quand l'*iman* montait dans la chaire et, prenant en main l'épée, proclamait la guerre sainte, et que la multitude s'écriait : « Loué soit Allah, qui a étendu la gloire de l'islam, grâce à l'épée du champion de la foi, et qui, dans son saint livre, a promis au croyant aide et victoire ! Allah a ordonné de combattre les peuples jusqu'à ce qu'ils reconnaisent qu'il n'y a qu'un Dieu. La flamme de la guerre ne s'éteindra pas jusqu'à la fin du monde ; la bénédiction divine tombera sur la crinière du cheval de guerre jusqu'au jour du jugement. O croyants ! les portes du paradis sont à l'ombre des épées ; celui qui meurt dans la bataille pour la cause de Dien, lave dans son sang toutes les taches de ses péchés ; ses blessures répandront un parfum comme le musc ; devant lui les portes éternelles s'ouvriront, et les guerriers entreront quarante ans avant les autres. Il n'y a pas d'autre Dieu qu'Allah, et Mahomet est son prophète ! « (*Coran, passim,* d'après Schack. *Poésie et Arts des Arabes en Espagne.*)

En ce temps-là, Cordoue seule avait six cents mosquées, neuf cents bains publics, cinquante hôpitaux et quatre-vingts écoles, et elle recevait dans ses murs les ambassades des empereurs d'Orient et de l'empereurs d'Occident, Othon le Grand.

Bassora et Coufa, Balkh, Ispahan, Samarcand, le Caire, Fez et Maroc, Cordoue, Grenade et Séville étaient autant de cités recommandables par les hommes éclairés qui siégaient dans leurs académies. Elles communiquaient avec Bagdad, et il y avait sur la route des caravansérails établis pour recevoir les savants pèlerins; les grands offraient l'hospitalité à ces conteurs, dont l'imagination brillante s'était d'abord essayée dans le désert à composer quelques stances fugitives sur la nature et ses beautés sauvages et qui se trouvait tout à coup grandie par le spectacle de la gloire et de la puissance du gigantesque empire musulman. Et pour maintenir l'unité politique et l'unité religieuse, les kalifes voulaient l'unité de langage, ils fondaient des écoles, ils favorisaient le développement des sciences. Agriculture, arts, industrie, commerce, rien n'échappa à leur attention vigilante; ils inventèrent la poudre à canon, la boussole, les chiffres arabes qui produisirent une révolution dans les mathématiques et l'astronomie, le papier de linge, l'art de damasquiner l'acier et les métaux. Leur architecture a exercé une grande influence sur l'architecture gothique.

Mais pourtant les brillantes productions de ces enfants du Prophète étaient souillées par le sensualisme de leur religion ; la science rapportée au Coran semait l'incrédulité dans les esprits, en les éclairant, et l'esclavage était un besoin pour les musulmans ; chez eux, la femme était reléguée au dernier rang, le faible et le petit méprisés. Le catholicisme, avec sa divine origine, ses nobles aspirations, sa vitalité puissante, devait l'emporter dans la lutte ; nos adversaires ne doivent pas le regretter ; la puissance des Maures était éphémère, le haut degré de civilisation relative auquel ils étaient parvenus ne pouvait se maintenir, la fausseté des principes sur lesquels reposait l'islamisme ne permettait pas qu'aucun des buts où il tendait fût atteint ; il était condamné d'avance, il devait mourir en Espagne comme il mourra ailleurs.

Au centre de la mosquée s'élève une construction gothique, que tous les auteurs qui ont écrit sur Cordoue ont maudit les uns après les autres. Je trouve dans mes notes ces mots, qui résument mon impression sur la question : « Belle cathédrale, malgré tout! » On a appelé cette contruction une cathédrale ; c'est plutôt un chœur élevé pour les besoins du culte, pour la célébration des offices, l'accomplissement des fonctions liturgiques. Je comprends qu'il vaudrait mieux voir la mosquée dans son entier, telle qu'elle était autrefois ; mais si l'on a voulu en faire un temple chrétien, il fallait l'adapter à sa nouvelle destination ; j'avoue néanmoins que j'aurais peut-être cherché d'autres moyens pour cela, et qu'on aurait pu, par exemple, construire aux extrémités de la mosquée un chœur dans le même style, de dimensions un peu plus hautes et offrant pour le culte toutes les commodités requises. Malheureusement, au temps de Charles-Quint on ne pensait et l'on ne raisonnait pas comme nous. Ce n'est déjà pas si facile maintenant, même avec la mosquée appropriée comme elle l'est, de faire les fonctions liturgiques. Pendant notre visite, nous découvrîmes au fond d'une nef, je ne sais quelle chapelle où l'on disait la messe ; un petit pupitre était disposé entre les colonnes de brèche verte et violette, et un seul et unique chantre en surplis à grandes ailes faisait entendre sa magnifique voix ; il chantait dans le désert ; je conçois qu'il n'était pas facile aux pieux fidèles de venir l'écouter dans ces profondeurs ; ceux qui se trouvaient près du Mihrab ne pouvaient se douter de son existence. Quel monde que cette mosquée de Cordoue ! Il était 9 heures quand nous sortîmes ; nous rencontrâmes, assis sous les orangers, les chanoines de la cathédrale, assis çà et là et devisant tranquillement avec cette bonne familiarité des méridionaux ; j'enviais le sort de ces hommes qui passent leur vie dans un véritable paradis.

Mais le paradis n'est que dans la mosquée ou dans la cour qui la précède ; ailleurs à Cordoue, c'est l'enfer. Je ne sortis plus qu'une fois de mon hôtel, et ce fut pour jeter un coup d'œil rapide sur le pont romano-arabe du Guadalquivir, les jardins bien déchus de l'Alcazar, et me réfugier dans l'église de *San Miguel* où l'on voit des restes de mosquée, une jolie chapelle arabe et à la porte de laquelle je copiai l'avis suivant, qui donnera une idée des mœurs andalouses :

« Chrétien, veille sur toi, prends garde à la manière

dont tu entres dans ce lieu saint. C'est le sanctuaire de la Divinité, c'est la maison de Dieu, c'est le lieu où Jésus-Christ habite en personne, où s'accomplissent les grands mystères de la religion.

« 1° Que personne ne vienne ici avec un esprit dissipé, de mauvaises pensées, des desseins dépravés ou des désirs de faire le mal.

« 2° C'est manquer de respect que de causer ici, de rire, de tourner la figure de tous les côtés, de faire des signes, de se coucher, de croiser les jambes, de dormir, de plier un seul genou, de placer les chapeaux sur les autels.

« 3° L'Église défend que les femmes entrent ou demeurent dans le temple sans avoir la tête couverte, et l'usage, de même que les mandements des respectables évêques, ont prohibé les costumes de couleur ; ils ont défendu également de venir avec un costume négligé, et de se présenter avec une mantille jetée en arrière et avec des voiles transparents ou des fleurs.

« 4° Les hommes ne doivent pas venir avec la *cappa* mal arrangée, ni en manches de chemise, ni avec une veste ou une *manta* placée sur l'épaule ; ils ne doivent pas se tenir près des portes pour voir les femmes entrer ou sortir. »

Partons maintenant, partons ! On quitte Cordoue avec joie. Nous passons sur la place du Grand-Capitaine ; c'est Gonzalve de Cordoue, celui à qui le roi demandait de rendre ses comptes : « J'ai dépensé cent soixante mille ducats, dit-il, pour réparer les cloches qui se sont usées à sonner la réjouissance de mes vic-

toires ; je réclame cent millions pour me récompenser
de ma patience à endurer que le roi me demande des
comptes, à moi qui lui ai donné un royaume ! » Nous
retrouvons près de la gare les massifs d'aloès et de
cactus qui sourient au soleil de midi et dressent fièrement leurs glaives effilés vers le ciel brûlant ; les
cigales chantent avec un bruit assourdissant ; mais il
faut être cigale ou aloès ou cactus pour vivre ici.

Malgré cela, d'autres Français que nous y sont
venus, et y sont même entrés de vive force, le 7 juin 1808
après avoir brillamment enlevé sur les insurgés
espagnols ce même pont d'Alcolea où, soixante ans
plus tard, eut lieu un autre combat qui décida la chute
de la reine Isabelle.

Il y eut un combat acharné entre nos soldats et les
brigands de la sierra Morena. Nos soldats exaspérés
pénétrèrent dans les maisons ; la lutte dégénéra en
véritable brigandage ; la ville fut mis à sac et livrée
à tous les excès : le désordre dura jusqu'au lendemain
matin. Le général Dupont avait vainement tenté de
ramener les soldats au drapeau en faisant battre la
générale. Cette affaire eut plus tard un affreux
retentissement en Espagne et en Europe.

Avertissement charitable à ceux qui, après moi,
voudront aller de Cordoue à Grenade par le train de
midi ; s'ils ne prennent pas de voiture, et s'ils ont le
malheur de n'être pas accompagnés par le *mozo* qui
portent leur valise, ils risqueront de se tromper de
gare, — il y a deux gares à Cordoue, — et alors
s'ils doivent faire en cinq minutes le trajet d'une gare
à l'autre sous l'ardent soleil, ils pourront tomber sur

le chemin, frappés d'apoplexie foudroyante ou d'insolation grave. Pour nous; nous sortîmes sains et saufs de l'épreuve, mais nous n'avions plus un fil sec sur le corps, et heureusement nous trouvâmes un de ces wagons-salons que la Compagnie des chemins de fer Andalous a eu la bonne idée d'introduire dans ses trains. Là-dedans, il y a de bons coussins, il y a un peu plus d'espace, et par conséquent plus d'air ; on peut encore voyager ainsi.

Mais est-ce donc là cette Andalousie tant vantée ? me demandera-t-on. Votre voyage m'a tout l'air d'être un véritable supplice par le feu ; où est donc le plaisir ? Vous ressemblez à ces martyrs de la science qu'on appelle Livingstone, Stanley, Brazza, Pinto ! Vous faites une exploration absolument dangereuse. Amis ! l'Andalousie est un beau pays, mais il faut le voir au printemps. Ouvrez le joli livre de Edmondo de Amicis, il vous fera venir l'eau l'eau à la bouche : « Les champs sont émaillés de fleurs ; il y a de vastes étendues de terrain entièrement revêtues de coquelicots, de marguerites, de bleuets, de pâquerettes, de primevères, de renoncules, de sorte que la campagne se présente comme une succession d'immenses tapis de pourpre, d'or, de neige ; et plus loin, entre les arbres d'innombrables bandes bleues, blanches, jaunes, à perte de vue ; et tout près, sur le bord des fossés, sur les talus, jusque sur la route, des fleurs en touffes, en buissons, les unes sur les autres, groupées en grands bouquets tremblant au au bout de leur tige, presque à portée de la main. Puis des champs blondissants, bordés de grands rosiers ; puis de petits bois d'orangers, des plantations d'oliviers, des collines variées par cent nuances de vert, surmontées de vieilles tours moresques, semées de maisons bariolées, et entre elles des ponts blancs et légers jetés sur des ruisseaux cachés par les arbres. A l'horizon apparaissent les cimes neigeuses de la sierra Nevada... Le train vole, on voit les petites stations à demi cachées par les arbres et les fleurs ; le vent apporte de feuilles de roses dans les wagons, de grands papillons voltigent en rasant les portières, un parfum délicieux se répand dans l'air, on traverse un jardin enchanté; les aloès, les orangers se multiplient... »

Et déjà sur la route de Grenade, nous nous sentions mieux. Mon compagnon qui supportait la fatigue et la chaleur avec une vaillance sans pareille, me disait souvent : « Non, vous ne trouverez pas à Grenade ce que vous pensez, et ce sera la même chose que partout ailleurs ; c'est un pays aride et brûlé. » Pourtant, voici l'embranchement de Malaga, *Bobadilla*, avec un buffet très bien tenu par un Français, bon garçon. Voici *Antequera*, situés à l'entrée d'une magnifique vallée, et ses collines, et sa tourelle, et sa cloche *Papa Bellota*, dont l'exécution a exigé le produit de la récolte entière d'une forêt de glands ; puis, au bord de la voie, le rocher gigantesque nommé la *Pena de los Enamorados*, d'où se précipitèrent dans le Guadalhorce, qui coule à ses pieds, un chevalier castillan une te jeune Mauresque pour échapper aux poursuites du père de celle-ci. Nous atteignons *Loja*, sur le bord du Genil, qui forme une cascade bruyante, au nord d'une gorge profonde appelée *los Infernos* : on voit l'eau courir de tous les côtés, la contrée est fertile. A la gare nous nous amusons beaucoup avec une foule de petits mendiants et de petites mendiantes qui escaladent notre compartiment, en nous criant à l'unisson : *Senocito, un ochacito !* et quand l'*ochacito* désiré est tombé dans leurs mains : Dieu vous le rende ! nous disent-ils, avec un gracieux sourire

*Atarfé* n'est qu'à huit kilomètres de Grenade ; nous laissons sur la droite la petite ville de *Santa-Fé* et nous arrivons. Nous savions bien où aller : c'était à la fonda de *los Siete Suelos,* en plein Alhambra. Une voiture de l'hôtel nous prend et nous fait traverser toute la ville au clair de la lune. La foule encombre les rues; les señoras remplissent les balcons et les *miradores.* C'est comme un air de fête répandu partout ; il a fait chaud pendant la journée, mais il est 9 heures, on se repose, on se promène, on fait de la musique ; les villes espagnoles, et surtout les villes andalouses, sont d'une animation charmante à ce moment-là. L'omnibus traverse la *plaza Nueva* et gravit une pente raide par la rue de *los Gomeres,* située en face du Palais de justice ou *Audiencia.* — Le nom de *Gomeres* est celui d'une tribu venue d'Afrique, au xive siècle, au secours des Maures de Grenade. — Il fait nuit, mais je vois bien la grande porte mauresque en forme de fer à cheval qui donne entrée dans l'Alhambra. Nous marchons maintenant dans une délicieuse forêt ; des platanes et des ormeaux plantés à droite et à gauche du chemin, enlaçant leurs branches, forment une voûte épaisse ; deux rigoles rapides entraînent de chaque côté, des eaux vives d'une fraîcheur piquante, descendues des cimes neigeuses de la *sierra Nevada*. Enfin ! enfin ! mon rêve commence déjà à se réaliser, rien ne peut rendre la joie qui inonde mon cœur, et je crie au cocher d'arrêter un instant ; je veux descendre, je veux marcher, je veux savourer les délices dont je suis privé depuis si longtemps, je veux me baigner dans cet air vivifiant, toucher les arbres et les fleurs de mon pays. Pour comble de bonheur, l'hôtel n'est pas mauvais, les chambres sont charmantes, elles donnent sur la grande avenue et les branches des arbres arrivent jusqu'à nos balcons. Nous nous endormons au doux murmure de ces eaux courantes, qui sont comme les jets d'eau de Chantilly dont nous parle, je crois, M^me de Sévigné, et qui ne se taisent ni jour ni nuit.

Ah ! la bonne nuit ! Le lendemain, je descendis pour revoir ces beaux arbres, cette belle forêt impénétrable au soleil : nous prîmes la résolution de passer là trois ou quatre jours. J'allai en ville, à la poste, à la cathédrale où je vis les tombeaux de Ferdinand et d'Isabelle, *los sepulcros de Ferdinando y Isabel la Catolica*, à la *Capilla Réal* ; leurs statues sont couchées sur le grand mausolée de marbre avec la couronne, l'épée, le sceptre ; les chanoines du chapitre royal chantent l'office pour le repos de leur âme, et devant ces grandes dépouilles on sent un frémissement de respect et d'admiration qui vous parcourt les membres ; on se demande s'il est vrai qu'on est bien là au fond de l'Espagne, à Grenade la sarrasine et la catholique, car

Grenade a plus de merveilles
Que n'a de graines vermeilles
Le plus beau fruit de ses vallons.

Suis-je donc venu ici ? ou bien plutôt, est-ce que je ne lis pas une page d'histoire dans mon cabinet de travail ?

Et, tout heureux, j'allai par les rues étroites, dans le Zacatin qui a conservé sa physionomie arabe, à la place de Bib-Rambla, au bazar l'Alcaicoria, où l'on admire de belles *mantas* brodées et des chapeaux andalous que les paysans portent presque tous.

J'entrai chez un perruquier, et pendant qu'un employé de la *curia ecclesiastica* exposait ses vues sur la politique internationale et maudissait la Commune et les communards, je regardais les gens passer devant la boutique, et dont plusieurs avaient encore le costume classique : chapeau de velours aux bords retroussés, petite veste de drap, ceinture rouge ou bleue, pantalon collant, guêtres de cuir.

En suivant le Daro qui traverse la ville, je reviens vers la rue de los Gomères et je remonte à l'Alhambra, au milieu des aguadores portant à dos leurs petits tonneaux de liège ; ils viennent du palais où ils vont faire leur provision d'eau à boire à la grande citerne. Je suis leur chemin et j'arrive devant la fontaine Charles-Quint et la grande porte d'entrée du palais.

L'Alhambra ! l'Alhambra ! palais que les génies
Ont doré comme un rêve et rempli d'harmonies,
Forteresse aux créneaux festonnés et croulants,
Où l'on entend la nuit de magiques syllabes,
Quand la lune à travers les mille arceaux arabes,
Sème les murs de trèfles blancs.

(Orientales. V. Hugo.)

Oh ! je ne décrirai pas l'Alhambra, la tâche est trop difficile ; d'autres l'ont essayé, ils ont pu faire entrevoir quelque rayon de cette splendeur ; mais combien leur récit est encore pâle et décoloré à côté de la réalité ! Je n'ai pas eu de déceptions ; toute ma vie je me souviendrai de ces tours carrées d'un rouge sombre, de cette porte de la Justice surmontée de la clef et de la main symbolique, de cette terrasse fleurie qui s'étend au-dessus des citernes, devant le palais de Charles-Quint, un vrai hors-d'œuvre. Je vois toujours cette petite entrée à gauche, que j'ai cherchée si longtemps ; ce n'est point facile de découvrir les perles précieuses. Et pourquoi parlerai-je de perles ! Les joyaux, les pierreries, les bijoux ne m'ont jamais jeté dans l'enthousiasme comme l'Alhambra. Il est nécessaire de voir une fois dans sa vie le *patio de los Arrayanes*, la cour des Myrtes, sa vasque, ses bosquets, ses arceaux, ses mosaïques, ses inscriptions, ses arabesques ; la salle de la Barque, ses broderies, ses guirlandes, ses rosaces, ses feuillages ; la salle des Ambassadeurs, sa coupole conique, ses éclatants *azulejos*, ses hautes fenêtres, ses sveltes colonnettes de marbre, son épaisseur de murailles, ses douces perspectives sur les *patios* et les jardins ; la cour des Lions, ses cent vingt-quatre colonnettes de marbre, ses deux portiques, ses dentelles de stuc, ses douze lions de marbre ; la salle de la Justice, ses statuettes et ses peintures arabes sur cuir ; la salle de *dos Hermanas*, la plus gracieuse de toutes, avec sa voûte en *media-naranja* ; la salle des Abencerrages avec ses souvenirs de massacre et de sang ; la salle des Bains des sultanes, qui contient des restaurations absolument réussies ; le *mirador de Lindaraja*, qui donne sur un frais jardin ; le *Tocador de la Reiña*, suspendu au-dessus de l'abîme formé par la vallée profonde du Daro. Quelle vue ! quelle vue indicible ! on a sous les pieds un gouffre tout couvert d'arbres et de verdure ; à gauche et devant soi, la grande *Vega*, plaine immense et fertile, puis la ville d'où partent mille bruits confus de voix qui semblent une joyeuse chanson ; puis l'*Albaycin*, quartier des *gitanos* et des sorcières ; enfin à droite, on touche presque avec la main les bois de lauriers et de grenadiers de la colline voisine, où se trouve le *Generaliffe*, et les sommets neigeux de la sierra Nevada.

O Boabdil ! je comprends maintenant pourquoi tu pleurais à l'*ultimo suspiro del Moro*, en jetant un dernier regard sur ton royaume, sur ton palais, berceau de ta race et de tes enfants, que tu ne devais plus revoir, et pourquoi ta vieille mère, *Agesdah*, te disait : « Pleure, mon fils, pleure comme une femme, puisque tu n'as pas su mourir comme un homme, en défendant ton royaume ! »

Le soir, un peu avant la nuit, nous voulûmes faire le tour de l'Alhambra et descendre dans cette vallée du Daro qui nous paraissait si belle, vue du haut du Tocador de la Reiña ; nous descendîmes vers la rivière par un chemin creux bordé de nopals et d'aloès, et nous vinmes jusqu'à un moulin pittoresque juché sur une espèce de pont ou d'aqueduc à mi-côte. Mon ami s'assit sur un parapet et prit le croquis de cet admirable endroit ; un homme sortit d'une maison voi-

sine et vint contempler son dessin; on échangea quelques mots avec lui : c'était un ouvrier papetier, son
industrie allait assez bien. « Vous avez là une belle
patrie, lui dîmes-nous, nous sommes dans la ville la
plus curieuse du monde. — Oui, reprit-il, simplement
et fièrement, Grenade est la plus belle ville du monde! »

Un peu plus loin, nous rencontrâmes une procession funèbre d'enfants; il n'y avait avec eux qu'une
seule personne plus grande ; les petits portaient sur
leurs épaules la bière où gisait à découvert le corps
d'un de leurs jeunes camarades, qui semblait dormir
et reposer doucement parmi les fleurs. C'était le chemin du cimetière. Mais cette contrée bénie n'offre
guère de spectacles tristes et douloureux; tout ici respire la joie, la gaieté, le contentement. Dans une promenade où nous entrons, de petites *gitanas* nous entourent et se mettent à danser avec mille gestes câlins
et gracieux; sous les massifs et dans l'ombre du soir,
on entend gratter la guitare et chanter les sérénades;
il y a comme un souffle alanguissant dans l'air embaumé.

Le jour suivant, je fus accosté, en sortant de l'hôtel, par un grand individu vêtu en *majo* andalou et
qui possédait une figure de vieux coquin des plus caractéristiques; il voulait me vendre le portrait de la
princesse des Gitanos, noble tribu dont il faisait partie, et il me dit d'un air suffisant: « Je suis le modèle
de Fortuny ! » Je n'acceptai point ses services, mais
je me promis d'aller visiter son repaire le plus tôt
possible. Je voulais voir auparavant le Généraliffe,
et j'allai demander une carte d'entrée à un monsieur

à qui j'étais recommandé. C'était entre l'Alhambra et le Zacatin; il me fallut passer par une enfilade de petites rues arabes fort curieuses; j'y trouvai bon nombre de restes moresques, d'arcades en fer à cheval avec un verset du Coran pour devise. Peu ou point de fenêtres à l'extérieur, une porte unique fermée par une tenture en toile grise rayée de rouge; des gens vêtus très légèrement par suite de la chaleur, des enfants nus qui jouent nonchalamment, voilà le spectacle que présentent les rues de Grenade à heures du soir. Les *aguadores* sont fort entourés; on boit, on boit toujours: en me rendant au Généraliffe, je m'arrêtais à toutes les fontaines, à tous les jets d'eau, à tous les ruisseaux; mais c'est au Généraliffe même qu'il faut aller voir ce que c'est qu'un jardin, ce que peuvent produire ces petits filets d'eau, ces légères cascades, brisés à l'infini, afin de les mettre en intime contact avec l'air et de rafraîchir ainsi l'atmosphère. Parterres superposés en escaliers, arcades de feuillages et de fleurs, ifs taillés de mille façons, lauriers-roses et sombres cyprès, de l'eau qui jaillit, murmure et étincelle partout dans l'herbe et sous les arbres, tel est ce séjour de délices, ancienne maison de campagne et villa des rois maures, aujourd'hui faisant partie des biens de la *marquesa de Campotejar*.

Du haut d'un belvédère, on a une vue qui vaut celle dont on jouit depuis l'Alhambra. Mais pourquoi donc les badauds écriront-ils leur nom sur tous les murs jusqu'à la fin du monde? Habitude ancienne et toujours nouvelle. Est-ce que je n'ai pas lu dans le cabinet de toilette des sultanes, en lettres grandes comme

la main et gravées profondément dans la pierre :
« Août 1823. J. G., officier, porte-drapeau du 11ᵉ régiment de ligne ? »

Je rencontrai dans une des salles du Généraliffe M. Benjamin Constant, qui peignait un tableau oriental ; il avait arrangé artistement dans un coin, un sofa, un narghilé et des babouches. Instinctivement, en voyant ces objets et en entendant du bruit, on tournait la tête du côté de la porte, dans l'espérance de voir arriver un émir ou un kalife.

Le soir, je fus à l'Albaycin, où je vis des tanières creusées dans la montagne et habitées par tout un peuple de gens étranges, forgerons, maquignons, tondeurs de mules, diseuses de bonne aventure, brodeuses de tapis, enfants, culs-de-jatte en quantité, ânes galeux, cochons grognants. Leurs demeures sont des cavernes dont la façade est blanchie à la chaux et le dedans noir comme du charbon. Des cactus énormes croissent de toutes parts ; crasse, puanteur, poussière, types vulgaires, affreux visages de vieilles au nez crochu, maladies hideuses, c'est l'impression qui m'est restée de ma course là-bas ; c'est évidemment une race maudite et rejetée à l'écart, comme le lépreux du moyen âge, que celle qui habite ces lieux désolés ; on y a élevé des croix à chaque coude du chemin qui circule autour de la montagne, et j'y vois des groupes de señoras à genoux et priant devant de petites chapelles, sans crainte de souiller leurs longs vêtements noirs. Les gitanos zingari ou bohémiens forment, en Europe, un peuple de cinq millions d'âmes ; il y en aurait cinquante mille en Espagne, et dans les villes méridionales ils sont parqués dans une sorte de *ghetto*. Ils ne sont chrétiens que de nom : leur religion au fond, c'est le paganisme.

Pour changer, j'allai au Salon où les braves Grenadins et les belles Grenadines se promenaient joyeusement. Sont-ils heureux de s'amuser et de se répandre par les rues et les places, après avoir été séquestrés toute la journée dans leurs appartements ! J'écoutai longtemps un duo de flûte et de guitare, concert donné en plein vent par deux bourgeois amateurs, sur un banc de la promenade.

Mais je revenais toujours avec un nouveau plaisir à l'Alhambra et à ma belle avenue de platanes ; je rencontrai mon compagnon qui errait dans les allées ; nous nous assîmes dans l'herbe, et ce soir-là je dus lui faire des confidences et recevoir les siennes ; j'avais le cœur mis trop en joie par cette belle nature !

Le samedi, 24, nouvelle visite à l'Alhambra ; et comme c'était la veille de la *Santiago*, saint Jacques, patron de toutes les Espagnes, il nous fut donné d'assister à un splendide spectacle : nous étions sur une éminence, à la limite de notre chère forêt de l'Alhambra ; de là on a une vue fort étendue sur Grenade et la Véga : c'était au coucher du soleil ; à ce moment les cloches de toutes les églises se mirent en branle pour l'*Angelus* et l'annonce de la fête du lendemain. Rien ne peut atteindre le grandiose de cette scène. Hélas ! nous n'avions plus que quelques heures à rester à Grenade. A 3 heures du matin, nous devions prendre le train pour Malaga.

J'avais été assister à la cathédrale aux premières

vêpres de la fête ; le temple était splendidement décoré, la foule l'envahissait ; de jeunes clercs, tenant d'une main un gros bréviaire et de l'autre un long bâton argenté, faisaient le service de l'église. Avant l'office, j'eus l'occasion de m'approcher des chanoines qui s'habillaient dans une sacristie et de leur demander quelques renseignements. Ce n'était pas la première fois que j'avais affaire avec ces hommes éminents, à l'aspect sévère et majestueux, mais à l'abord facile et aux manières courtoises. La familiarité méridionale exclut la forme guindée, la morgue et la réserve que nous apportons souvent dans nos relations, nous autres gens du Nord. Et pourtant aux grands jours, aux époques solennelles des concours, les chapitres des églises d'Espagne déploient une pompe et un appareil tout à fait extraordinaires et bien capables d'exciter en nous, avec l'admiration, l'envie et les regrets. Qu'est-ce que ce fauteuil présidentiel, élevé sur une estrade au milieu de la cathédrale, ces bancs d'apparat, ces chaires à prêcher ? Il y a une prébende canoniale vacante : c'est, si vous vous voulez, celle du chanoine *Magistral* ou prédicateur, et tous les matins, pendant une vingtaine de jours, il y aura concours ; pendant cinq jours, les concurrents soutiendront des thèses théologiques, et les quinze jours suivants ils parleront tour à tour sur un sujet donné d'éloquence sacrée. Les séances sont publiques.

Organisés sur ce pied, les chapitres espagnols ne peuvent contenir dans leur sein que des hommes de premier mérite ; leur éducation est souvent distin-

guée ; en tout cas, ils possèdent une science profonde
et une âme remplie du feu apostolique.

Le clergé espagnol en général est doué lui-même de
ces bonnes et belles qualités ; je l'ai dit autre part, ce
pays est un pays béni du ciel ; dans quelques provinces, comme le pays basque, par exemple, on voit
encore les prêtres vivre dans leur famille, entretenus
au moyen d'anciennes donations ou par les offrandes
des fidèles. Leur nombre est considérable ; dans une
petite ville de 5.000 âmes on rencontre facilement une
trentaine de prêtres ; ils appartiennent tout à Dieu, et
à leur cher troupeau ; leur piété est proverbiale, et
ils sont aussi expansifs avec Dieu qu'avec leurs con-
citoyens ; ils passent le temps dans les églises ou au
sein de leurs familles ; leur caractère est respecté,
leur zèle apprécié, leur assistance recherchée ; quand
ils passent dans la rue ou sur les places et les promenades publiques, tout le monde salue ; ils causent
avec tout le monde.

Le clergé régulier, hélas ! n'est pas nombreux en
Espagne, mais les couvents fermés par la Révolution
semblent se rouvrir. Dans les pays basques, dans les
deux Castilles, à Madrid et aux environs, j'ai pu
constater que les religieux et les moines sont esti-
més et aimés, qu'on désire leur retour, et qu'ils sont
accueillis avec joie par les populations, quand, avec
le consentement formel ou tacite du gouvernement,
ils viennent faire de nouvelles fondations dans ces
contrées. Les couvents de femmes ont toujours été
florissants partout en Espagne. En Andalousie, j'ai
rencontré beaucoup de religieuses et une fois quel-

ques religieux habillés avec un costume gris cendré que je n'avais jamais vu nulle part que là. On sera peut-être surpris d'apprendre que dans les montagnes voisines de Cordoue, dans un site sauvage, il s'est établi des ermites et des anachorètes, dont la vie ressemble à celle des anachorètes de l'antique Thébaïde; ils habitent dans une cellule double, où l'on peut voir leur pauvre mobilier composé d'une natte, d'une cruche d'eau, de quelques livres et instruments de discipline; ils sont astreints à un régime sévère, ne mangeant que du pain et des légumes, du poisson aux grandes fêtes seulement; ils partagent leur temps entre la prière, la lecture et le travail des mains, et ils ne peuvent se rencontrer qu'à l'église. Leur patron est saint Paul Ermite.

Quant aux évêques espagnols, leur renommée est grande; ce sont des savants de premier ordre, donnant tout leur temps aux occupations du ministère pastoral, et à la réforme des études ecclésiastiques ou autres dont le besoin se fait sentir absolument, surtout depuis quelques années. Tel évêque qui a changé de siège six fois, a aussi partout changé la face des choses, en fondant des collèges catholiques libres, ou en donnant des programmes d'études sérieux et solides. Ce qu'on ne sait pas non plus, c'est la bonté avec laquelle ces prélats accueillent tout le monde; à certains moments de la journée on pourrait les voir, assis dans leur fauteuil, au milieu du *patio*, donner audience à leurs diocésains qui les abordent comme des enfants abordent leur père.

Ce n'est plus comme au temps de Gil Blas de Santillane : « Je trouvai dans les appartements de l'archevêque de Grenade, raconte-t-il, un peuple d'ecclésiastiques et de gens d'épée, dont la plupart étaient
des officiers de Monseigneur, ses aumôniers, ses
gentilhommes, ses écuyers ou ses valets de chambre.
Les laquais avaient presque tous des habits superbes ;
on les aurait plutôt pris pour des seigneurs que pour
des domestiques. Ils étaient fiers et faisaient les hommes de conséquence. Je ne pus m'empêcher de rire
en les considérant et de m'en moquer en moi-même.
Parbleu ! disais-je, ces gens-ci sont donc bien heureux de porter le joug de la servitude sans le sentir !
Je m'adressai à un grave et gros personnage qui se
tenait à la porte du cabinet de l'archevêque pour l'ouvrir et la fermer quand il le fallait. Je lui demandai
civilement s'il n'y avait pas moyen de parler à Monseigneur : « Attendez, me dit-il, d'un air sec ; Sa Grandeur va sortir pour aller entendre la messe ; elle vous
donnera en passant un moment d'audience. » Je ne
répondis pas un mot ; je m'armai de patience, et je
m'avisai de vouloir lier conversation avec quelques-
uns des officiers ; mais ils commencèrent à m'examiner depuis les pieds jusqu'à la tête, sans daigner
me dire une syllabe. Après quoi ils se regardèrent
les uns les autres, en souriant avec orgueil de la liberté que j'avais prise de me mêler à leur entretien. »

Le pauvre Gil Blas demeure tout décontenancé de
se voir ainsi traité par des valets, mais il n'est pas
encore remis de sa confusion quand l'archevêque paraît, s'avance vers lui d'abord et lui demande, d'un

ton de voix plein de douceur, ce qu'il souhaitait ; il cause un instant avec lui et finit par le prendre à son service. Le prélat ne laissait pas d'être un homme assez accommodant, on le voit, et plus gracieux que ses domestiques ; il connaissait aussi les auteurs grecs et latins, la dialectique, où Gil Blas était ferré à glace, et, au dire du vieux Melchior de la Ronda, c'était un prélat fort pieux, s'occupant sans cesse à édifier le peuple, à le porter à la vertu par des sermons pleins d'une morale excellente et qu'il composait lui-même ; il avait quitté la cour depuis vingt ans pour s'abandonner entièrement au zèle qui l'animait à l'égard de son troupeau ; c'était un savant personnage, un grand docteur qui mettait tout son plaisir à prêcher et que les auditeurs étaient ravis d'entendre. Il est vrai qu'on n'est pas auteur impunément, qu'on cherche tout de même un peu l'estime que le monde a pour les écrits fins et limés, qu'on peut aimer s'entendre appeler un autre cardinal Ximénès et qu'on n'aime pas la critique de ses homélies ; Gil Blas l'apprit à ses dépens. Mais enfin l'archevêque chérisait l'étude et le travail, et l'exemple en a toujours été donné aujourd'hui comme autrefois par les hauts dignitaires de l'Église.

Le clergé espagnol a toujours passé, à bon droit, pour un clergé instruit et connaissant à fond les sciences ecclésiastiques et théologiques. La théologie ne s'enseigne plus que dans les séminaires conciliaires et diocésains, depuis qu'un décret du gouvernement provisoire et révolutionnaire, en date du 21 octobre 1868, sous le ministère de Manuel Ruiz Zorrilla, a supprimé ladite faculté dans toutes les universités du royaume. Le théologie catholique n'a point évidemment à se plaindre de cette mesure, ainsi que me e faisait remarquer un savant chanoine espagnol, puisque les évêques, seuls maitres légitimes de la foi et des mœurs, ne pouvaient intervenir aucunement dans l'enseignement universitaire.

On n'a aucune idée dans notre pays de France de l'attention qu'on apporte chez nos voisins de la Péninsule aux choses qui touchent à l'enseignement religieux et à l'éducation du clergé. Fonder un séminaire, étudier les langues sacrées, chez nous, semblent l'apanage exclusif du monde ecclésiastique ; il n'en est pas de même en Espagne : la fondation, l'inauguration d'un séminaire élevé au moyen des dons des fidèles, après avoir surmonté des difficultés de toutes sortes, provoquent l'enthousiasme général. C'est ce qui est arrivé dernièrement encore pour le séminaire conciliaire de Vittoria.

Après la bénédiction donnée à la messe célébrée à la chapelle du séminaire par le doyen du chapitre, administrateur du diocèse, en la vacance du siège épiscopal, assisté de deux bénéficiers de la cathédrale, devant le corps professoral et deux cents étudiants ; après la profession de foi prononcée par le recteur, l'ouverture réglementaire du cours académique de 1880-1881 va commencer ; à ce moment la place qui s'étend devant l'édifice et les rues avoisinantes regorge d'une foule d'élite convoquée pour la cérémonie. C'est la commission de l'illustre chapitre de la cathédrale, c'est la députation de la municipalité, celles de l'institut provincial et d'autres centres littéraires ; il

y a là les représentants du capitaine général des provinces basques et nombre d'officiers de l'armée, amis
des lettres et non moins désireux que les autres d'assister au spectacle des gloires du catholicisme ; il y
a des membres de la députation provinciale, de la
chambre des députés, du collège des avocats et des
notaires, des religieux, un grand nombre de prêtres,
des médecins, des artistes et des savants, des représentants enfin de toutes les classes de la société.

Tout le monde est reçu aux portes par les chanoines
commissaires et introduit dans la vaste salle des
actes publics par le vice-recteur, le secrétaire des
études et le majordome.

Quand le vicaire capitulaire eut fait son entrée et
pris place au fauteuil du président, le licencié Francisco Sanz de Frutos, chanoine pénitencier et digne
recteur du nouveau collège, fit le discours d'ouverture ; avec sa noble attitude, sa voix claire et son
ton si mâle et si ferme, il montra une fois de plus
qu'il avait acquis avec raison la réputation d'un
véritable orateur et d'un homme de lettres distingué.
L'objet de son exorde, c'est la très antique origine
et l'importance capitale des séminaires conciliaires
en général, au point de vue de la religion et de la
science ; il poursuit en exposant à grands traits ce que
doit être le futur enseignement dans le collège de
Vittoria : « La foi et la raison, dit le recteur, sont
sœurs, sans que l'autorité de celle-là restreigne la
liberté de celle-ci ; par conséquent, la sacrée théologie
non seulement ne s'oppose pas aux progrès de l'intelligence humaine, mais elle les excite et les désire,

les ordonne et les assure, les étend et les perfectionne ; la révélation est à la raison ce qu'est l'étoile au navire, le soleil à la végétation, les ailes à l'oiseau, le télescope à la vue naturelle. »

Puis, emporté doucement sur les ailes d'une logique rigoureuse, l'orateur exhorte la jeunesse studieuse à l'amour de l'étude, en annonçant que dans le nouveau séminaire, outre la théologie sacrée dans toute son extension, on enseignera aussi les matières les plus importantes de la philosophie catholique de saint Thomas d'Aquin, qui a pour principe la crainte de Dieu, pour bas l'humilité, pour compagnes la pudeur et la paix, pour objet la vérité dans l'ordre de la nature comme dans l'ordre surnaturel de la révélation, et pour fin la science, la clarté et le perfectionnement moral de la volonté. « Mais, dit en finissant l'éminent recteur, la science humaine ne peut servir à rien si elle ne sert point à sauver vos âmes et celles de ceux qui vous sont confiés, et que vous conduisez, comme de nouveaux Moïses, dans les ténèbres de la vie vers la véritable terre promise ».

La déclaration canonique de l'ouverture des cours académiques suivit cet important discours.

Le plan des études et le cadre des matières embrasse deux années pour le latin et les humanités.

— 1re année : Langue latine (méthode Robertson). — Histoire sacrée.

— 2e année : Langue latine. — Principes de rhétorique et de poétique (Coll et Vey). — Géographie.

— Trois années de philosophie.

— 1re année : Logique, métaphysique générale

(philosophie élémentaire de Zéphyrin Gonzalès).
— Revue du latin. — Arithmétique et algèbre.

— 2ᵉ année : Physique et chimie. — Géométrie.
— Notions d'histoire naturelle et géologie.

— 3ᵉ année : Métaphysique spéciale et morale
(Zéphyr. Gonzalès). — Histoire profane, générale et
particulière de l'Espagne (Rubio et Ors).

— Théologie sacrée.

— 1ʳᵉ année : Théologie fondamentale (Bulsano).
— Histoire ecclésiastique.

— 2ᵉ année : Théologie dogmatique (Bulsano). —
Langue grecque.

— 3ᵉ et 4ᵉ années : Théologie dogmatique. — Théologie morale (Scavini).

— 5ᵉ et 6ᵉ années : Institutions bibliques(Schouppe).
— Patrologie (Annato). — Éloquence sacrée (Martinez Sanz). — Théologie pastorale (Mach).

— 7ᵉ année : Discipline ecclésiastique (La Fuenta).
— Langue hébraïque.

Droit canon.

1ʳᵉ et 2ᵉ années : Institutions et décrétales (Vec-
chiotti et Bérardi). — Discipline ecclésiastique.

Ce plan d'études, large et bien conçu, est tout à
l'honneur du pays espagnol et du pays basque en particulier, et il peut servir de stimulant et d'exemple
pour d'autres pays, comme me le disait le recteur
Sanz de Frutos.

Autrefois quand la théologie s'enseignait dans les
universités de l'État, les cours étaient de cinq années.
Un excellent prêtre, don Antonio Perez, bien connu
de la colonie espagnole de Paris, et qui vivait encore

dans ces derniers temps, m'a raconté qu'à l'université d'Orihuela où il faisait ses études, les dominicains enseignaient la théologie de saint Thomas, et qu'il y avait deux classes par jour, de huit à dix heures du matin et de deux à quatre heures du soir ; on donnait aux élèves un article à étudier par cœur, et le professeur questionnait et expliquait. Les dominicains savaient par cœur toute la Somme du saint docteur ; on se servait de Billuart (18 volumes) comme auteur, et pour le doctorat le cours comprenait sept années.

Deux choses m'ont semblé singulières en examinant le programme des études en vigueur dans les établissements d'instruction de ce pays espagnol si digne d'intérêt : la première, c'est le peu de durée des études des séminaristes, qui ne peuvent suivre le grand cours ; ceux-ci sont classés dans ce que l'on appelle la *Carrera abreviada*, et ils ne font qu'une année de dogme et une année de morale. C'est tout, et cela ne semble pas suffisant ; nous avons déjà vu qu'à l'université de Coïmbre, il y a un cours de trois années seulement pour les élèves qui se destinent à l'état ecclésiastique et ne veulent point suivre le grand cours.

La seconde chose, et celle-là est déplorable à tous égards, c'est le peu de durée et la mauvaise organisation des études secondaires ; on fait dans les collèges espagnols trois ans de lettres suivis de trois années de sciences ; on voit de là l'abus et combien peu le nom d'*humanités* doit être donné à de semblables études ; après s'être initié au latin, ce que l'on fait plus rapidement que chez nous et ce qui n'est pas un mal, j'en conviens, on termine brusquement les études littéraires pour *faire des chiffres* pendant trois années de suite, c'est-à-dire qu'on rapetisse le cœur des jeunes gens et qu'on brise l'essor, qu'on arrête de vol de leur intelligence.

Un semblable état de choses dénote une véritable décadence, et il ne date, en effet, que de la moitié de ce siècle, alors que des révolutions successives ont bouleversé de fond en comble l'ancienne organisation qui était meilleure ; l'enseignement ecclésiastique lui-même a beaucoup souffert de l'influence gouvernementale et de ces réformes malheureuses : ne serait-ce pas là la raison qui fait qu'on trouve, à la vérité, beaucoup d'illustrations dans les rangs du haut clergé, mais en revanche que le clergé des campagnes et le clergé inférieur des villes est moins instruit que sa vieille réputation pourrait le faire supposer ? J'ai été parfois étonné de voir combien il avait de peine à s'exprimer correctement en latin, reproche qu'on a fait souvent au clergé de France.

Quoi qu'il en soit, j'étais là à poser des cas de conscience aux chanoines de la cathédrale de Grenade, et j'ai vu avec quel soin ceux-ci s'y prenaient pour résoudre mes questions; il s'agissait entre autres choses de savoir si un voyageur pouvait aller de Grenade à Malaga le dimanche, le train n'arrivant dans cette dernière ville qu'à 11 heures 1/2, ce qui expose à manquer la messe, dans ce catholique pays où personne n'y manque. La question fut résolue affirmativement: il y a des messes à midi là-bas comme chez nous, et en faisant diligence, on peut encore remplir

son devoir. Et le vendredi peut-on manger gras ?
Pour les Espagnols, le cas n'est pas difficile : ils se
procurent la *Bulle des croisades*, et tout est dit. J'étonnerai peut-être bien des gens en leur disant ce que
c'est que la Bulle des croisades. C'est une dispense
personnelle du maigre accordée à tout le monde, et
valable sur le territoire des Espagnes et des îles Canaries pour un an ; on peut donc faire gras tous les
vendredis, excepté les vendredis de carême et quelques
vigiles désignées nommément ; ceux qui veulent jouir
des avantages de la Bulle la demandent à l'autorité
ecclésiastique, qui la délivre au nom de 'archevêque
de Tolède, primat des Espagnes, commissaire apostolique de la sainte croisade ; on est obligé alors de
faire telle aumône qui est employée pour les églises et
les séminaires ; il paraît que le même privilège existe
en Portugal ; on n'a qu'à se rappeler ce que nous en
avons dit en passant.

Glorieux privilège que celui-là, et conquis vaillam-
ment par le noble et vaillant peuple espagnol, qui a
donné pendant des siècles son or et son sang pour la
croisade contre Mahomet et ses farouches sectateurs !
En retour de cet or et de ce sang, les évêques ont obtenu des avantages spirituels et temporels, de nombreuses et précieuses indulgences, certaines dispenses
de mariage et d'autres, comme celle de l'abstinence ;
Pie IX a confirmé, renouvelé et promulgué ladite
bulle, et les étrangers qui voyagent dans la Péninsule
peuvent en profiter.

# X

## DU SUD-OUEST AU NORD-EST

Malaga : encore les *toreros*. — Cadix : élégance et gracieuseté. —
Séville : Les *patios*, la cathédrale. — Baylen. — Almansa. — La
*feria* de Valence. — *Barcelona y Francia*. — Fontainebleau.

Nous sommes au fond de l'Espagne, mais notre
voyage tire à sa fin ; quand nous aurons vu Séville,
Valence, Barcelone, le tour complet sera achevé ;
auparavant il faut faire une apparition à Malaga et à
Cadix. Nous étions partis de Grenade de très grand
matin, mais sous le climat africain, avec un soleil
tropical, la chaleur était aussi intense que partout
ailleurs ; aloès, palmiers, figuiers, orangers, citron-
niers, grenadiers, font de véritables forêts depuis la
sierra Nevada ; à Malaga, pour commencer, nous
nous dirigeâmes vers la cathédrale majestueuse mais
inachevée, et nous entendimes la messe ; après, nous
allâmes déjeuner dans je ne sais plus quel hôtel situé
sur l'Alameda, mais en tous cas il était très passable, et son propriétaire était un très bon garçon,
comme celui de notre hôtel à Grenade qui nous avait
procuré son adresse.

Ce n'est pas très curieux Malaga, surtout le dimanche, jour de repos ; nous vîmes beaucoup d'hommes à la messe ; nous allâmes aux renseignements
dans les agences maritimes pour savoir s'il y avait
un bateau en partance pour Gibraltar et Cadix, car
mon compagnon voulait absolument faire cette excursion par mer, et nous sûmes qu'il n'y avait qu'un

vapeur anglais qui partirait le lendemain soir ; c'était trop longtemps attendre pour moi qui, du reste, avais fait des traversées autrement longues et avais vu des rochers aussi curieux que celui de Gibraltar, je veux parler de celui d'Aden, à l'extrémité de la mer Rouge, et les Anglais me le pardonneront, puisque l'un et l'autre endroit leur appartiennent ; je résolus de me tenir tranquille. — Promenade à 6 heures sur les quais du port, où nous voyons défiler toute la ville ; promenade le soir à 8 heures sur l'Alameda, où une compatriote malheureuse, mais peu intéressante, reconnaît que nous sommes Français et nous poursuit de demandes d'argent d'abord, puis, sur notre refus, s'emporte et lâche contre nous des bordées d'injures. Pauvre et triste échantillon de la France mauvaise et dépravée ! Entre temps, mon ami avait trouvé un moment pour aller à une course de taureaux très amusante, en ce sens que les taureaux étaient fort couards, les toreros très peu habiles, les chevaux enchantés pour une fois et le public très nerveux.

Après avoir pris un verre d'excellent malaga dans un café voisin, nous revînmes à l'hôtel et, avant de nous coucher, nous eûmes l'occasion de faire un bout de conversation avec le maître du logis. Nous parlâmes tauromachie ; c'est un sujet fécond et inépuisable pour les Espagnols et, je le répète, l'art de tuer les taureaux est toujours en honneur là-bas, maintenant comme autrefois ; pour s'en convaincre, il suffit de voir combien la personnalité des principaux matadors tient de place dans les préoccupations de leurs compatriotes, et comment ils connaissent

leurs moindres faits et gestes. Lajartijo est habile,
mais il faut voir comme Frascuelo est brave et beau
devant les cornes de son adversaire ; il est vrai qu'il
est bien aussi un peu imprudent, qu'il a été blessé
au bras dernièrement à Pampelune, et qu'il a même
la gangrène, dit-on, sans compter qu'il est poitrinaire,
mais c'est toujours l'idole du public, et le roi demande
de ses nouvelles. Le premier *espada* n'a pas seulement la gloire, il a aussi la fortune entre les mains,
et tandis qu'un *picador* ne touche que 70 fr. pour
une course, on lui donne à lui 10.000 fr., avec la
charge d'entretenir la *cuadrilla* ; aussi Lajartijo fait-il
construire à Cordoue, sa patrie, un palais de cinq
millions de réaux. Peut-être même un jour, plus
heureux que Coquelin, obtiendra-t-il la croix de la
*Beneficencia*, comme certain torero l'obtint pour
avoir protégé les passants contre la furie d'un taureau
échappé. Ce soir-là, nous apprîmes encore comment
les taureaux sont souvent amenés au cirque, enfermés
dans des cages ; on nous parla des coulisses de la *plaza* :
la chapelle où les toreros vont prier la Madone
avant la course, la pharmacie où on les panse quand
ils sont blessés, l'écurie où l'on recout le ventre des
chevaux, la boucherie où l'on vend la viande de bœuf
à la fin de la corrida, — nous avions vu cela à Madrid,
— et la conclusion qu'on tire de tout ceci, c'est
que les courses prendraient certainement en France
si les chevaux n'étaient pas exposés à être tués.

Notre obligeant maître d'hôtel voulut nous montrer
un spécimen de toutes les pièces espagnoles en circulation ; c'est drôle, et il y a de quoi perdre un peu

la tête au milieu des pièces de 2 réaux, 4 réaux,
10 réaux, *pesetas*, *escudos* et *duros*, et surtout avec
les vieilles pesetas à colonnes de 5 réaux et avec
la monnaie de cuivre : pièces de cinq et de dix
centimes, quarts de réaux à la marque d'Isabelle
valant à peu près un sou et quart et *cuartos* marqués
d'une croix.

Malaga est la ville du monde où l'on trouve le plus
de ces élégantes petites bêtes féroces qui s'appellent
moustiques ; on est piqué partout : à la salle à manger,
à la promenade, aux bains de mer, au lit surtout,
c'est un rêve ! Pour se préserver des moustiques pendant la nuit, il y a un moyen bien simple, que j'ai appris ici même, et dont je me suis bien trouvé : on
achète du camphre, on le réduit en petits morceaux
dont on saupoudre son lit et... l'on dort.

On va de Malaga à Cadix en un jour, en prenant
le chemin de fer de Cordoue ; on s'arrête à *la Roda*,
et l'on suit une petite ligne de raccordement qui vient
aboutir sur le chemin de fer de Séville à Cadix à
*Utrera* ; *Lebrija* vient tout après ; ces deux localités
sont situées sur le trajet des malheureux Français
faits prisonniers en vertu de la capitulation de
Baylen ; elles se signalèrent par une atroce conduite
envers nos soldats qui furent maintes fois poursuivis
à coups de pierre et même à coups de couteau. A
Lebrija, la populace se porta pendant la nuit dans
une prison où était un de nos régiments de dragons
et en égorgea 75, dont 12 officiers ; sans le clergé,
elle les eût égorgés tous.

Mon compagnon avait voulu voir Gibraltar au

moins depuis le pont du bateaux qui devait le conduire
de Malaga à Cadix ; je lui avais donné rendez-vous
à Séville, et j'étais seul dans mon wagon-salon, mais
non pas dans le train ; malgré la chaleur, pendant le
trajet et aux arrêts dans les gares surtout, c'était un
vacarme et un tohu-bohu indescriptibles ; nous avions
dans le train toute une bande de *toreros*, bien recon-
naissables à leur petite queue de cheveux tressés, à
leur chapeau de feutre, à leurs folles gambades et à
leur loquacité merveilleuse. Tout le convoi était mis
en gaieté par les joyeux compères, qui voyagent en
première ou en seconde, selon le rang qu'ils occupent dans la *cuadrilla*.

Il y avait aussi dans les voitures deux religieuses ; je fus frappé de la simplicité avec laquelle elles causaient avec tout le monde indistinctement et du respect qu'on leur témoignait ; l'une
d'elles demanda de l'eau à un *aguador*, et celui-ci ne
manqua pas de rincer deux fois son verre avant de
l'offrir, précaution tout à fait inusitée quand il s'agit
du commun des mortels.

A Jerez ou Xérès, je bus un verre de la précieuse
liqueur au buffet de la station, uniquement pour dire
que j'en avais bu dans le pays d'origine, et bientôt
après j'apercevais à travers les portières la blanche
Cadix ; c'est de Puerto de Santa-Maria, localité célèbre par ses courses de taureaux, qu'il faut voir le
joli contraste que produit sa blancheur de neige au
milieu des flots bleus de la mer. Un embranchement
de la voie se dirige à droite vers la presqu'île du
Trocadéro, et, chose étrange ! à cet endroit là préci-

sément, en voyant de loin deux tours et une sorte de dôme au milieu qui appartiennent à je ne sais que monument de la ville, on pense involontairement au palais de l'Exposition de Paris ; l'illusion est presque complète. Le chemin de fer décrit ici une immense courbe qui longe la plage ; on n'aperçoit plus que la mer et les marais salants et, par une étroite langue de terre, on parvient à Cadix.

C'est un bijou d'ivoire au bord de la mer, a-t-on dit ; une ville élégante, pimpante, en habits de noce avec des bijoux et des colliers de lapis-lazuli, de turquoise et de saphir, des maisons couvertes de miradores qui scintillent au soleil comme des diamants, des balcons d'où les fleurs débordent, des places couvertes de palmiers, de grenadiers, d'acacias, de touffes d'œillets et de glycines ; c'est vert, c'est rouge, c'est violet, c'est blanc, c'est bleu. La brise marine se joue à travers l'Alameda et les terrasses des promenades et des quais, et l'on respire des parfums et des odeurs de paradis terrestre. Les señoras glissent sous les beaux ombrages ; leur mantille élégante encadrant un visage de madone, leur démarche gracieuse et leur doux babil en font les dignes habitantes de ces lieux charmants ; on ne se croirait plus en Europe, mais bien en pays créole, dans une des îles des Antilles ou au milieu de ces jardins fortunés chantés par Bernardin de Saint-Pierre et où vécurent Paul et Virginie. Ici comme là-bas, il n'y a guère de place pour le vice et la débauche. Je suis bien aise de le dire. Les mœurs sont simples et familières, le soleil illumine les visages, la nature est si belle qu'on

veut se mettre à l'unisson, et c'est tout, n'en déplaise
à mes compatriotes, qui ne comprennent guère
qu'on puisse s'arrêter à la coquetterie sans aller
plus loin ! Partant, si les Gaditans sont vertueux, ils
n'en sont pas moins andalous, et l'on pourra entendre
dans les rues de Cadix, entre deux éclats de rire,
adresser à une dame un compliment comme celui-ci :
*De Cadix al Puerto un salto pegué, por ver te tan
solo la punta del pié ; hay que pié ! tan chiquiri-
tito, y que poé !* De Cadix à Puerto, je ne ferais qu'un
saut pour voir seulement la pointe de vos pieds ;
quels pieds ! ils sont si petits, mais ils ont une si
grande puissance !

L'île de Léon, qui renferme Cadix, avait déjà servi
de refuge pendant la guerre de l'indépendance au gouvernement insurrectionnel et aux Espagnols les plus
exaltés. En 1820, ce fut parmi les troupes campées
dans cette île qu'éclata la Révolution contre Ferdinand VII, à l'instigation de Riégo et de Quiroga ; en
1823, les Cortès s'y établirent de nouveau à l'approche de l'armée française, conduite par le duc d'An-
goulême. La presqu'île fortifiée du Trocadéro fut prise
d'assaut le 31 juillet 1823, mais Cadix ne se rendit
que le 1er octobre ; le roi Ferdinand, retenu prisonnier jusqu'alors par les constitutionnels, avait pu
s'embarquer dès la veille pour la terre ferme.

— Les *toreros*, décidément, tiennent à voyager en
ma compagnie ; de Cadix à Séville, j'en vois des
nuées dans le train, dans les gares, sur les quais, partout. Et en arrivant à Séville, quel tapage ! ça me rappelle Naples ; il faut se boucher les oreilles ; nous

nous entassons vingt : hommes, femmes, enfants et toreros dans un vieux véhicule boiteux et détraqué ; les mules partent, au milieu d'une poussière idéale, et après avoir cru mille fois à une fin prochaine, ou tout au moins à un accident qui me priverait pour toujours d'un bras ou d'une jambe, j'arrive à l'hôtel des Quatre-Nations.

*Ay de Dios !* le proverbe dit vrai : qui n'a pas vu Séville n'a pas vu une merveille. Ses maisons blanches, ses nombreux clochers, les mille aiguilles de sa splendide cathédrale, sa *Giralda* de briques roses à trois étages, son Alcazar mauresque, sa belle *Torre del oro* qui se dresse fièrement entre le fleuve et les jardins de *San Telmo*, près de la promenade que la reine Christine a baptisée de son nom et qu'on appelle encore *Paseo de las Delicias* ; c'est un charmant spectacle que de voir tout cela !

Je voulus visiter tout de suite les fameux *patios* de Séville ; c'était facile ; il y en avait un très beau à l'hôtel même. Le *patio* ou cour intérieure est en plein air et se retrouve dans presque toutes les maisons. On étoufferait dans les chambres, on vit au dehors ; c'est l'*atrium* des Romains, qui affecte généralement une forme circulaire ; il est séparé de la rue par un vestibule ouvert et une grille élégante à travers laquelle on peut apercevoir le monde qui passe sur les trottoirs. Souvent autour du *patio* règne une sorte de cloître qui sert de promenoir ; au centre de la cour, on trouve un jet d'eau et des massifs de fleurs ; un *velarium* est tendu au-dessus du salon ; des lanternes chinoises se balancent à

des cordons de soie, des canapés et des guéridons
couvrent le sol, des tableaux décorent les murs ornés
de marbre ou *d'azulejos ;* on peut aussi voir dans un coin
un piano ou une guitare qui, vers le soir, serviront à
accompagner les romances et les chansons des jeunes
filles. N'est-ce point tentant un pareil tableau? Tels
sont pourtant les *patios* de Séville.

L'historien Juan Bermudez commence ainsi sa description de la cathédrale de Séville : « Ainsi que se
présente à la mer un bâtiment de haut bord tout pa-
voisé, dont le grand mât domine les mâts de misaine,
d'artimon et de beaupré, avec cet ensemble harmonieux de voiles, de focs, de bonnettes, de pavillons
et de flammes ; ainsi vue à une certaine distance apparaît la cathédrale de Séville, dont la tour et le beau
transept s'élèvent au-dessus des nefs et des chapelles,
les tourelles, des clochetons et des chapiteaux. »

On s'est toujours enthousiasmé quand on a parlé
de ce bel édifice, et il y a de quoi ; l'élévation prodi-
gieuses de ses voûtes, jetées avec une hardiesse
inouïe à cent dix-sept pieds au-dessus du parvis, son incomparable richesse sculpturale, émeuvent, étonnent,
effrayent même celui qui, pour la première fois, pé-
nètra dans son enceinte ; il y a cent dix stalles
fouillées splendidement, des grilles de fer ouvragées
avec une habileté incroyable, un autel et un retable
faits pour des prêtres géants, des orgues énormes,
des verrières magiques, des vases sacrés plus riches
que partout ailleurs, des ornements brodés par les
saintes du paradis, des tableaux de Murillo qui donnent
déjà un avant-goût du ciel et n'ont rien de terrestre.

Pourtant cette belle cathédrale a une réputation sur-
faite ; ses proportions sont véritablement plus grandes
qu'à Tolède, mais elles ne frappent pas au premier
abord et n'impressionnent pas autant. L'architecture
générale en est plus sobre et d'un meilleur cachet,
mais c'est trop froid ; les ornementations ne sont point
placées assez en dehors comme à Tolède et ne viennent point solliciter l'admiration du visiteur ; il y a
des tableaux admirables qu'il faut chercher dans des
chapelles obscures et où souvent on ne peut pas entrer : il y a un amas de richesses incalculables dans
tous les coins de l'édifice ; en entrant, on ne le dirait
pas ; le regard vient se heurter contre un mur droit,
le mur du *Coro,* et s'arrête là, et si on cherche un peu
à se rendre compte du manque d'effet produit malgré
cette hauteur vertigineuse, puisque les cinq nefs de
l'église feraient à elles seules autant de cathédrales,
on verra que la raison se trouve en ceci ; c'est
que la cathédrale est toute en largeur et qu'elle n'a
point la forme accoutumée ; le gothique exige des
profondeurs, un sanctuaire étincelant qui brille
comme un soleil au fond des longues nefs et vers lequel les yeux se portent tout de suite en entrant. Ici,
rien de pareil ; le monument a été élevé sur le plan de
l'ancienne mosquée, sa forme est la forme carrée. On
sait qu'il a été bâti au xiv⁰ siècle par les chanoines,
qui se réduisirent pour cela au strict nécessaire. Devant
le chœur, on voit sur une dalle du pavé l'inscription
suivante : « Qu'importe que j'aie baigné de mes sueurs
l'univers entier, que j'aie parcouru trois fois le nouveau monde découvert par mon père..... si toi, pas-

sant en silence près de cette pierre, tu n'accordes pas même un salut à mon père, et à moi un doux souvenir ! » C'est le tombeau de Fernand Colomb, fils du grand Christophe Colomb. — Si l'on va ensuite à la bibliothèque Colombine, près de la Giralda, on vous montre aussi des livres qui ont appartenu au grand amiral, un traité d'astronomie avec des marges couvertes de notes par lui et divers écrits du même.

Après la cathédrale, l'Alcazar, que j'appellerai le palais arabe des rois chrétiens ; il est peut-être plus riche que l'Alhambra en ornements, arabesques et inscriptions ; la salle des Ambassadeurs est une merveille : on a placé des meubles orientaux dans les salles, et on peut aisément se figurer par l'imagination qu'on vit à quelques siècles en arrière : on peut penser qu'on va rencontrer don Pedro ou Maria de Padilla en sortant ; dans les jardins, sous les orangers, il vous monte à la tête des parfums si forts et si doux que ç'a été pour moi toute une révélation ; tout est fait pour la volupté dans cet endroit-là et l'histoire s'explique. Des guides officieux m'offrirent leur service dans les cours ; je les refusai. « Allez avec Dieu ! » me dirent-ils, comme on m'aurait dit en France : « Va-t'en au diable ! » Voilà une différence bien marquée.

Après l'Alcazar, le musée ; il est petit, mais c'est celui de l'école sévillane complète ; Murillo et Zurbaran y ont des chefs-d'œuvre. Le *Saint Antoine de Padoue* est une extase à laquelle on assiste ; on voit le saint, on comprend son bonheur indicible, on s'élance avec lui vers l'Enfant-Dieu. Quel homme que ce Murillo ! Pour faire des choses semblables, il devait avoir une belle âme, et Dieu avait dû déchirer pour lui un coin du voile qui cache le ciel, comme il le fit pour saint Paul.

J'allai visiter ensuite la fabrique de tabacs. On y voit des milliers de femmes et de jeunes filles qui confectionnent avec une grande habileté les cigares de la Havane et de Manille et les cigares communs. J'ai été frappé de la modestie des Sévillanes ; la chaleur les oblige de ne garder qu'un costume sommaire, mais aussitôt qu'un visiteur entre dans les salles, on les voit presque toutes se couvrir le cou et les épaules à la hâte ; elles ont beau darder sur vous leurs grands yeux flamboyants, des yeux faits avec un rayon de soleil d'Afrique, elles n'ont d'africain que le pur ovale du visage et le teint cuivré ; la chrétienne apparaît clairement, et si vous regardez aux murailles, vous y verrez suspendues une série de jupes et de nippes de toutes les couleurs, mais vous remarquerez aussi qu'on y a placé de distance en distance un petit autel ou une statue de la Vierge. A Paris, en ferait-on autant ? J'en doute, puisqu'on enlève les crucifix aux petits enfants. — Deux brunes gitanas du faubourg de Triana me tirèrent par la manche comme j'allais quitter la salle et m'offrirent de goûter à un mets national très pimenté ; il fallut s'exécuter de bonne grâce, au milieu des éclats de rire de toute la bande joyeuse.

Mon compagnon était arrivé à l'hôtel des Quatre-Nations ; nous allâmes nous promener à travers la *calle de los Sierpes,* où nous fîmes provision d'éventails ; aux *Délices de Cristina,* où l'on voit l'aristocratie sévillane et où il fait si bon se reposer le soir après une chaleur de 40 degrés à l'ombre. Les jardiniers de la Cristina ont imaginé de planter dans les bosquets et les massifs des palmiers en fil de fer sur lesquels ils font courir des liserons et des volubilis. C'est d'un fort joli effet. Que dirai-je encore de Séville ? Nous avons vu la fameuse *Casa de Pilatos* ; ce n'est pas très curieux. Quant au costume, c'est le même que partout ailleurs ; les femmes du peuple seulement, vu la douceur du climat, se contenten d'une chemise, d'un jupon et d'un châle jeté sur les épaules.

Le moment était venu de quitter la capitale andalouse, où il y a beaucoup à voir et à étudier ; je me rappelle que le directeur de *los Correos*, un monsieur très instruit, se plaignait à moi de l'abandon des antiquités sévillanes : « Pour l'historien, disait-il, Séville doit l'emporter sur Grenade ; à Séville on peut étudier l'histoire espagnole et véritablement nationale. »

En route donc de nouveau ; mais cette fois nous en avons pour plus longtemps que jamais. Infortunés voyageurs que nous sommes ! nous voulons regagner notre pays par Valence et Barcelone ; or nous allons tout simplement traverser toute l'Espagne du sud-ouest au nord-est, rien que cela ! partis de Séville à 10 heures du matin par le train-courrier, nous arriverons à Valence le lendemain à midi ! La Providence eut pitié de nous ; pour charmer les ennuis de cette traversée, elle nous envoya une bonne famille bourgeoise, composée du père, de la mère, d'une grande jeune fille et d'une petite espiègle de dix ans, qui s'appelait *Pilar* et nous amusa beaucoup par ses saillies et sa pétulance, pendant la première heure de la route : quand elle fut lasse de nous faire des questions et de nous raconter ses petites histoires, elle s'endormit sur l'épaule de mon compagnon. Nous étions alors à *Andujar*, qui vient un peu après *Montoro*. *Montoro* et *Andujar* se signalèrent en 1808 par d'abominables cruautés sur nos soldats isolés ou surpris par petits détachements.

Près d'Andujar, *Baylen*, localité qui a acquis une triste célébrité par la capitulation du petit corps d'armée du général Dupont. C'était en juillet 1808 ; Dupont, chargé des opérations contre les insurgés du midi de l'Espagne, après être entré à Cordoue comme on l'a vu plus haut, s'était rapproché des défilés de la sierra Morena, afin de maintenir ses communications. Malheureusement, au lieu de s'établir à Baylen même, où il eût été maître du passage, il s'installa à Andujar, ce qui l'obligeait à détacher une partie de ses forces sur la route conduisant d'Andujar à Baylen, vers les défilés.

Lorsque, le 16 juillet, les forces insurrectionnelles commandées par le général Castaños ayant franchi le Guadalquivir sur plusieurs points, notamment au bac de Menjibar, attaquèrent les troupes postées à Adujar, les Français, sentant le danger d'être tournés par Baylen et de se voir fermer les défilés, se contentèrent d'y envoyer une division. Les troupes, affaiblies par les maladies dues à la saison et au climat, se trouvèrent très inférieures en nombre à l'assaillant, furent battues et cernées malgré leur bravoure et durent capituler dans des circonstances qui offrent quelque analogie avec la capitulation de Sedan en 1870.

Le général Dupont, brave, intelligent, mais malade, blessé, épuisé par une température de quarante degrés *Réaumur*, démoralisé ainsi que son entourage par l'atrocité de sa position, manqua de cet héroïsme qui donne l'immortalité et signa une capitulation qui fut le supplice de sa vie.

On peut dire que sans Baylen les destinées de l'empire de Napoléon eussent été changées ; ce fut la première atteinte à son prestige ; l'insurrection espagnole en reçut une force invincible et prit dès lors ce caractère de lutte pour l'indépendance nationale d'où devait sortir la victoire.

A *Menjibar* on vend des poteries et des *alcarazas* superbes ; si l'on pouvait emporter tout cela ! Mais nous voici dans la *sierra Morena* ; c'est grand dommage qu'il fasse nuit, sans cela nous verrions les roches rouges et les blocs énormes célèbres par les souvenirs de don Quichotte et de son écuyer Sancho Pansa ; pourtant nous en voyons assez pour comprendre que les brigands auraient bien tort de ne pas s'établir dans ces endroits très pittoresques, où il y a encore de si beaux coups à faire, et même par ce temps de progrès, où la locomotive a remplacé la diligence ; je sais bien qu'il y a, dans le compartiment à côté, de fort beaux hommes qu'on appelle des gardes civils, et le père de la petite Pilar, qui dort toujours, a beau me dire qu'il n'y a pas de danger, je ne suis pas sûr qu'il soit bien convaincu lui-même ; le lieu est sinistre tout à fait. Peu s'en faut même qu'à *Santa Cruz*, je ne jette un cri d'effroi en descendant du train, pendant l'arrêt, quand je rencontre un grand gaillard qui porte à la ceinture tout un arsenal de couteaux, poignards et *navajas* ; je lui donne mon argent, à la vérité, comme je le remettrais en tremblant à José Maria lui-même ; mais celui-ci me donne en retour deux de ses couteaux à l'aspect étroit et barbare, qui feront bientôt l'admiration des parents et amis : ils ils ont un manche en corne blanche avec des paillons rouges, et la lame a la forme d'un poisson dont la queue est très effilée. Brrrr !

Tout après, *Valdepeñas* aux vins renommés, mais très ordinaires ; puis *Manzanarès, Argamasilla* ; c'est la Manche et ses moulins à vent, et ses plaines poudreuses, et ses paysans en guenilles, et ses ânes pelés, et les souvenirs de Cervantès. Dors en paix, bon chevalier de la Triste Figure, tu as été l'expression véritable du caractère espagnol, brave, aventureux, sérieux et jovial !

On change de train à Alcazar et l'on prend la ligne d'*Almansa* et *Alicante*. Almansa a été, le 25 avril 1807, le théâtre d'une bataille décisive qui affermit le trône de Philippe V, petit-fils de Louis XIV.

Les Français et les Espagnols étaient commandés par un Anglais, Berwick, excellent général, qui sut donner des victoires à la France.

Les Anglais avaient débarqué à Alicante dès le mois de février ; ils étaient commandés par un Français, Henri de Ruvigny, protestant zélé qui passa en Angleterre en 1686.

Le 25 avril, Ruvigny, soutenu par Las-Minas, at-

taque, près d'Almansa, Berwick, qui avait un peu plus
de cavalerie et d'artillerie que les Anglo-Hollandais ;
ceux-ci étaient supérieurs en nombre pour l'infanterie. Berwick avait mis les bataillons au centre et
les escadrons aux ailes. Cinq bataillons anglais ayant
essayé de tourner l'aile droite des Franco-Espagnols,
Berwick les fit charger à la baïonnette par une bri-
gade française, qui essuya leur feu à trente pas sans
y répondre.

L'aile gauche se défendait sans amener de résultat,
mais la cavalerie de l'aile droite vint la soutenir et
décida de la victoire. L'infanterie anglaise, hollandaise
et portugaise fut hachée. Un corps français fut presque
détruit par des réfugiés protestants français, commandés par Jean Cavalier, ancien chef des camisards.

La victoire fut complète : 500 morts, 10.000 prisonniers, 24 canons, 120 drapeaux et étendards
n'avaient coûté à la France que 2.000 hommes. (M.
B-L.)

Avant d'arriver à Valence, on traverse la *Huerta* ;
c'est ici qu'il faut venir chercher les forêts d'orangers
et de grenadiers ; on y trouvera aussi des champs de
cannes à sucre comme au Brésil, des rizières, comme
en Chine, de nombreux palmiers comme à Alexandrie
ou au Caire ; pour la première fois véritablement, les
yeux se reposent avec délices sur une verdure qui
s'étend à perte de vue ; nous passons près de jolies
villes et villages entourés d'eau, de châteaux seigneu-
riaux qui ont bonne mine et d'églises à tourelles ; à
droite, on aperçoit l'*Albuféra*, lagunes marines
longues de 24 kilomètres, couvertes de buissons rem-

plis d'oiseaux ; elles ont donné leur nom au duché créé en 1812, en faveur du maréchal Suchet, généralissime de l'armée d'Aragon, comme récompense de la victoire de Sagonte et de la prise de Valence (10 janvier 1812), dont les habitants avaient massacré en 1808 les négociants français qui y résidaient ; au loin on commence à voir les dômes bleus des églises de la ville. Nous arrivons à l'hôtel : point de chambre ; je plains les malheureux qui se trouvent, comme nous, dans le cas d'attendre une heure au sortir du train, après un voyage de deux jours ; déjà à Cadix, j'avais dû m'accommoder d'un lit de sangle placé dans un corridor ; me dira-t-on qu'on ne voyage pas en Espagne ?

J'ai peu vu Valence, et je crois qu'il y a peu à voir ; la cathédrale n'offre rien de remarquable ; j'ai encore devant les yeux néanmoins son retable à huit tableaux et les cierges verts qui décorent le maître autel. Pourquoi des cierges verts ? Et le symbolisme où est-il ? Les braves Valenciens du marché et de la *Lonja*, les paysans de la Huerta s'en viennent à la ville avec un mouchoir noir autour de leur crâne rasé, et leur chemise ouverte laisse voir sur la poitrine une médaille pieuse ; les femmes de la halle, les marchandes de poisson portent de longues aiguilles d'argent passées dans leurs cheveux noirs, et les soldats marchent pieds nus dans les rues et ont tous un éventail à la main, comme les braves du Céleste-Empire. Après tout, il semble que c'est assez naturel de se servir d'un éventail à Valence ; on connaît la renommée des *abanicos valencianos* ; ils sont si jolis que ce serait vraiment un péché de ne point s'en servir.

Le soir nous allâmes à la grande promenade de Valence, où se tenait alors la foire ou *feria*. Vraiment le coup d'œil en valait la peine! Toute la ville était là : le riche assis à côté du pauvre, l'homme du peuple coudoyant le marquis ; ce qui se fait du reste tout naturellement et est un trait de mœurs locales ; le valet allume sa cigarette à celle de son maître et seigneur. Pas de ces ignobles blouses portées par nos ouvriers, et souvent malpropres et mal faites ; l'ouvrier espagnol sait toujours avoir une mise décente ; pas de cris avinés et de dégoûtants spectacles ; l'Espagnol est convenable, il est sobre aussi, il aime sa petite famille et se promène tranquillement avec sa femme et ses enfants, en s'arrêtant de temps en temps devant les boutiques.

Ces boutiques, il y en avait pour tous les goûts : voici un bazar où de nobles dames vendent de petits billets de loterie roulés en forme de cigarettes ; voici une sorte de théâtre où les saltimbanques font des merveilles, une *horchateria* du pays où l'on vend la fameuse *horchata de chufas* ou boisson d'amendes de Valence ; plus loin, un bal retentissant du son des guitares et des castagnettes, et entre les établissements s'élèvent de riches pavillons, souvent de dimensions considérables, de style moresque, décorés avec goût, garnis de glaces, de pianos et de meubles luxueux. Toutes ces constructions sont rangées sur quatre lignes et forment une véritable ville, avec des rues remplies par les promeneurs. On fait de la musique dans les tentes, on reçoit ses amis, et l'on prend des rafraîchissements sous les pavillons, et ces salons improvisés sont illuminés d'une façon grandiose ; nous vîmes surtout un soleil multicolore de toute beauté, qui nous donna une haute idée de l'adresse et de l'habileté des Espagnols pour les arts décoratifs. Pourquoi M. Alphard n'enverrait-il pas, dans l'occasion, un de ses employés pour étudier ces choses-là à Valence ou ailleurs ? nous sommes au-dessous de nos voisins pour certaines choses, et nos fêtes nationales ne sont que des farces, le plus souvent.

Nous nous acheminons vers Barcelone, toujours à travers la *huerta*, où l'on remarque çà et là des maisons et des fermes de bonne apparence, mais surmontées invariablement de la croix, comme c'est le costume chez nous pour une église ou une chapelle. Une grosse dame, très loquace, fait dans le wagon sa profession de foi carliste ; un républicain et un alphonsiste lui répondent ; la bataille est bien engagée quand on s'arrête dans je ne sais quelle gare ; un nain affreux et difforme vient chanter un couplet bouffon à la portière ; tous l'applaudissent, lui jettent des gros sous en éclatant de rire, et redeviennent les meilleurs amis du monde. Un voyageur avait acheté à Valence une bouteille de la précieuse liqueur nationale qu'il gardait sur son sein avec une sollicitude maternelle et vantait hautement ; il la dépose un instant par terre ; à destination, il sort du wagon, et quand le train est de nouveau en marche, on trouve le flacon oublié, et l'on rit plus fort que jamais.

Nous traversons *Sagonte*. Les monuments en ruine de cette ancienne ville romaine, assiégée et prise par

Annibal, après un investissement de huit mois, furent le théâtre d'une bataille remportée par Suchet sur le général Blacke, le 25 octobre 1811.

*Tortosa* ; toujours des souvenirs français : cette ville fut assiégée et prise par le même général le 1er janvier 1811.

Le même Suchet encore fit subir à *Tarragone*, où nous arrivons, un terrible siège, la même année 1811. La place tint deux mois, et ne put être emportée qu'après cinq assauts, dont trois des plus furieux qu'on ait jamais vus. On a dit que les sièges de l'Aragon et de la Catalogue étaient les plus beaux qu'on eût exécutés depuis l'invention de Vauban. Suchet y gagna son bâton de maréchal de France.

La campagne est toujours belle ; on aperçoit sur la gauche la montagne si pittoresque du *Montserrate*, puis tout après *Martorell*, et le pont du Diable construit par Annibal ; les maisons des paysans sont rousses comme le sol, les gares fortifiées et les murs percés de meurtrières rappellent les sanglantes luttes intestines dont ces contrées ont été le théâtre ; de jolies villas, de nombreuses usines, le voisinage de la mer annoncent l'active et laborieuse *Barcelone*.

C'est une ville française ; il y a ici et en Catalogne énormément de Français ; grâce à l'obligeant chancelier du consulat de France, je pus avoir mes lettres à la poste, ce qui n'est pas facile sans passeport, j'en préviens les voyageurs ; grâce à deux aimables Français à qui j'étais recommandé, je vis ce qu'il y a à voir à Barcelone : la jolie *Rambla* si fraîche, si mouvementée, bordée de beaux magasins, parcourue

en tous sens par une foule bigarrée de travailleurs,
de soldats, de négociants, de corporations et de so-
ciétés de toutes sortes, bannières et musique en tête ;
le palais de de justice ou *Audiencia*, où il y a de beaux
restes gothiques, l'université bâtie en style moresque,
la cathédrale avec son beau cloitre, ses vitraux et la
confession de Sainte-Eulalie.

A la cathédrale, je copiai l'avis suivant pla-
cardé sur les murs : « Nous, X., par la grâce de
Dieu, évêque de..., grand-croix de l'ordre royal
d'Isabelle la Catholique, membre du conseil de Sa
Majesté, etc., etc. Nous faisons savoir à tous qu'un
des bénéfices alliés à une place de sous-chantre étant
vacant en cette église, nous avons résolu de mettre
cette place au concours ; ainsi que la rente qui a été
assignée à icelle par le dernier concordat et les rè-
glements royaux pour les églises cathédrales. Les
personnes qui sont donc douées d'une voix et d'une
instruction suffisantes, et qui, du reste, ont reçu l'ordre de la prêtrise, pourront comparaître en notre présence, soit elles-mêmes, soit représentées par procura-
tion d'ici à quarante jours, et elles fourniront les
pièces par lesquelles leurs évêques témoignent de
leurs bonne vie et mœurs. Les aspirants n'auront
pas plus de quarante ans ; ils devront avoir une voix
claire, sonore et qui pourra aller des *sol*, *ré*, *ut* graves aux *la*, *sol*, *ré* aigus. »

Le dirai-je ? je voulus voir une dernière fois les
courses de taureaux, et je réussis bien mal ce diman-
che-là en vérité ; la course fut détestable, les taureaux
étaient fort mauvais, ils ne voulaient point attaquer les

*picadores*; *Gordito*, qui dirigeait la *cuadrilla*, semblait très ennuyé ; alors le peuple se fâcha et exigea qu'on mît au taureau les *banderillas de fuego* ; comme l'alcade résistait, le tumulte devint indescriptible ; on injuriait l'alcade, et on lui criait : « *No entiende Usted ! Fuego al alcade !* » et l'on finit par démolir le cirque et jeter les planches dans l'arène. On mit les banderilles de feu à la pauvre bête ahurie : les pétards éclatèrent sur son dos ; rien n'y fit.

Nos nouveaux amis nous invitèrent à dîner et nous donnèrent une foule de renseignements sur le caractère et les mœurs espagnols. De ce qu'ils nous dirent, je conclus aussi qu'il ne faut jamais venir en Espagne au mois de juillet ; il y fait par trop chaud, les moustiques sont trop altérés ! j'en sais quelque chose ! j'avais une piqûre au genou qui amena des complications de toutes sortes depuis. Il faut aussi savoir la langue ; je l'avais étudiée un peu, mais il faut la connaître de façon à parler et à comprendre à peu près tout, et ne pas faire comme le Français qui prenait les *mozos de la escuadra*, les valets de l'escouade ou troupes provinciales, pour des garçons de *l'escadre* ou des marins, et qui disait à ce propos toutes sortes de choses drôlatiques ; ou bien comme le banquier qui demandait, au milieu de la nuit, à la porte d'un presbytère, qu'on lui trouvât un *cuarto*, une chambre, et ne parvint à obtenir qu'une pièce de deux sous qu'on lui jeta par la fenêtre.

Bref ! le moment était venu de regagner la frontière ; nous fîmes nos adieux à l'Espagne, et je ne puis dire avec quelles délices j'accourus respirer l'air pur et les douces senteurs de la forêt de Fontainebleau : au bouquet de l'impératrice, au chêne de Pharamond, dans les gorges de Franchard, au milieu de ces taillis superbes, je me fis promener des journées entières et je me livrai à une orgie de verdure; j'avais bien mérité cela ! je revenais diminué de moitié et si maigre, si maigre qu'on me prenait pour don Quichotte, et qu'un ami facétieux s'écria en me voyant pour la première fois depuis mon retour : « Voilà le résidu d'un hidalgo ! »

FIN.

# TABLE DES MATIÈRES

### III.

#### MADRID : LA CORRIDA D'APRÈS LES ESPAGNOLS.



### IV.

#### MADRID AU PHYSIQUE ET AU MORAL.

## V.

### CHATEAUX ROYAUX. ANTIQUITÉS CÉLÈBRES



## VI.

### LA ROUTE DU PORTUGAL.

## VII.

### LA LISBONNE DE POMBAL.



## VIII.

### L'UNIVERSITÉ DE COÏMBRE.

## IX.

### L'ANDALOUSIE. CHRÉTIENS ET MAURES.



## X.

### DU SUD-OUEST AU NORD-EST.



Imprimerie des Apprentis-Orphelins. — Roussel.
40, rue La Fontaine.

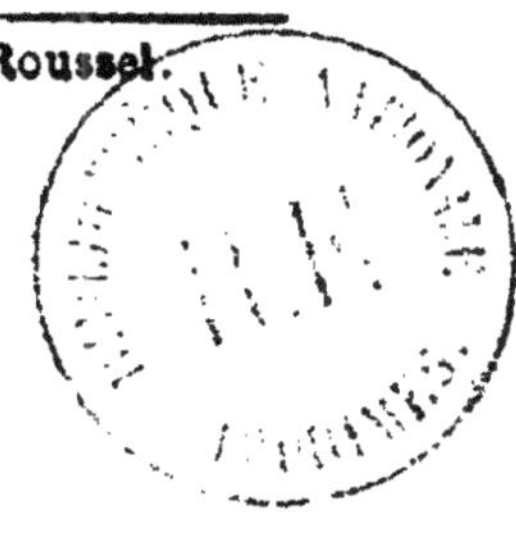

Ce que j'estime principalement dans la manière de M. de Valori, c'est l'art avec
lequel il condense dans un seul tableau un nombre infini de sujets. Autour du personnage principal, il groupe habilement les personnages secondaires. S'il peint par
exemple M. Thiers, c'est au milieu de tous les immortels de l'époque. S'il parle de
Donizetti, on entend dans le lointain les cantilènes de Mozart, de Rossini, de Bellini.
S'il devise de Frédéric Mistral, il ressuscite les trouvères et les troubadours.

S'il nous montre Xavier de Ravignan dans la chaire de Notre-Dame, on aperçoit
autour de lui Lacordaire, Ventura, Félix, et, plus loin encore dans le sanctuaire,
saint Augustin, saint Jean Chrysostome. Si, enfin, la gracieuse figure de Mme Récamier
est mise en lumière, Mmes de Staël, de Krudener, Swetchine apparaissent formant
comme un décamiéron de beautés et d'esprits autour de la figure centrale.

Il m'est advenu de signaler ici, cet hiver, au courant de mes lectures, plusieurs
passages de ces œuvres qui ont la vigueur et la concision de Tacite; notamment
lorsque l'écrivain dit que Xavier de Ravignan « fit un coup d'État dans l'âme du
maréchal Saint-Arnaud. » Impossible de dire plus en moins de mots. Mais le prince-
écrivain est surtout l'élève de Chateaubriand; il en a les émotions et aussi les fidélités.

Les belles comparaisons abondent sous sa plume inspirée qui garde le vol de l'oiseau.
Savignac plante son poignard sur la porte d'Alger trois siècles avant l'événement de
1830 « Dans les grandes forêts, dit M. de Valori, le bûcheron marque avec sa cognée
le chêne qui doit tomber à l'automne; le 3 juillet 1830, Bourmont viendra l'abattre. »
C'est de la grande école et du grand art.

J'ai fini. Je serai prophète à bon marché en prédisant à M. de Valori l'applaudisse-
ment des connaisseurs.

Quand un écrivain épuise en ses recherches savantes et par son travail consciencieux la matière à traiter, et qu'il fait de l'érudition la complice de son inspiration, il
arrive au vrai succès, celui qui ne dépend ni des fantaisies du jour, ni des caprices de
l'actualité.          (*Paris Journal*.)          H. DE LASSE.

# VOYAGES EN ORIENT

PAR

## Le R. P. DE DAMAS

Jamais on n'avait écrit sur l'Orient avec autant de charme et de vérité, ni réuni tant de précieux souvenirs de ces pays extraordinaires, de ces lieux vénérables et si profondement intéressants. Il semble qu'on les parcoure soi-même avec l'auteur jusqu'à la fin de l'ouvrage.

Le nom du P. de Damas a retenti saintement parmi nous, à l'époque de la guerre de Crimée. C'est là sans doute que cet esprit, à la fois si délicat et si ferme, s'est pris d'amour pour ces contrées de l'Orient vers lesquelles se tournent volontiers aujourd'hui les intelligences de l'Europe civilisée, et où l'on sent comme des frémissements, présage de choses grandes, inconnues, décisives peut-être, pour le sort du monde. Le P. de Damas embrasse la matière sous son aspect le plus complet. A chacune des stations de son voyage, il s'arrête à peindre et à décrire et, quand il a mis clairement les choses sous les yeux, il s'élève à des considérations supérieures, à des rapprochements instructifs, à de chrétiennes méditations. Plusieurs de ces pages sont remplies de feu, de doctrines, de réflexions profondes et élevées, de vues remarquables sur le passé et sur l'avenir. On y sent battre le cœur du prêtre, du religieux, d'un homme éminent par l'esprit, et on ne les ferme point sans en emporter quelque solide et profitable instruction.

Chaque voyage forme un tout complet, chaque volume se vend séparément ainsi que nous l'indiquons ci-après; mais tous forment un ensemble coordonné de manière à composer un seul et même ouvrage.

# AGATHE
# OU LA PREMIÈRE COMMUNION

PAR

## Mᵐᵉ BOURDON

Un très beau volume in-12. . . . . 2 fr. 50

---

Aussitôt que la *Journée chrétienne de la jeune fille* a été connue, on a demandé à l'auteur un livre qui fût comme une préparation à cet excellent ouvrage.

Pour satisfaire à ce désir, madame Bourdon a écrit pour de plus jeunes lectrices cette pieuse et touchante histoire, où, dans un récit plein d'attraits, elle a glissé d'utiles et sérieuses instructions destinées à préparer et à faire mieux comprendre et apprécier cet acte solennel et si important de la première communion.

*Voici l'appréciation de S. Em. le cardinal de Bordeaux sur cet ouvrage :*

On a sans doute sur la première communion d'innombrables petits volumes, mais il est permis de reprendre ce pieux et important sujet, quand on le traite comme vous avez su le faire dans votre récente publication. Vous avez voulu tout à la fois intéresser, instruire et édifier la jeunesse par une touchante histoire et des instructions qui renferment toutes une admirable droiture de vues, une grande expérience, une rare habileté de pinceau. J'aime à vous voir conduire à Dieu les petits enfants, et je suis convaincu que le bien fait à l'enfance est de tous le plus facile et le plus fécond.

Agréez, Madame, etc.        ✝ Ferdinand, Card. DONNET.

# JOURNÉE CHRÉTIENNE DE LA JEUNE FILLE
## MÉDITATIONS POUR TOUS LES JOURS DE L'ANNÉE
### A L'USAGE DES JEUNES PERSONNES
## CINQUIÈME ÉDITION
*Avec des récits, notices et lectures édifiantes pour chaque dimanche*
### Par Madame BOURDON

2 beaux vol. in-18, de chacun 650 pages, 2 gr., br........ **6 fr.**

| | | |
|---|---|---|
| Reliés en percaline . . . . . 7 50 | Belle reliure, chagrin plein, tran- | |
| — demi-chagrin de couleur, | che dorée, étui . . . . . . 16 » | |
| tranche dorée. . . . . . . 10 » | Reliure riche en maroquin poli . 35 » | |

La *Journé chrétienne de la jeune fille* est un recueil de méditations destinées aux jeunes personnes et appropriées, autant que le permet la dignité du sujet, aux devoirs, aux vertus, aux obligations spéciales à leur âge et à leur condition. Mme Bourdon ne demande à ses jeunes lectrices que le petit quart d'heure de réflexion que conseillait sainte Thérèse pour gagner le ciel, et elle leur offre, tout préparé, ce quart d'heure de grâce! Outre ces méditations si pratiques, l'auteur a semé son livre de récits édifiants et charmants, comme elle sait les faire, choisissant ses héroïnes parmi les femmes et surtout les jeunes filles de ce temps, qui, vivant de la même vie que la nôtre, ont trouvé moyen cependant de se sanctifier et de passer ici-bas, en ne laissant derrière elles que le parfum de leurs bonnes œuvres et de leurs pieux exemples. Quelques lignes de notice sur la vie du saint précèdent la lecture de chaque jour, qui se termine par une pensée tirée de l'Ecriture ou des saints docteurs.

Dès son apparition, cet ouvrage a reçu l'accueil le plus empressé et a eu l'honneur d'être apprécié par plusieurs éminents prélats, qui ont daigné le faire savoir à l'auteur. Ce sont là des gages précieux pour Mme Bourdon; ils lui donnent l'assurance qu'elle n'a pas travaillé en vain, et que bientôt, encouragées par leurs mères et leurs institutrices, toutes les jeunes filles posséderont l'excellent ouvrage qu'elle leur a destiné.

*Approbation de S. Em. Mgr DONNET, Cardinal-Archevêque de Bordeaux*

MADAME,

En vous accusant réception de votre ouvrage, *Journée chrétienne de la jeune fille*, je veux d'abord vous offrir mes félicitations pour votre dévouement à la jeunesse, et pour le zèle avec lequel vous lui consacrez les riches dons que Dieu vous a faits.

Tandis que d'autres publient pour cet âge des productions qui souvent ne sont pas sans danger, votre élégante plume ne sait que lui parler de Dieu et lui inspirer l'amour du devoir. Vous avez compris que, dans nos jours d'affaissement moral, il est urgent de préparer une génération meilleure; vous avez fait de ce travail de préparation le but de votre vie, et vous dépensez généreusement vos forces à poursuivre ce but véritablement digne de tous vos efforts.

Votre nouvel ouvrage, Madame, est un *Recueil de méditations à l'usage des jeunes personnes*, et ce livre est de nature à hâter le succès de cette grande œuvre de régénération, parce qu'il offre à la jeunesse le moyen le plus efficace de se fixer pour toujours dans le bien. Quoi de plus propre, en effet, que la méditation pour étouffer les passions naissantes, pour préserver de la fascination du monde et pour établir solidement la vertu dans une âme? Pourquoi y a-t-il tant de jeunes filles qui gaspillent leur journée dans la futilité? Pourquoi y a-t-il tant de jeunes femmes qui perdent leur temps à courir après la bagatelle, et dont la vie se consume dans les folies de la vanité et dans une périlleuse et coupable paresse? C'est qu'elles ne réfléchissent jamais; qu'elles vivent toujours hors d'elles-mêmes, et que, par suite, elles perdent de vue les grandes vérités de la religion. Oui, la légèreté d'esprit, le défaut de réflexion, voilà la source du mal, voilà ce qui jette tant de chrétiennes dans le tourbillon des fêtes et des plaisirs, au mépris de Jésus-Christ et de son Évangile.

Attristée de ce désordre, vous en avez cherché le remède, et le ciel vous a fait la grâce de le trouver en publiant pour les jeunes filles votre *Journée chrétienne*.

La doctrine est d'une exactitude qui ferait honneur à un docteur en théologie; le style est simple, élégant et facile comme dans tous vos écrits : chacune de vos pages exhale le parfum de la piété, et l'on sent que votre livre est sorti d'un cœur brûlant de l'amour de Dieu et du zèle pour les âmes.

Et puis, que dire de vos délicieuses *Notices pour chaque dimanche de l'année?* Est-il possible d'avoir la main plus heureuse dans le choix? Quels types attrayants vous placez sous les yeux de vos lectrices! Non, il n'est pas possible que de pareils exemples ne soient pas contagieux; il n'est pas possible qu'en lisant vos récits, une jeune fille ne se dise pas : Moi aussi je fuirai le monde! moi aussi je serai sainte! moi aussi j'aimerai Dieu et ses pauvres! Ce qu'il y a de bien certain, c'est que vos lectures dominicales feront souvent couler des larmes d'attendrissement.

Enfin, pour formuler en deux mots mon appréciation, votre *Journée chrétienne de la jeune fille* est un véritable livre de piété ; il comble une lacune ; il est destiné, Dieu aidant, à produire le plus grand bien. Aussi suis-je heureux de donner, selon votre désir, ma bénédiction à l'auteur et mon approbation à son œuvre.

Agréez, Madame, l'assurance de ma parfaite considération.

FERDINAND, CARDINAL DONNET, Archevêque de Bordeaux.

27 septembre 1867.

Extraits d'autres lettres adressées à Mme BOURDON sur la *Journée chrétienne de la jeune fille :*

**Par Mgr le Card. de Bonald, Arch. de Lyon.**

28 mai 1867.

Ce que j'ai lu de vos *Méditations* m'a paru excellent, et je crois que d'autres que les jeunes personnes pourront tirer un grand profit de cette lecture.

**Approbation de S. E. le Card.-Arch. de Chambéry.**

14 décembre 1857.

Un ecclésiastique instruit, que nous avons prié de lire l'ouvrage intitulé la *Journée chrétienne de la jeune fille,* nous assure qu'il a trouvé dans ce manuel un style correct, une doctrine sûre et une piété solide : il pense qu'il peut être utile, non seulement aux jeunes filles, mais encore à tous ceux qui désirent avoir des sujets de méditations bien exposés. Nous en recommandons la lecture aux personnes pieuses.

✝ ALEXIS, Card.-Archevêque de Chambéry.

**Lettre de Mgr l'Arch. d'Aix.**

10 mai 1867.

C'est une bonne pensée, Madame, que vous avez eue de compléter par la *Journée chrétienne de la jeune fille* les pieux ouvrages que vous avez déjà publiés. Dans ce que j'ai lu de celui-ci, la doctrine m'a paru solide, et c'est avec mesure et sagesse que les bons conseils sont donnés.

13, rue de l'Abbaye, 13, Paris.

## BIBLIOTHÈQUE SAINT-GERMAIN

## NOUVEAUTÉS

# HENRIETTE DE BRÉHAULT

### Par M<sup>me</sup> BOURDON

1 vol. in-12 . . . . . . . . . . . 3 francs.

Jeune, belle, pieuse, riche, Henriette Descluseaux a consenti, non sans hésitation, à devenir la femme d'Alban de Bréhault, brillant cavalier dont la jeunesse a été des plus orageuses et qui ne fait rien. Alban plaisait, malgré sa mauvaise réputation méritée, à la jeune fille, et une lettre de sa mère, qui espère trouver dans Henriette la femme qu'il faudrait pour relever et maintenir son fils, a levé les dernières hésitations. Suivant l'expression d'une de ses cousines, Henriette se dévoue à convertir son mari.

Les débuts semblent donner raison à Mme de Bréhault et à sa belle-fille. Alban admire franchement et paraît aimer sa femme. Mais il n'est pas chrétien et il continue à ne rien faire ; l'appui de la foi lui manque comme celui que lui donnerait une occupation sérieuse. Un moment vient où, après bien des roueries et des mensonges, fatigué des dissimulations honteuses auxquelles il est obligé, Alban de Bréhault quitte sa femme et son enfant. Ainsi abandonnée, Henriette de Bréhault accepte avec une résignation pleine de dignité l'isolement qui lui est fait ; elle vit pour sa fille jusqu'au jour où, apprenant que son intervention pourrait sauver son mari et l'arracher au joug honteux qu'il subit, elle va le chercher jusqu'en Amérique. Elle le retrouve mourant et le ramène en France. Désabusé, Alban accepte cette vie de calme bonheur qu'il a dédaignée, mais il n'en jouit pas longtemps. Il meurt, mais au moins Henriette a la suprême consolation de lui faire faire une mort chrétienne : elle a sauvé l'âme de celui auquel elle s'est dévouée.

Le thème est triste, mais d'une tristesse qui n'est jamais sans espérance, grâce au sentiment profondément chrétien qui anime toutes les pages du récit. Ces détails sont présentés avec ce charme qui ne fait jamais défaut à l'auteur. Comme toujours, d'utiles leçons se dégagent du récit, on voit par exemple combien est mal fondée l'indulgence avec laquelle on accepte certaines fautes, sous prétexte qu'il « faut que jeunesse se passe. » Combien de fois, hélas ! ces jeunesses désordonnées se poursuivent jusqu'à l'âge mûr et même au delà. Il y a là une leçon dont pourraient profiter bien des familles et des jeunes filles chrétiennes.

(Revue littéraire de l'Univers.)

# GERMAINE DE KERGLAS

PAR

**Mᵗˡᵉ Gabrielle d'ÉTHAMPES**

1 volume in-12.................... 3 francs.

L'héroïne du nouveau roman de Mllo Gabrielle d'Ethampes est une de ces douces et pieuses jeunes filles qu'elle aime à peindre dans leur dévouement à tout ce qui les entoure. Sous une apparente faiblesse, elles dissimulent une force d'autant plus grande qu'elles la puisent dans leur foi. Ainsi agit Germaine de Kerglas. Orpheline recueillie par un vieil oncle, le commandant de Kerglas, un bourru bienfaisant, elle finit par le réconcilier avec sa fille auquel il ne veut pas pardonner un mariage indigne, fait malgré lui. Lorsqu'elle se voit à peu près abandonnée par son fiancé, autre pupille du vieux marin, un jeune et brillant officier, elle prend sur elle la responsabilité de la rupture pour empêcher son oncle d'abandonner ce jeune homme qui est sans fortune. Elle n'a pas à regretter longtemps ce sacrifice; son parrain devine la vérité et Germaine trouve non loin d'elle un homme qui sait l'apprécier.

Ce petit récit est conduit d'une manière fort intéressante ; les détails sont bien racontés, et l'inspiration est foncièrement chrétienne, c'est un livre qu'on peut mettre dans toutes les mains.

(Revue littéraire de l'Univers.)

# AUTRES OUVRAGES

DE

**Mˡˡᵉ Gabrielle d'ÉTHAMPES**

| | | |
|---|---|---|
| **Juliette le Bhénic.** 1 vol. in-12 . . . . . . . . | 3 | » |
| **La muette d'Orvault.** 1 vol. in-12. . . . . . . . | 3 | » |
| **Mélite Belligny.** 1 vol. in-12 . . . . . . . . . | 3 | » |
| **Le Lion de Coëtavel.** 1 vol. in-12. . . . . . . . | 3 | » |
| **L'Hermine des Kergaël.** 1 vol. in-12 . . . . . . | 3 | » |
| **Bretons et Vendéens.** 1 vol. in-12. . . . . . . . | 2 | » |

# OUVRAGES

## DE

# M<sup>ME</sup> BOURDON

L'éloge de M<sup>me</sup> Bourdon n'est plus à faire. Douée d'une instruction profonde et solide, d'une imagination brillante et facile, M<sup>me</sup> Bourdon n'a jusqu'ici rencontré que des succès. C'est que l'auteur excelle à rendre dans un style ému délicat et pur les scènes de la vie domestiques. L'ensemble de son œuvre, éminemment moralisatrice, forme toute une bibliothèque de famille, la meilleure, que nous connaissions.

*(Courrier de la Gironde.)*

**Volumes à 3 francs.**

Henriette de Bréhault.
Un Rêve accompli.
Seule dans Paris.

**Volumes à 2 fr. 50**

Histoire d'un agent de change.
Les premiers et les derniers.
Agathe, ou la 1<sup>re</sup> communion.

**Volumes à 2 francs.**

Abnégation.
Adoption (L').
Andrée d'Effanges.
Antoinette Lemirre.
Catherine Hervey.
Denise.
Euphrasie.
Fabienne et son père.
Famille Reydel (La).
Faute d'orthographe (Une).
Ferme aux Ifs (La).
Héritage de Françoise (L').
Heures de solitude
Histoire de Marie Stuart.

Marie Tudor et Elisabeth d'Angleterre.
Marcia.
Marthe Blondel.
Nouvelles historiques.
Orpheline.
Pain quotidien (Le).
Pulchérie.
Servantes de Dieu (Les).
Souvenirs d'une famille du peuple
Trois Sœurs (Les).
Types féminins.
Veillées du patronage.
Viviane.

# BIBLIOTHÈQUE SAINT-GERMAIN

## OUVRAGES DE DIVERS AUTEURS

**ALONZO (don).**
Une institutrice à Constantinople .................. 2 »

**BERLIOZ D'AURIAC.**
La Guerre Noire ..... ..... 2 50

**BORDOT (G.).**
Napoléon en Champagne ... 2 50

**BOULANGÉ (l'abbé).**
Stéphano ................. 2 50

**BRASSEUR DE BOURBOURG.**
Le Kalife de Bagdad ....... 2 »
La dernière Vestale ........ 2 »

**CHANTREL.**
Les Trois Éléonore (traduction) ....................... 2 »
Lizzie Maitland (traduction).. 2 »

**DAMAS (le R. P. de).**
Voyage au Sinaï ........... 2 »
Voyage en Judée ........... 2 »
Voyage en Galilée .......... 2 »
Voyage à Jérusalem, 2 vol ... 4 »

**HOUET E.).**
La Fleur des Gaules, 2 vol ... 5 »

**KAVANACH (Julia).**
Madeleine. Récit d'Auvergne. 2 50

**LE COUSTOUR (P.)**
Ballades et légendes bretonnes, 1 vol. in-12 .......... 2 50

**LOCMARIA (Cte de).**
Souvenirs des voyages du comte de Chambord ..... 3 »
Marie-Thérèse en Hongrie. 4 »
La Chapelle Bertrand ..... 2 50
Les Guerrillas, 2 vol. ...... 4 »
Histoire du règne de Louis XIV, 2 vol. ............... 4 »

**MAC-CABE.**
Adélaïde, ou la couronne de fer ..................... 2 »
Florine, princesse de Bourgogne ................. 2 »

**MAC-CABE.**
Berthe ou le Pape et l'Empereur .................. 2 »

**MARCEL (Étienne).**
La Vengeance de Giovanni. 3 »
Le Chef-d'œuvre d'un Condamné ................ 3 »
Iermola, histoire polonaise. 2 »
Comment viennent les rides. 2 »

**MARIE-ANGÉLIQUE (Mme).**
Soirées du père Laurent .... 2 »
La Marguerite de San Miniato ................... 2 »
Une Maison de correction. 2 »
Serviteurs d'autrefois ...... 2 »

**MASON (Miss).**
Catherine Geary .......... 2 »

**MILLY (Alphonse de).**
Conversations et récits .... 2 »
Journal d'un Solitaire ...... 2 »

**MIRABEAU (Comtesse de).**
Veillées Normandes ........ 2 »

**NETTEMENT (F.).**
Un pair d'Angleterre ....... 2 »

**O'GORMAN.**
Le Prophète du Monastère. 2 »

**PARSON (M.).**
Edith Mortimer ........... 2 »

**PLANCY (O. de).**
La Reine Berthe ........ . 2 »

**ROCHÈRE (Comtesse de la).**
Les nièces de la baronne, 1 vol. in-12 ............. 3 »
Mignonnette ............. 2 50
L'Orphelin d'Evenos ........ 2 »
Séraphine ................ 2 »

**STOLZ (Mme).**
Mes Tiroirs, 1 vol. in-12 ... 2 50

**WISEMAN (le Cardinal).**
La Lampe du sanctuaire .... 2 »
La Perle cachée ............ 2 »

# LES NIÈCES DE LA BARONNE
## Par la comtesse DE LA ROCHÈRE
**1 vol. in-12. (Bibliothèque Saint-Germain.) Prix. . . . 3 fr.**

La baronne de Kerthezel, aussi généreuse qu'absolue, souvent malade et parfois hallucinée, vit dans un grand isolement au château de Belestar, près de Bandol. L'arrivée imprévue de sa nièce, la belle et brillante Sophie de Saint-Séverin, y fait une espèce de révolution; la baronne s'engoue de Sophie et paraît négliger son autre nièce, la douce et charitable Clémence de Kerthezel.

Pour échapper à la vie monotone de Belestar, Sophie, devenue majeure, épouse le jeune peintre Fridolin, contre le gré de sa tante. Ce mariage tourne mal : Fridolin, ruiné, abandonne sa femme et son enfant et va mourir en Amérique. Après la guerre contre les Prussiens, Clémence fait un mariage beaucoup plus heureux avec le vicomte de Chaumorand, ancien zouave pontifical.

Tel est le cadre très resserré du nouvel ouvrage de la comtesse de la Rochère; mais combien l'auteur y fait entrer de scènes émouvantes, gracieuses ou terribles! Combien de descriptions exactes et magnifiques, de réflexions judicieuses, de leçons de la plus pure morale! L'opposition tranchée des caractères des deux nièces de la baronne n'est pas neuve assurément; mais ce qui n'est pas commun, c'est l'intérêt soutenu, l'élégance du style, qui distinguent cet ouvrage, et la féconde imagination de l'auteur.

*(Revue hebdomadaire du diocèse de Lyon.)*

## DU MÊME AUTEUR :

# MIGNONNETTE
**1 vol. in-12. (Bibliothèque Saint-Germain.) Prix. . 2 fr. 50**

Dernière venue dans une famille où l'on désirait ardemment un fils, née faible, délicate, privée de sa mère presque en naissant, Mignonnette triomphe de tous les obstacles, à force de douceur et de bonté; elle se fait aimer de ses sœurs, elle devient nécessaire à son père; l'ascendant de son heureux caractère s'exerce même sur une méchante parente qui la hait et la maltraite, et elle jouit de la plus douce victoire : elle se fait aimer de tous, et tous, elle les rend heureux. Une espèce de mystère plane sur ce petit drame et en augmente le charme.

Ce livre est écrit avec le naturel et la simplicité que possède Mme de la Rochère et qui donnent à ses récits une charmante vraisemblance; est-il besoin d'ajouter qu'il respire la morale la plus pure et la plus douce piété?          *(Bibliographie catholique.)*

# SÉRAPHINE
**1 vol. in-12. (Bibliothèque Saint-Germain.) Prix. . . . 2 fr.**

# L'ORPHELIN D'ÉVENOS
**1 vol. in-12. (Bibliothèque Saint-Germain.) Prix. . . 2 fr.**

# HISTOIRE D'UN AGENT DE CHANGE

## Par M<sup>me</sup> MATHILDE BOURDON

**1 vol. in-12. (Bibliothèque Saint-Germain.) Prix.. . 2 fr. 50**

Philippe et Georgette, les deux héros du nouveau récit de Mme Bourdon, sont heureux dans leur médiocrité peu dorée; ils suffisent à leurs besoins, ils s'aiment, Dieu leur a donné un enfant charmant; tout est donc bien, mais, à ce bonheur calme, il manque quelque chose : la foi. Philippe est indifférent, et sa femme, pieusement élevée, s'est laissée gagner à l'indifférence de son mari. Là est l'écueil.

D'abord satisfaite de son humble situation, Georgette la trouve insuffisante après le mariage de sa sœur, plus riche qu'elle. Les tiraillements commencent dans le ménage, jusqu'au jour où un héritage, presque une fortune pour eux, leur arrive. Les voilà avec un capital de cent mille francs qui permet à Philippe d'acheter, dans sa ville natale, une charge d'agent de change. Cette situation inespérée devrait leur suffire, mais Georgette veut éclipser sa sœur et rivaliser avec les femmes les plus riches de la ville. Son mari n'a pas la force de l'arrêter et, pour subvenir à des dépenses exagérées, il joue à la Bourse pour son compte. La débâcle arrive et à sa suite la faillite. Une faillite d'agent de change, c'est pour la loi une banqueroute frauduleuse, et Philippe est condamné à cinq ans de réclusion. Il part pour Cayenne désespéré, maudissant sa femme qui le maudit lui-même.

Dieu tire le bien du mal, et les deux époux séparés reviennent à de meilleurs sentiments; Georgette est gagnée par Mlle Dorothée, vieille fille, dont toute la vie se passe à faire le bien, et dont Mme Bourdon a retracé avec un charme exquis la douce figure. Philippe est converti par un jésuite qui a demandé à aller à Cayenne se vouer aux forçats. Leur enfant, pieusement élevé, achève de les unir lorsque sonne pour Philippe l'heure de la libération, avancée par son dévouement aux pestiférés.

Dans ce résumé, nous avons pu indiquer les leçons qui ressortent tout naturellement du récit, sans que jamais l'auteur ait l'air de prêcher; mais nous n'avons pu rendre le charme, la grâce un peu triste qu'on retrouve toujours dans les œuvres de Mme Bourdon, avec un sens si éminemment chrétien.

(Revue littéraire de l'Univers.)

---

# UN RÊVE ACCOMPLI

## Par M<sup>me</sup> MATHILDE BOURDON

**1 vol. in-12. (Bibliothèque Saint-Germain.) Prix. . . . 3 fr.**

Dire que cet ouvrage est intéressant serait une banalité. Mme Bourdon sait admirablement tirer parti de son thème; tous les détails sont étudiés avec soin : bref, c'est un excellent livre...

(Bibliographie catholique.)

# MÉLITE BELLIGNY

### Par M<sup>lle</sup> GABRIELLE D'ÉTHAMPES

1 vol. in-12. (Bibliothèque Saint-Germain.) Prix . . . . 3 fr.

Cet ouvrage présente le spectacle de deux nobles cœurs qui arrivent au bonheur malgré les nombreux obstacles qui les en séparaient. On y voit aussi la fille innocente rachetant par ses prières et ses vertus l'âme du père coupable, et les sacrifices de la mère retombant en bénédiction sur la fille. Ce récit a du piquant et de l'intérêt.

*(Le Monde.)*

# LA MUETTE D'ORVAULT

### Par M<sup>lle</sup> GABRIELLE D'ÉTHAMPES

1 vol. in-12. (Bibliothèque Saint-Germain.) Prix . . . 3 fr.

C'est par l'intérêt du drame que se distingue la *Muette d'Orvault*. Les scènes attachantes qui s'y déroulent sont une conséquence et un écho des événements de la période révolutionnaire.

*(Le Monde.)*

# JULIETTE LE BIHÉNIC

### Par M<sup>lle</sup> GABRIELLE D'ÉTHAMPES

1 vol. in-12. (Bibliothèque Saint-Germain.) Prix . . . 3 fr.

Une jeune orpheline, sincèrement pieuse, se trouve placée auprès d'une vieille dame que le malheur a aigrie et éloignée de Dieu. Par la douce influence de ses vertus, elle la ramène insensiblement vers Dieu et finit par réconcilier sa maîtresse avec son dernier enfant qu'elle a chassé parce qu'il s'est fait prêtre. Telle est la trame de ce récit, qui vaut surtout par les détails et par une note foncièrement chrétienne.

*(Revue littéraire de l'Univers.)*

# LA VENGEANCE DE GIOVANNI

### Par ÉTIENNE MARCEL

1 vol. in-12. (Bibliothèque Saint-Germain.) Prix . . . 3 fr.

Récit émouvant et chrétien du xiv<sup>e</sup> siècle. Giovanni a perdu son frère Ugo, mort assassiné; il se met à la recherche de l'assassin Rainaldi, qu'il finit par découvrir et par surprendre. Au moment où il va le tuer, celui-ci fait appel aux sentiments chrétiens de Giovanni. L'appel est entendu; Rainaldi épargné fait pénitence et finit par être martyr de son dévouement pour un captif nommé Ugo comme sa victime.

*(Revue littéraire de l'Univers.)*

2.

# HISTOIRE de SAINT VINCENT DE PAUL

D'après les documents les plus anciens et les plus authentiques, par M. le vicomte De Bussierre. Deuxième édition, revue et corrigée par l'auteur. 2 forts volumes in-12, approuvés par S. G. Mgr l'évêque d'Arras.............................................................. 4 fr.

La meilleure histoire d'un saint est celle qui se borne à raconter sa vie, à faire admirer et aimer ses vertus, à mettre en évidence les services qu'il a rendus à l'Église et à l'humanité. Aucun saint ne fournissait à un tel cadre une plus abondante matière ; aucun auteur ne s'y est mieux conformé et ne l'a mieux rempli que M. de Bussière. Son histoire est la seule qui nous donne une idée vraiment exacte du grand serviteur de Dieu, qui fut à la fois une des plus grandes gloires de l'Église et de la France. — On en a fait, il est vrai, de plus étendues, mais point de plus édifiantes et de plus complètes. — Mieux écrites que toutes les autres, elle a sur celles d'Abelly et de Collet le mérite de la forme, sur celle de M. l'abbé Maynard, le précieux avantage de ne point noyer la vie du *saint* dans l'histoire bien différente des événements de son siècle.

---

# HISTOIRE DE SAINT PIERRE
## Par Amédée GABOURD

1 vol. in-8 (450 pages)....................... 6 fr.

L'histoire particulière de saint Pierre se confond avec celle des commencements de la religion chrétienne, mais l'obscurité qui enveloppe les actes personnels de cet Apôtre et de ses compagnons est dissipée d'une manière remarquable par les documents nombreux puisés dans les Livres sacrés, aux sources historiques les plus irréfutables et les témoignages les plus authentiques que l'auteur a rassemblés dans cet important ouvrage. Aux ténèbres de la fausse science et aux usurpations de l'impiété et de l'incrédulité, M. Gabourd oppose victorieusement les bases sur lesquelles sont établis l'autorité divine de l'Église, les droits imprescriptibles de la Papauté, le passé et l'avenir de la religion catholique.

---

# VIE DE SAINT CHARLES BORROMÉE
## Par M. COLOMBEL-GABOURD

1 beau vol. in-8, *franco*.................. 7 fr.
Le même, 1 fort vol. in-12, *franco*.... 4 fr.

Ce livre a valu à son auteur des lettres épiscopales fort élogieuses et de nombreux articles bibliographiques.

L'ouvrage se divise en trois parties. La première partie s'étend du octobre 1538, date de la naissance du Saint, au 5 avril 1558, époque où il put enfin venir résider à Milan. La deuxième partie nous fait assister à ses premiers travaux et va jusqu'à la peste de Milan (1576). Rien n'est douloureux comme cet épisode, mais rien n'est grand comme le dévouement du saint archevêque. La troisième partie nous raconte les dernières luttes, les dernières fatigues de son épiscopat qui l'épuisent et le mènent au tombeau ; on chercherait dans bien des livres avant de trouver un passage aussi touchant que celui de la dernière maladie et les derniers moments du Saint. (Extrait des *Études religieuses*.)

# HISTOIRE DE S<sup>TE</sup> ROSELINE DE VILLENEUVE

**ET de l'influence civilisatrice de l'ordre des Chartreux, par le comte H de Villeneuve-Flayosc. 1 magnifique vol. in-8 de 536 p.; notes, pièces justificatives, etc. . . . . . . . . . . . . . . . . . 6 fr.**

L'*Histoire de sainte Roseline* rappelle involontairement un autre ouvrage du même genre justement célèbre: l'*Histoire de sainte Élisabeth de Hongrie*, par M. de Montalembert. Issue d'une famille princière, sainte Roseline avait aussi préféré aux avantages du monde l'honneur de servir les pauvres, les malades et les lépreux: la tradition nous la montre renouvelant le miracle des pains changés en roses vermeilles; plus tard, renonçant aux joies de la famille, elle embrasse la règle austère des maisons carthusiennes, et, toutefois ne reste pas indifférente aux intérêts de son pays et de son siècle. Aucune religieuse chartreuse n'a été plus célèbre pendant sa vie, ni plus honorée après sa mort que sainte Roseline. Son corps, après six siècles, est encore intact. La corruption du tombeau ne l'a pas atteinte, et, aujourd'hui même, chacun peut constater cette merveilleuse conservation. M. le comte de Villeneuve-Flayosc, auteur déjà de plusieurs ouvrages scientifiques, a donc rempli un pieux devoir en élevant un monument littéraire à celle qui a fait rayonner sur sa famille la plus pure de toutes les gloires, celle de la sainteté, et l'influence que cette glorieuse sainte a exercée sur son siècle a amené l'auteur à faire en même temps une étude remarquable sur une époque peu connue de nos jours. Cet ouvrage est écrit avec un légitime enthousiasme et une jeunesse de style surprenante.

---

# VIE ET ŒUVRES DE S<sup>TE</sup> CATHERINE DE GÊNES
## Par M. le Vicomte Th. DE BUSSIÈRES

**1 très fort vol. in-12 (500 pages), *franco*. . . . . . 3 fr. 75**

Cet important ouvrage comprend trois divisions distinctes : la première, qui forme environ la moitié du volume, renferme l'histoire et la vie de sainte Catherine de Gênes. La seconde contient un *Traité du Purgatoire* d'après le texte même de la sainte ; et enfin dans la troisième sont les dialogues de la bienheureuse et séraphique Catherine entre l'âme, le corps, l'amour-propre, l'esprit, l'humanité et Notre-Seigneur. Dans cette dernière partie, la sainte raconte : 1° Comment elle a été séduite par les attraits du monde, et comment ensuite elle a été parfaitement convertie à Dieu et s'est adonnée aux œuvres austères de la pénitence. 2° Elle décrit la sublime perfection de la vie spirituelle à laquelle elle est arrivée. 3° Elle traite de l'amour divin et de ses merveilleux effets, tels qu'elle les a éprouvés en elle-même. Telle est la substance de ce livre profond, sérieux, ascétique et supérieur, que toute personne pieuse devra posséder si de temps en temps elle désire retremper son âme dans la lecture de quelques pages inspirées par Dieu lui-même.

---

# LÉGENDE DE NOTRE-DAME

**Histoire de la sainte Vierge, d'après les monuments et les écrits du moyen âge, par M. l'abbé J. E. Darras, chanoine honoraire d'Ajaccio. 3<sup>e</sup> édition considérablement augmentée, ornée de 16 gravures d'après les anciens vitraux. Très beau vol. in-12, 450 p. . . 3 fr.**

Voici comment s'exprime Mgr l'évêque de Troyes, dans l'approbation qu'il a donnée à ce charmant ouvrage : « Les récits qu'il contient, entièrement puisés dans les monuments et les écrits du moyen âge, ne peuvent qu'intéresser et édifier les serviteurs de la Reine du ciel en leur faisant connaître les gracieuses traditions dont la foi naïve de nos aïeux a entouré son souvenir. »

# VIE DE SAINT FRANÇOIS DE PAULE

## Par M. de BOIS-AUBRY

1 beau volume in-12 de 354 pages...... **2 fr.**

S'il a fallu un homme dont la vie entière fût l'opposé de l'esprit de son époque, un saint dont les vertus et les exemples fussent le soutien de l'Eglise au xv<sup>e</sup> siècle, cet homme, ce saint, on le trouvera dans François de Paule ; et le doigt de Dieu étant trop visiblement tracé dans cette existence pour que l'on en méconnaisse l'action, chacun lira ce livre, non-seulement pour sa propre édification, mais aussi pour connaître les révoltes de ces réformateurs qui ont ébranlé les fondements de l'Eglise catholique.

**Légende de saint François d'Assise**, par ses compagnons. Manuscrit du xiii<sup>e</sup> siècle, publié pour la première fois, par M. Simon DE LA TREICHE. 1 joli vol. in-12, accompagné de notes et suivi des cantiques d'amour attribués à saint François, traduit mot à mot suivant la mesure des vers italiens .............................. **2 fr. 50**

**Vie de Sainte Jeanne de Chantal**, fondatrice de la Visitation, par M. ROUSSEL. 1 vol. in-18.............................. **50 c.**

**Vie du Vénérable François-Xavier Bianchi**, barnabite, par le R. P. BARAVELLI, de la même congrégation, traduite de l'italien, par l'abbé VALETTE, chanoine de Paris. 1 vol. in-12 .................. **2 fr. 50**

**Vie de la Bienheureuse Marguerite Marie Alacoque**, avec le procès de béatification, suivie d'une notice historique sur la dévotion au Sacré-Cœur et d'un aperçu des principales causes de canonisation et de béatification, actuellement introduites en cour de Rome, par M. l'abbé MAMILLIER, du diocèse de Nevers. 1 vol. in-12...... **2 fr.**

**Vie de la sœur Marie de Saint Gabriel**, religieuse hospitalière, protégée du glorieux patriarche saint Joseph, par un religieux bénédictin de France. 1 vol. in-18 raisin.............................. **1 fr. 25**

**Vie de sainte Adelaïde**, impératrice, épisode de l'histoire du x<sup>e</sup> siècle, tiré de saint Odilon. 1 vol. in-18.............................. **60 c.**

**Histoire du Bienheureux Jean**, surnommé l'humble, seigneur de Montmirail et Brie. In-12.............................. **4 fr.**

**Histoire de Montmirail en Brie.** In-12.............................. **3 fr.**

**Histoire de sainte Godelive de Ghistelles**, légendes du ii<sup>e</sup> siècle, par de BACKER. In-18.............................. **60 c.**

**Histoire de sainte Odile**, patronne de l'Alsace, par M. de BUSSIÈRES. In-12, *franco*.. .............................. **2 fr.**

**Vie de Jacques Gallemant**, dit l'homme de Dieu, par l'abbé TROU. In-12 .............................. **1 fr.**

**Vie de M. Benigne Joly**, ou le Père des Pauvres, par Dom Ant. BEAU-GENDRE. 1 vol. in-12, 430 p.............................. **3 fr.**

**Histoire du Pape Alexandre VI** (1431-1503). In-12.............. **75 c.**

**Histoire du Pape Boniface VIII** (1217-1303). In-12............. **75 c.**

**Histoire du Pape Grégoire VII** (1013-1085). In-12............. **75 c.**

**Histoire du Pape Innocent III** (1160-1216). In-12.......... **1 fr. 25**

**Les Saints du mois** ou Lectures pratiques de la Vie des saints les plus célèbres et des principaux mystères de la religion, avec pensées, réflexions, prière et exhortation pour chaque jour du mois, par M. l'abbé L. GRILLOU. 1 gros vol. in-18.............................. **3 fr.**

# LES HÉRÉTIQUES D'ITALIE

PAR

## CESAR CANTU

Ouvrage traduit de l'italien, par Anicet Digard, avocat à la cour d'appel et Edmond Martin, membre de l'académie des sciences et belles lettres de Dijon. Seule traduction française autorisée et revue par l'auteur. 5 très forts volumes in-8 de 600 et 700 pages...  30 fr.

Cet important ouvrage, qui a coûté à l'éminent auteur de l'*Histoire universelle* plus de dix ans de travail, est à la fois un résumé et le complément de ses immenses travaux sur l'Histoire des siècles ; il en est aussi, croyons-nous, la partie la plus intéressante et la plus féconde en savantes et curieuses recherches. Érudit exercé, travailleur infatigable, chef des parlementaires catholiques dans le royaume d'Italie et champion de l'Église romaine, M. Cantù a puisé à des sources peu connues, nouvelles et difficilement accessibles à d'autres. Il en résulte que cet ouvrage embrasse un plan beaucoup plus vaste que ne semble l'indiquer son titre.

Depuis la formation et l'établissement de l'Église, depuis les premiers hérétiques et l'affermissement de la suprématie pontificale, l'illustre historien passe en revue, de siècle en siècle, jusqu'à nos jours, c'est-à-dire jusqu'à la veille même du Concile de 1870, toutes les hérésies, leurs sectateurs et leurs principaux adeptes, leur réfutation et leur condamnation ; il nous renseigne abondamment et véridiquement sur les grandes luttes de l'Église, non seulement en Italie, mais dans tout le monde chrétien.

Des traducteurs, aussi consciencieux qu'érudits, ont consacré leur talent à populariser en France cette importante publication, et l'on peut dire ici, contrairement à ce qui a lieu souvent, que la traduction est meilleure et plus complète même que l'original, car aucune page n'ayant été imprimée sans avoir été revue et corrigée par l'auteur, M. Cantù a pu ajouter et améliorer dans l'édition française ce qu'il avait omis ou ce qui lui était échappé dans l'édition italienne.

# CATÉCHISME CATHOLIQUE

à l'usage des missionnaires, des catéchistes et de toutes les personnes chargées de l'instruction religieuse, comprenant: I<sup>re</sup> partie, les Fondements de la Religion chrétienne; — II<sup>e</sup> partie, l'Exposition des vérités de la Religion catholique, dogme, morale et culte; — III<sup>e</sup> partie, le Catéchisme des Fêtes, par M. l'abbé Pécuès. Ouvrage approuvé par Mgr Morlot. 1 vol. in-12 de 400 pages. 2<sup>e</sup> édition . . . . . . . . . . . . . . . . . . . . . . . . 2 fr.

Il serait à souhaiter que ce catéchisme fût répandu parmi la jeunesse instruite et studieuse et surtout dans les collèges et les maisons d'éducation; il pourrait porter d'heureux fruits et retenir dans les sentiers de la vérité et de la vertu grand nombre de jeunes gens, qui plus tard ne méprisent la religion que parce qu'ils ne la connaissent pas. De très fortes remises sont accordées sur ce livre aux personnes qui le demandent en nombre pour le répandre.

---

# CATÉCHISME DE CONTROVERSE
## Par le R. P. SCHEFFMACHER

Précédé des *Motifs qui ont ramené à l'Eglise un grand nombre de protestants*, par l'abbé ROHRBACHER.

1 vol. grand in-18 raisin . . . . . . . 1 fr. 50

---

# LE ZÈLE CATHOLIQUE

ses motifs, ses qualités, ses principaux objets, ses instruments et ses œuvres, ou l'Apostolat universel, par M. l'abbé GERTROX, chan. hon. de Valence, ancien directeur d'un grand séminaire et curé-archiprêtre. 1 fort vol. in-12, 460 pages . . . . . 3 fr. 50

Le journal *le Monde*, la *Bibliographie catholique*, la *Vérité*, la *Revue des sciences ecclésiastiques*, etc., ont parlé de cet ouvrage en termes fort élogieux et l'ont suffisamment recommandé et fait connaître par des comptes rendus que leur étendue ne nous permet pas de reproduire ici. Ce livre a été aussi approuvé par Mgr l'évêque de Saint-Brieuc et l'évêque de Valence; voici cette dernière approbation :

### APPROBATION DE MGR L'ÉVÊQUE DE VALENCE.

J'ai lu avec plaisir et profit votre livre sur le *Zèle catholique*. C'est un véritable traité plein d'actualité et de sagesse qui embrasse la matière dans sa vaste étendue. Il est écrit non seulement avec votre foi et votre expérience, mais avec talent. Ce ne sera pas seulement le manuel du prêtre, il sera utile et précieux à tous les fidèles qui aiment Jésus-Christ et sa gloire. Je vous félicite, monsieur le chanoine, de cet emploi de vos heures de loisir, et je souhaite à votre ouvrage les succès que méritent les œuvres sérieuses.     ✝ J.-P., évêque de Valence.

# OUVRAGES DU R. P. LEFEBVRE (Suite)

## DE LA FOLIE EN MATIÈRE DE RELIGION

1 très beau vol. in-8 glacé de 462 pages . . . . . : 6 fr. »
Le même, édition ordinaire. 1 vol. in-12, 3e édition.. : 3 fr. 50

En lisant cet ouvrage, on ne tarde pas à être pénétré par l'esprit qui l'a inspiré et on ne voit plus que le zèle de l'apôtre et les hautes vues de l'homme de Dieu. On sent qu'on a entre les mains, non pas un livre de littérature ou d'éloquence, mais, ce qui vaut mieux, un livre de sagesse pratique et de bons conseils, où la force de la vérité éclate comme d'elle-même, saisit l'esprit le plus indifférent et le plus hostile, le force à rentrer en lui-même et à réfléchir. Les gens du monde de toutes les classes et dans toutes les situations morales possibles y trouveront des sujets de lectures excellentes, attrayantes pour eux, tout à fait appropriées à leurs besoins et à leur goût, très propres à dissiper leurs illusions et à les diriger dans le retour au bien. Cette lecture ne sera pas sans intérêt et sans profit pour les sages eux-mêmes. En méditant sur la folie du mondain et du pécheur, le chrétien fidèle apprendra à s'élever peu à peu « jusqu'à la plus sublime perfection de l'Évangile, jusqu'à la sagesse même des conseils divins, c'est-à-dire, jusqu'à la grande folie de la Croix et jusqu'au bonheur suprême de la vie et de la mort pour l'amour de Dieu... » (*Bibliographie catholique.*)

## LES QUESTIONS DE VIE OU DE MORT

3e édition. 1 fort vol. in-12. 400 pages. . . . . . . 3 fr. 50

Quelles sont ces *questions de vie ou de mort* que vient poser et résoudre le pieux et zélé membre de la Compagnie de Jésus? Il suffit d'en faire l'énumération pour en montrer l'importance et pour montrer du même coup l'intérêt et l'utilité de ce livre. Dieu, l'homme, le chrétien, l'éducation, la destinée, la vie, la prudence, l'immortalité, la fin des impies, le salut, l'âme, les conditions du salut, le péché, la mort, le jugement, l'enfer, l'indifférence, le respect humain, le délai de la conversion, la confession, la communion, le ciel, le Sacré Cœur, la sainte Vierge : tels sont les principaux sujets traités par le R. P. Lefebvre, et ce sont bien là, en effet, des questions dont la solution mène à la vie ou entraîne à la mort, selon qu'on les résout d'après les lumières de la foi, ou qu'on les néglige et les méprise en ne s'attachant qu'aux intérêts et aux pensées de la vie présente. Une longue expérience a montré à l'auteur qu'une seule de ces questions, méditée sérieusement, conduit aux meilleures résolutions, et amène dans la vie un changement merveilleux. En le lisant attentivement, en goûtant lentement ces vérités qu'il présente avec une onction calme et pénétrante, on sent la lumière grandir peu à peu : l'intelligence s'éclaire, la volonté s'ébranle, et l'on accorde à la question du salut, qui domine toutes les autres, l'attention qui lui est due. Le livre du R. P. Lefebvre forme ainsi un excellent recueil de méditations; il peut fournir un très utile corps d'instructions pour les retraites et pour les stations quadragésimales; nous ne doutons pas qu'il ne produise des fruits abondants de conversions. (*Annales catholiques.* — J. CHANTREL.)

# SERMONS
## SUR LES PRINCIPALES VÉRITÉS DE LA RELIGION
### ET LES PRINCIPALES FÊTES DE L'ANNÉE
PRÉCÉDÉS D'IMPORTANTES RÈGLES SUR LA PRÉDICATION
### Par GARCIA-MAZO
*Nouvellement traduits en français*

1 beau vol. in-8 de 500 pages, *net*, 5 fr.; *franco* . . . . **6 fr.**

TABLE DES MATIÈRES :

I. Avant-Propos. — II. Préambule contenant d'importantes règles sur la prédication. — III. Sermon sur la Mort. — IV. Sermon sur le Jugement particulier. — V. Sermon sur le Jugement dernier. — VI. Sermon sur l'Enfer. — VII Sermon sur le Ciel. — VIII. Sermon sur l'Éternité. — IX. Sermon sur le Péché mortel. — X. Sermon sur la Vigilance. — XI. Sermon sur le petit nombre des Élus. — XII. Sermon sur le Salut. — XIII. Sermon sur la corruption des Mœurs. — XIV. Sermon sur le véritable Bonheur. — XV. Sermon sur l'Aumône. — XVI. Sermon sur le même sujet. — XVII. Sermon sur le Trésor de la Foi. — XVIII. — Sermon sur la Naissance de Notre-Seigneur Jésus-Christ — XIX Sermon pour le Jeudi-Saint, sur l'amour du prochain et même des ennemis. — XX. Sermon sur la Passion de Notre Seigneur Jésus-Christ. — XXI. Sermon pour le jour de Pâques, sur l'incrédulité. — XXII. Sermon pour le jour de l'Ascension. — XXIII. Sermon pour le jour de la Pentecôte, sur l'établissement de la Religion. — XXIV. Sermon pour le jour de la Fête Dieu. Pour les très Saints-Sacrements. — XXV. Sermon pour le jour de l'Assomption. — XXVI. Sermon pour le jour de la Toussaint, sur les prétextes allégués pour ne pas vivre saintement. — XXVII. Sermon sur l'Im.-Conception.

# BEAUTÉS DE LA LITURGIE ROMAINE
### Par M. l'abbé MICHEL
Vicaire de la cathédrale de Nîmes

1 fort vol. in-12 . . . . . . . . . . . . . . . . **3 fr.**

Ouvrage approuvé par Mgr l'évêque de Nîmes.

Au moment où tous les diocèses français renonçant à leurs liturgies particulières, reviennent à l'unité liturgique, il était nécessaire qu'un écrivain compétent s'attachât à faire ressortir les beautés de cette liturgie romaine, souvent attaquée; il fallait montrer que les accusations contre cette liturgie « viennent le plus souvent d'une ignorance profonde des beautés réelles que l'Église a renfermées dans le Bréviaire et le Missel romains. »

Tel est le but que s'est proposé M. l'abbé Michel, et certainement son excellent travail contribuera grandement à dissiper bien des préjugés. Comme le dit M. l'abbé Gilly, docteur en théologie et en droit canonique, chargé par Mgr Plantier de l'examen de cet ouvrage : « il est de nature à éclairer et à soutenir la piété des prêtres et des fidèles, et il révèle aux uns et aux autres, avec simplicité, exactitude, et parfois généreux élan, les vraies beautés de la sainte liturgie romaine. » Ces paroles ne sont-elles pas la meilleure des recommandations ?

(*Univers. — Rastoul.*)

# LE MOIS EUCHARISTIQUE

Par M<sup>me</sup> Bourdon. Manuel pieux des âmes qui pratiquent la fréquente communion. Préparations et actions de grâces pour tous les jours du mois. 2ᵉ édit. revue par M. l'abbé Ozanam. 1 joli vol. in-18 glacé . . . . . . . . . . . . . . . . . . . . . . . . 1 fr. 50

L'auteur, en composant cet ouvrage si goûté des personnes pieuses, a eu pour but la méditation de la vie de Notre-Seigneur, divisée en quatre principales phases, dont chacune fournit les méditations d'une semaine : 1° *Vie cachée de Jésus.* — 2° *Vie évangélique de Jésus* — 3° *Vie souffrante de Jésus.* — 4° *Vie glorieuse de Jésus.*

Ces méditations sont disposées aussi chaque jour en PRÉPARATIONS et ACTIONS DE GRÂCES pour les âmes pieuses qui ont le bonheur de faire la sainte communion tous les jours. Celles qui communient plus rarement y trouveront donc amplement tout ce qu'il est nécessaire pour se bien disposer à recevoir ce divin sacrement. — Des instructions et des exercices très pratiques sur les sacrements de pénitence et de l'eucharistie ont été ajoutés à cette nouvelle édition, qui contient aussi les messes spéciales de communion et d'actions de grâces, prières, litanies, etc.

---

# LE PETIT MOIS DE SAINT PIERRE

Ou le Mois de juillet *spécialement consacré à l'Église et au Saint-Père.* Dévotion commençant le 28 juin, veille de la fête de saint Pierre, et finissant le 1ᵉʳ août, fête de Saint-Pierre ès Liens, par M. l'abbé Ozanam, chan. hon. 1 vol. in-18 raisin de 250 pages, approuvé par NN. SS. les évêques de Versailles et d'Arras.     2 fr.

Transportant en esprit le lecteur dans la cité sainte, qui est devenue pour ainsi dire le cœur de l'Église catholique, l'auteur, pour y méditer avec plus de fruit la constitution de la société chrétienne, fait précéder chaque réflexion d'une espèce de pèlerinage à quelqu'un de ces lieux nombreux que la religion y a consacrés à la mémoire des saints martyrs ou à celle des événements remarquables qui ont illustré l'Église romaine. Quelquefois, cependant, ce pèlerinage spirituel est remplacé par l'historique de quelqu'une de ces institutions pieuses et charitables, qui sont la gloire de la capitale du monde chrétien et que si peu de personnes connaissent encore. A la fin du livre se trouve une Neuvaine préparatoire à la fête du chef des apôtres.

---

# LE LIVRE UNIQUE DES FIDÈLES

Sanctification de la journée, de la semaine, de l'année, de la vie et de la mort, telle est la division de ce volume qui, en 900 pages, renferme le strict nécessaire pour la généralité des fidèles.

Ce livre, qu'on pourrait appeler le *Totum* des fidèles, est à la fois un Paroissien, un Formulaire de prières, une Théologie, un livre de Méditations, un Rituel, un Cérémonial et une Vie des Saints. Ce n'est donc pas un livre, mais sept livres réunis en un Livre Unique qui peut tenir lieu de tout autre Livre de piété.

Prix *franco* : broché, 4 fr. — Relié toile, 5 fr.

... DU SALUT, PAR L'ABBÉ ESBANGARD

NOUVELLE ÉDITION AUGMENTÉE DE LA MESSE ET DES VÊPRES

1 très beau vol. gr. in-18, *franco*. . . . . 2 fr. 50

Voici comment s'exprime S. G. Mgr l'évêque de Beauvais dans l'approbation qu'il a donnée à cet ouvrage:

« Nous félicitons le traducteur d'avoir reproduit avec exactitude et dans un style clair et facile l'un des nombreux écrits qui ont mérité à saint Bonaventure le surnom de *Docteur séraphique*. Nous recommandons l'usage de ce livre aux personnes pieuses. Elles y trouveront sous des formes variées, souvent gracieuses et quelquefois naïves, des considérations remarquables par leur solidité et leur onction. »

Dans l'intérêt des fidèles on a placé à la fin de l'ouvrage une table indicative de lectures pieuses, ou plutôt de sujets de méditations pour tous les dimanches et fêtes principales de l'année, pour les temps de l'Avent, de Noël, du Carême, de Pâques, de l'Ascension, de la Pentecôte et du Saint-Sacrement. Au moyen de ces lectures méditées, on pourra chaque année et sans peine parcourir tous les chapitres de saint Bonaventure.

# LA SCIENCE DU SALUT

## ENSEIGNÉE PAR JÉSUS-CHRIST SOUFFRANT

### ou

## ÉTUDE DU CRUCIFIX

*Suivie d'une neuvaine en l'honneur de la Passion du Sauveur*

**Par le R. P. MILLET**, de la Compagnie de Jésus

1 vol. in-18 raisin. . . . . . . . . . . . 2 francs.

Pour former les hommes à la science du salut par la voie de l'étude et du raisonnement, il faudrait un temps considérable et une application dont le grand nombre n'est pas capable. Dieu a choisi une méthode plus abrégée et plus facile; il ouvre devant nous un grand livre où toutes les questions sont résolues. Dans ce livre, les caractères sont visibles et écrits dans une langue que tout le monde peut comprendre; dans ce livre, les décisions sont infaillibles, c'est Dieu lui-même qui les a portées. Ce livre, c'est Jésus-Christ crucifié. Lisez-le, étudiez-le, méditez-le attentivement, et bientôt vous serez plus véritablement, plus solidement instruit que si vous aviez fréquenté les académies et toutes les écoles des savants. Là, en effet, se trouve la vraie science qui élève l'âme, qui la perfectionne et la rend heureuse.

www.ingramcontent.com/pod-product-compliance
Lightning Source LLC
LaVergne TN
LVHW050207030726
842520LV00002B/426